KB083238

맹자

신을 위하여 왕이라도 버리고
백성을 위하여 신이라도 바꾼다

맹자

초판인쇄 | 2016년 6월 10일
초판발행 | 2016년 6월 15일
옮긴이 | 나준식
펴낸곳 | 도서출판 새희망
펴낸이 | 이석형
디자인 | 디자인 감7
등록번호 | 제 2016-000004호
주소 | 경기도 의정부시 효자로 25
전화 | 02-923-6718 팩스 | 02-923-6719
전자우편 | stonebrother@daum.net

ISBN 979-11-957814-0-9 03140

신을 위하여 왕이라도 버리고
백성을 위하여 신이라도 바꾼다

맹자

나준식 | 옮긴이

새희망

중국의 전국 시대(戰國時代) 때의 철학자인 맹자의 이름은 가(軻)이고 산동성 추나라에서 태어났다.

중국은 춘추전국시대에 이르러 급격한 변화를 맞이하기 시작하였다. 원래 중국은 천자가 정치질서의 최고점에 있고 그 아래에는 천자의 혈족들이 제후로 자리 잡고 또 그 아래에 제후의 혈족이 통치를 하는 방식이었다. 따라서 가족 간의 질서가 정치질서가 되어 가족윤리가 정치의 윤리가 되었다. 그러나 춘추전국시대에 이르러 혈족간의 관계가 옅어지자 서로간의 정복전쟁이 일어나고 또 천자의 혈족이 아닌 사람들이 권력을 장악하기도 하여 기존의 가족윤리에 기반한 정치질서가 기능을 상실하기 시작하였다. 위로는 천자를 무시하는 힘에 의한 정치 즉, 패권이 국가 간의 서열과 질서를 규정하기 시작하였고 아래로는 광대한 영토를 가진 국가들이 직접 관리를 파견하여 조세와 징병을 담당하여 기존의 질서는 급격하게 몰락하였다.

이러한 변화에 대응하여 가치관의 변화도 일어나기 시작하였다. 새로운 변화를 적극적으로 수용하려는 가치관은 법가(法家)계통의 철학을 발전시켰고 기존의 질서를 회복하려는 가치관은 유가(儒家)계통의 철학을 발전시켰다. 맹자는 유가철학자로 공자를 계승하여 기존 봉건 가치관을 회복하려하였다. 맹자는 공자를 계승하였지만 공자와의 차이점도 가지고 있다. 맹자는 공자보다 민본의식이 더욱 강하였다. 또한 군신관계에서도 신하의 일방적인 충성이 아닌 군주와 신하의 쌍방적 관계를 강조하였다. 이러한 민본의식과 군신간의 쌍방적 관계는 논리적으로 왕이 제 노릇을 못하면 바꿀 수 있다는 역성혁명론으로 귀결된다. 맹자는 왕도정치 즉, 힘이 아닌 도에 의한 정치로 전국시대의 혼란을 막고 질서를 회복하려하였는데 이는 맹자가 성선설에 입각하였기 때문에 가능한 것이었다. 맹자는 모든 인간은 선하게 태어났기 때문에 착한정치를 하면 백성들이 착한 본성을 찾아 착한 사회와 질서를 회복할 수 있다고 보았던 것이다. 이러한 맹자의 주장은 뒷날 유가의 정설이 되었다.

어찌 보면 맹자는 현실과 잘 부합하지 않는 철학자였고 주장만하다 끝난 공상가였다. 하지만 그럼에도 불구하고 맹자가 수천 년 간 사람들 사이에서 읽히고 맹자 자신의 시대보다 더 큰 힘을 가진 철학자가 된 것은 그 가치들 때문이다. 맹자가 강조한 백성, 민본주의는 시대가 흐를수록 더 빛을 발하고 있고 모든 사람들이 착하다는 성선설은 그 진위가 아닌 인간의 선에 대한 믿음에서 더 나아가 인간의 선에 대한 의지의 고양으로 이어졌기 때문에 후대에 더욱 인정받는 위대한 철학자가 된 것이다.

맹자는 총 7편이 2권씩 14권으로 3만 5천자 이상으로 이루어진 고전으로 논어의 2배 이상의 분량이다. 이 책은 맹자의 핵심적인 부분을 발췌하여 수록하였는데 내용상 겹치는 부분을 제외하였고 주요부분은 놓치지 않으려 노력하였다. 이 책이 동양고전 '맹자' 를 처음 접하는 분들을 위하여 친절한 안내역할을 다하기를 빈다.

차례

머리말   04

01 양혜왕장구 (梁惠王章句) 상   09

02 양혜왕장구 (梁惠王章句) 하   59

03 공손추장구 (公孫丑章句) 상   95

04 공손추장구 (公孫丑章句) 하   143

05 등문공장구 (藤文公章句) 상   161

06 등문공장구 (藤文公章句) 하   201

07 이루장구 (離婁章句) 상   215

08 이루장구 (離婁章句) 하   229

09 만장장구 (萬章章句) 상   243

10 만장장구 (萬章章句) 하   269

11 고자장구 (告子章句) 상   281

12 고자장구 (告子章句) 하   315

13 진심장구 (盡心章句) 상   329

14 진심장구 (盡心章句) 하   347

양혜왕 장구

梁惠王章句

1

상

전국시대 정복전쟁이 한창이던 시절 위나라 양혜왕은 부국강병의 꿈을 키우고 있었지만 잇따른 전쟁의 패배로 고심하던 중이었다. 마침 맹자가 위나라로 오자 양혜왕은 부국강병을 위해 나라에 이득이 되는 가르침을 청한다. 하지만 맹자는 오직 인의에 기반한 도덕정치만이 나라를 강하게 하는 방법임을 역설한다. 그리고 인의에 의한 도덕정치는 백성의 안정적인 생활이 전제되어야 함을 또한 주장한다.

🔖 하필이면 이익만을 물으십니까?

맹 자 견 양 혜 왕　　　왕 왈 수 불 원 천 리 이 래
孟子見梁惠王하신대 王曰叟不遠千里而來하시니

역 장 유 이 리 오 국 호　　　맹 자 대 왈 왕
亦將有以利吾國乎잇가 孟子對曰 王은

하 필 왈 리　　　역 유 인 의 이 이 의
何必曰利잇고, 亦有仁義而已矣니이다.

맹자가 위나라 양혜왕을 만나자 왕이 맹자에게 말씀하기를, '노인께서 천리 길을 멀다고 여기지 않고 이 곳까지 오셨으니, 앞으로 과인의 나라에 무슨 이익이 될 만한 것이 있겠습니까?' 하고 묻자, 맹자가 대답하기를 '왕께서는 하필이면 이익만을 물으십니까? 다만 인의(仁義)가 있을 뿐입니다.' 라고 하였다.

인의(仁義)의 도덕 정치(道德政治)를 내세우던 맹자와 나라를 이롭게 하는 데에 관심을 쏟았던 혜왕의 생각이 서로 다름을 알 수 있다. 맹자는 나라의 존립 기반을 인의의 실현에 두었기 때문에 도덕적 문제에 관심을 보였다. 그러나 그 무렵 전국(戰國)의 제후들은 부국 강병의 깃발을 내걸고 자신을 도와 줄 사람들을 찾고 있었으므로, 맹자가 혜왕을 만났을 때 왕은 맹자가 자신에게 부국 강병의 방법을 알려 주기를 바라고 있었다. 그래서 맹자를 만나자 자기 나라에 무슨 이익이 될 만한 방법이 없겠느냐고 물었던 것이다. 그러나 맹자는 오직 인의만을 생각하고 있었기 때문에 '어찌 이익을 구할 것만을 바라십니까? 제가 충고할 수 있는 말은 도덕심을 굳게 세워 어짊과 도덕에 바탕을 둔 정치를 하는 것뿐입니다'라고 대답했던 것이다.

저마다 이익만을 좇는다면 나라가 위태로워질 것이다

王은 日何以利吾國고하면 大夫는

日何以利吾家하고 士庶人은 日何以利吾身하여

上下가 交征利하면 而國危矣이다.

왕이 '어떻게 하면 우리나라를 이롭게 할 까'를 이야기하면, 대부는 '어떻게 하면 내 집안을 이롭게 할 까'를 이야기하고,

> 선비나 서인들은 '어떻게 하면 내 몸을 편안하게 할 것인가'
> 를 이야기하여 위아래에 있는 사람들이 저마다 자기의 이익
> 만을 좇는다면 나라가 위태로워질 것입니다.

　왕은 왕대로 자신이 다스리는 나라의 부유함과 강함만을 힘써 구하면 높은 벼슬아치들은 그들대로 자기 집안의 이로움만을 생각하게 되고 선비나 일반 백성들도 남의 이익은 생각하지 않고 오직 자신의 이익을 좇는 데에만 열중하게 되어 나라가 위태로워질 것이 뻔하다고 말한다. 이는 위아래의 질서가 무시된 도덕성이 없는 이기주의에서 비롯된 것이다. 그러므로 맹자는 양혜왕에게 윗사람이 자신의 이익만을 좇아 구하면 아랫사람도 자신의 이익만을 좇아 구하게 되어 위아래의 질서가 무너져 나라는 위태로운 지경에 이르게 될 것임을 일깨우고 있다.

　이는 그 무렵의 사회상에 대한 풍자이기도 하다. 제후국이면서도 스스로 왕이라고 일컫거나 서로 침범하여 빼앗는 것을 일삼아 나라의 힘을 키우려고 하는 것은 부국 강병의 욕구를 실현할 수 없는 길이고, 오직 선왕이 펼쳤던 도덕 정치를 실현해야만 나라의 안전과 태평함을 약속할 수 있다는 것이다.

이익만을 좇으면 전부 빼앗지 않고는 성에 차지 않는다

만 승 지 국　시 기 군 자　　필 천 승 지 가
萬乘之國에 弑其君子는, 必天乘之家요,

천 승 지 국　시 기 군 자　　필 백 승 지 가
千乘之國에 殺其君子는 必百乘之家이니,

만 취 천 언　　천 취 백 언　불 위 부 다 의
萬取千焉하고, 千取百焉이 不爲不多矣언마는,

구 위 후 의 이 선 리　　부 탈　　불 염
苟爲後義而先利하면, 不奪이면, 不饜이리라.

만 승의 나라에서 그 군주를 시해할 사람은 반드시 천 승을 가진 공경(公卿)의 집안이요, 천 승의 나라에서 그 군주를 시해하는 사람은 백 승을 가진 대부의 집안이니, 만 승의 나라에서 천 승을 가지며, 천 승의 나라에서 백 승을 가지는 것이 적은 것은 아니지만, 만일 의리를 뒤로 미루고 이익만을 좇아 구하게 된다면 모든 것을 전부 빼앗지 않고는 성에 차지 않을 것입니다.

맹자는 여기에서 이익에만 치우칠 경우 일어날 일에 대한 예를 자세히 설명하면서 자신이 왜 이익을 내세워 말하지 않고 인의를 내세우는가를 말하고 있다.

사람이 이익만을 좇으면 많은 것을 얻기 위해 양심을 버리는 일이 많을 것이고, 그런 일이 잦으면 사회 질서를 뒤흔드는 데까지 이르게 될 것이다. 이익에만 눈이 멀어 의리를 뒤로 미룬다면 자기가 가지고 있는 것에 만족하지 못하고, 자기보다 더 많이 가진 사람을 해치는 불

행한 일이 일어날 것이다. 이렇게 되면 결국 이익만을 구하려는 양혜왕도 피해자가 될 것이라고 말한다.

왕은 인의만을 말해야한다

미 유 인 이 유 기 친 자 야
未有仁而遺其親者也이며 未有義而後其君子也이니
미 유 의 이 후 기 군 자 야

왕 역 왈 인 의 이 이 의
王亦曰仁義而已矣인데 何必曰利잇고.
하 필 왈 리

사람이 어진데도 자기 부모를 버린 사람은 없으며, 사람이 의로운데도 자기 왕을 버린 사람은 없으니, 왕도 또한 인의만을 말해야 할 텐데 어째서 이익만을 말하십니까?

왕이 어진 정치를 베풀면 백성들은 그를 본받아 어질게 살 것이고, 그가 걱정하는 것처럼 아랫사람이 윗사람을 해치는 일은 일어나지 않아 나라를 오랫동안 다스릴 수 있을 것이라고 말한다. 즉 맹자는 부국강병이라는 당시 전국 제후들의 정책은 오히려 자신의 정치 생명을 짧게 만드는 결과를 가져온다고 주장하고 있다. 요왕이나 순왕을 성왕(聖王)이라고 부르며 떠받드는 것은 그들이 도덕 정치를 베풀었기 때문일 것이다.

그러므로 왕도 그들처럼 오랜 세월 동안 백성들을 다스리려면 이익만을 구하지 말고 도덕적이고 어진 정치를 하여야 한다고 주장한다.

정치를 잘하는 것 같으나 백성이 늘어나지 않는 것은 어째서인가?

> 양 혜 왕 왈 과 인 지 어 국 야　진 심 언 이 의
> **梁惠王曰 寡人之於國也**에 **盡心焉耳矣**러니,
>
> 하 내 흉　　즉 이 기 민 어 하 동　　이 기 속 어 하 내
> **河內凶**이면 **則移其民於河東**하고, **移其粟於河內**하며,
>
> 하 동 흉　　역 연　　찰 인 국 지 정
> **河東凶**이면 **亦然**하니 **察隣國之政**하니,
>
> 무 여 과 인 지 용 심 자　　인 국 지 민　불 가 소
> **無如寡人之用心者**로되, **隣國之民**은, **不加少**하고,
>
> 과 인 지 민　불 가 다　하 야
> **寡人之民**은, **不加多**는, **何也**잇고.
>
> 양혜왕이 말했다. '과인이 나라를 다스리는 데 마음을 다 쏟고 있었으니 하내 지방에 흉년이 들면 그 백성들을 흉년이 들지 않은 하동 지방으로 옮기고 그 곡식을 하내로 옮깁니다. 하동 지방에 흉년이 들면 또한 그렇게 합니다. 이웃 나라의 정치를 살펴볼 때 과인처럼 마음을 쓰지 않는데도, 그 나라의 백성은 줄어들지 않고 우리나라의 백성은 늘어나지 않으니 이것은 무슨 까닭입니까?'

전국 시대 때의 제후들은 한결같이 부국 강병을 꾀했으며, 이를 위해서는 무엇보다도 먼저 백성의 숫자가 늘어나야 하였다. 그 무렵 황하의 홍수로 인해 백성들의 생활이 어려워지자 양혜왕은 그들을 안전한 곳으로 옮기고, 그 곳에 구호 물자를 보내 어려움을 이겨 내도록 한 것이다. 양혜왕은 자신의 이러한 구호 대책으로 인해 백성을 잘 다스린다는 소문이 퍼져서 이 소문을 듣고 이웃 나라의 백성이 옮겨 와서

인구가 늘어나기를 기대했었다. 그러나 왕이 바랐던 효과가 나타나지 않자 맹자에게 그 까닭을 물었다.

▓오십 보 달아나 놓고 백 보 달아난 것을 비웃을 수 있습니까?

맹자대왈 왕호전   청이전유
孟子對曰 王好戰하시니 **請而戰喻**이리다.

전연고지   병인기접   기갑예병이주
塡然鼓之하여 **兵刃旣接**이어든 **棄甲曳兵而走**하되,

혹백보이후   지   혹오십보이후   지
或百步而後에 **止**하고 **或五十步而後**에 **止**하여,

이 오십 보   소백보   즉하여
以五十步로 **笑百步**이면 **則何如**잇고.

맹자가 대답하여 말하기를 "왕께서 전쟁을 좋아하시니 전쟁으로 비유하고자 합니다. 북을 울려서 앞으로 나아가 이미 창과 칼이 맞붙었는데, 갑옷을 벗어 버리고 무기를 끌면서 달아나되 혹 어떤 사람은 백 보를 달아나다가 멈추고 혹 오십 보를 달아나다가 멈추어서 오십 보를 달아났다고 하여 백 보 달아난 것을 비웃는다면 어떻겠습니까?" 하였다.

　맹자는 왕의 이러한 일시적인 구호 대책 정도로 왕의 바람은 이루어지지 못한다고 하면서 이를 위해 오십보백보를 들어 비유했다. 맹자가 왕이 좋아하는 전쟁에다 비유한 까닭은 저마다 세력을 넓히기 위해 전쟁을 일삼던 당시의 상황에 대한 풍자적인 뜻도 깔려 있다. 전쟁을 하다가 달아나는 것은 백 보나 오십 보나 그리 중요하지 않고, 달아났다

는 사실이 더욱 중요하기 때문이다. 이로 미루어 본다면 왕이 백성들을 위해 구호 대책을 편다고 해도 근본적인 문제를 해결하지 않고 그때에 닥친 문제만 해결하려고 서두른다면 백성들이 진심으로 왕을 따르지 않는다는 사실을 말하고 있다.

■ 왕의 정치는 오십보백보라고 할 수 있다

> 왈 불 가   직 불 백 보 이   시 역 주 야
> 日 不可하니 直不百步耳언정 是亦走也니이다.
>
> 왈 왕 여 지 차   즉 무 망 민 지 다 어 인 국 야
> 日 王如知此이면, 則無望民之多於隣國也하소서.
>
> 왕이 말하기를 "가하지 않습니다. 다만 백 보를 달아나지 않았을 뿐이지 이것 역시 달아난 것입니다." 하자 맹자가 말했다. "왕께서 만일 이것을 아신다면 백성들이 이웃 나라보다 많아지기를 바라지 마십시오."

자신의 질문에 왕이 넘어가서 맹자가 뜻한 대로 대답했다. 맹자는 왕에게 백성들을 위해 얼마만큼의 구호 물자를 대주었다고 해서 백성들에게 훌륭하고 어진 정치를 베풀었다고 생각하지 말라는 것을 오십보를 달아난 사람이 백 보를 달아난 사람을 비웃는 것에 비유해서 말했다고 볼 수 있다. 따라서 이웃 나라의 백성을 자기 백성으로 만들어 인구를 늘리려고 한다면 이러한 일시적인 정책으로 백성을 잘 다스렸다고 생각하며 이웃 나라의 백성이 몰려올 것이라는 바람은 갖지 말라고 충고했다.

⚫농사철을 놓치지 않게 한다면 곡식은 남아돌 것이다

불위농시 곡 불가승식야 촉고 불입
不違農時면, 穀을 不可勝食也며, 數罟를, 不入

오지 어별 불가승식야 부근 이시입산림
洿池면, 魚鼈을 不可勝食也며, 斧斤을 以時入山林이면,

재목 불가승용야
材木을 不可勝用也리니,

백성들이 바쁜 농사철을 놓치지 않게 한다면 곡식을 이루 다 먹을 수 없으며, 그물코가 촘촘한 것을 연못에 던지지 않는다면 물고기와 자라를 이루 다 먹을 수 없을 것이며, 도끼와 자귀를 제 때에 삼림에 들어가게 한다면 재목을 이루 다 쓸 수 없을 것입니다.

왕이 어떻게 하면 자신의 희망을 이룰 수 있는가 하고 묻자 맹자가 그 방법을 내놓았는데 그것은 무엇보다 경제적인 안정이었다. 예컨대 농부들이 농사철에 열심히 농사를 지을 수 있도록 조건을 마련해 주고, 촘촘한 그물을 사용하지 않아 새끼까지 잡지 않는다면 더욱 많이 늘어나 풍요롭게 되고 때에 맞추어 나무를 베면 이 또한 충분히 사용할 수 있게 되어 경제가 안정된다고 하였다. '의식족이지예절(衣食足而知禮節)'이란 말이 있듯이 사는 것이 넉넉하면 저절로 예의를 차리게 되는 것이다. 맹자는 이러한 간단한 예를 들어 왕을 깨우쳤다.

🦬 백성들이 유감없이 살도록 해주는 것이 왕도의 시작이다

곡 여 어 별　　 불 가 승 식　　 재 목　　 불 가 승 용
穀與魚鼈을 不可勝食하며, 材木을, 不可勝用이면,

시　　 사 민 양 생 상 사　　 무 감 야
是는 使民養生喪死에 無憾也니,

양 생 상 사　　 무 감　　 왕 도 지 시 야
養生喪死에 無憾이 王道之始也이니이다.

곡식과 물고기와 자라를 이루 다 먹을 수 없으며, 재목을 이루 다 쓸 수 없으면 이것은 백성들로 하여금 살아있는 사람을 봉양하고 죽은 사람을 제사지내는 데 있어서 유감이 없도록 하는 것이니 이처럼 산 사람을 봉양하고 죽은 사람을 제사지냄에 있어서 유감이 없도록 하는 것이 왕도의 시작입니다.

　　사람들 자신의 삶에 모자람이 없고, 윗사람을 받들어 섬기거나 죽은 사람을 장사지내고 제사지낼 때 유감이 없게 되면, 왕도 정치의 실현을 바랄 수 있다고 맹자는 주장했다.

　　맹자는 백성들의 삶이 안정되고 도덕적이고 예의에 맞는 생활이 가능하도록 하는 것이 바로 왕도정치의 시작이라고 주장하였다.

🦬 농사철에 맞추어 농사를 지으면 그 가족은 굶주리지 않는다

오 무 지 택　　 수 지 이 상　　 오 십 자　　 가 이 의 백 의
五畝之宅에 樹之以桑이면 五十者가 可以衣帛矣며,

계 돈 구 체 지 축　　무 실 기 시　　칠 십 자　　가 이 식 육 의
鷄豚狗彘之畜을 無失其時면 七十者가 可以食肉矣이며,

백 무 지 전　　물 탈 기 시　　수 구 지 가　　가 이 무 기 의
百畝之田을 勿奪其時면 數口之家가 可以無飢矣며,

다섯 밭이랑의 터에 뽕나무를 심게 한다면 50세 된 자가 비단 옷을 입을 수 있을 것이며, 닭·돼지·개를 기르며 그것들이 번식하는 때를 잃지 않게 한다면 70세 된 자가 고기를 먹을 수 있을 것이며, 1백 밭이랑에 농사지을 때를 빼앗지 않는다면 여러명의 식구를 거느린 가족이 굶주리지 않을 것이며.

　나라에서 준 밭이랑에 뽕나무를 심어 누에를 치면 거기에서 나온 비단으로 50세 이상의 사람들이 옷을 만들어 입을 수 있고, 가축을 길러 그 고기를 70세 이상의 노인들에게 먹이면 영양이 충분하여 늙어서도 활기에 찬 삶을 누릴 수 있으며, 농부들이 농사철을 놓치지 않게 나라에서 그들을 부리지 않는다면 거기에서 거둔 곡식으로 여러 식구가 굶지 않고 살아갈 수 있을 것이다. 맹자가 꾸준히 이야기하고 있는 경제 안정은 바로 백성들이 자신의 삶을 충분히 누리도록 보호하고 이끌어 주는 것일 뿐이다. 이렇게 생활이 안정되면 백성은 교육에 관심을 갖게 된다고 말한다.

▓ 백성이 굶주리거나 춥지 않은데도 왕 노릇을 못 하는 자는 없다

근 상 서 지 교　　신 지 이 효 제 지 의　　반 백 자
謹庠序之敎하여 申之以孝悌之義이면 頒白者가

불 부 대 어 도 로 의   칠 십 자   의 백 식 육
不負戴於道路矣리니 **七十者**가 **衣帛食肉**하고,

여 민   불 기 불 한   연 이 불 왕 자   미 지 유 야
黎民이 **不飢不寒**인데 **然而不王者**는 **未之有也**니이다.

학교 교육을 신중히 하여 거기에 효제의 의리를 가르친다
면, 반백의 노인들이 길에서 짐을 지고 다니지 않게 될 것
이니 70세 노인이 비단옷을 입고 고기를 먹으며 백성들이
굶주리거나 춥지 않게 지내는데도 불구하고 왕 노릇을 하
지 못한 사람은 아직 없었습니다.

교육은 교육을 받는 사람의 생각이나 행동이 교육자가 바라는 대로
이루어지기를 바라면서 그들의 행동을 결정하는 것이다. 그러나 기초
적인 생활조차 할 수 없으면 교육은 이루어질 수 없다. 이는 예나 지금
이나 동서양을 가릴 것이 없는 똑같은 실정이다. 오늘날의 교육이 가
르치는 사람과 가르침을 받는 사람의 마지막 목적이 서로 다를 수는
있어도 적어도 경제적 능력이 없으면 교육을 시킬 수 없다는 것은 이
미 알고 있는 사실이다.

일정한 생활 기반이 갖추어지면 백성들은 효도와 우애를 배우고 행
하게 된다. 사람이 짐승과 다른 점은 예의와 염치를 알아 감정에만 따
르지 않는다는 것이다. 다시 말해서 바람직한 삶의 방식이 정해지면
자신을 다스리면서 이를 실현시킨다는 것이다. 노인의 짐이 무겁다고
대신 그 고통을 짊어지거나, 영양이 있는 음식을 노인에게 먼저 권할
수 있는 것은 윤리 의식에 바탕을 둔 행동에서 비롯된 것이다. 그러나
맹자는 이것도 의식주가 모두 갖추어져야 가능한 것이라고 보고 있다.

만약에 아주 가난하고 군색한 처지에 놓인 사람에게 이러한 예의 범절을 지키라고 요구하는 것은 공염불에 지나지 않을 것이다. 맹자가 경제적 안정을 가장 먼저 꼽은 것은 바로 이러한 이유에서이다. 그래서 맹자는 의식주가 만족하게 갖추어진다면 왕이 바라는 정치가 실현될 것이라고 보았다.

▓ 백성이 굶주리는 것은 흉년 때문이 아니다

狗彘食人食인데 而不知檢하며, 塗有餓莩인데

而不知發하여, 人死어든 則曰 非我也라, 歲也라하나니,

是는 何異於刺人而殺之曰 非我也라, 兵也리오,

王無罪歲이시면, 斯天下之民이 至焉하리라.

흉년으로 개와 돼지가 사람들의 양식을 먹는데도 그것을 먹지 못하도록 막을 줄 모르며, 길거리에 굶어 죽은 사람의 시체가 널려 있는데도 창고를 열 줄 모르면서, 사람들이 굶어 죽으면 내가 아니라 흉년 때문에 죽은 것이라고 말하니, 이것이 어찌 사람을 찔러 죽이고도 자기가 죽인 것이 아니라 병기가 죽였다고 말하는 것과 다르겠습니까? 왕께서 흉년에게 죄가 있다고 하지 마시고 자신을 돌아보아 나라를 다스리면 천하의 백성들이 왕에게로 모여들게 될 것입니다.

'백성이 굶어 죽어 가는데도 창고에 쌓인 곡식을 풀어 구할 줄 모르면서 왕이 자신의 잘못이 아니고 흉년 때문에 그런 것이라 한다면 칼로 사람을 찔러 죽이고도 자기가 죽인 것이 아니라, 병기가 죽였다면서 병기 탓으로 돌리는 것과 같다' 라고 하여 백성의 삶과 왕의 정치적인 성공과 실패와의 관계를 비유적으로 설명하고 있다.

왕이 자신의 잘못을 스스로 책임지는 자세를 가진다면 이러한 잘못을 되풀이하지 않을 것이고, 그렇게 되면 백성을 잘 다스리는 정치가 될 것이므로 이웃 나라 백성들이 옮겨와 인구가 늘어날 것이라고 보고 있다.

▓왕이 가르침을 청하다

> 양 혜 왕 왈 과 인　　원 안 승 교
> 梁惠王曰 寡人이 願安承敎하나이다.
>
> 양혜왕이 말하기를 "과인이 마음을 편안하게 해서 가르침을 받고자 합니다."

맹자에게서 백성의 경제적 안정이 왕도정치의 시작임을 배운 왕은, 맹자에게 그 자세한 방법을 가르쳐 달라고 하였다.

▓몽둥이로 죽이는 것과 칼로 죽이는 것의 차이가 있는가?

> 맹 자 대 왈 살 인 이 정 여 인　　유 이 이 호　　왈 무 이 이 야
> 孟子對曰 殺人以挺與刃이　有以異乎잇가. 曰無以異也라.

> 맹자가 '몽둥이로 사람을 죽이는 것과 칼날로 죽이는 것이
> 다릅니까' 하고 묻자 대답하기를 '차이가 없습니다' 하였다.

사는 것보다 죽는 것을 좋아하는 사람은 아무도 없을 것이다. 그러므로 사람을 죽이는 방법의 차이는 사람을 죽인다는 사실에 비해 커다란 의미가 없다. 맹자가 이렇게 말하는 것은 왕이 자신의 논리에 빠져들게 하기 위한 계획적인 방법이다.

칼로 죽이는 것과 잘못된 정치로 죽이는 것의 차이가 있는가?

> 이 인 여 정   유 이 이 호   왈 무 이 이 야
> 以刃與政이 有以異乎잇가 日無以異也라.
>
> 맹자가 '칼날로 사람을 죽이는 것과 정치를 잘못해서 죽이는
> 것은 다름이 있습니까?' 하고 묻자 왕이 '다름이 없습니다'
> 고 대답했다.

왕이 질문한것에 대해 자세한 방법을 내놓기 전에 맹자는 왕을 자신의 논리로 끌어들이기 위해 다른 것을 묻고, 왕은 이에 그대로 넘어간다. 몽둥이로 사람을 때려 죽이나 칼로 찔러 죽이나 죽인다는 사실은 마찬가지다. 이런 논리가 차차 커져서 왕이 정치적인 잘못을 저질러 백성을 괴롭히는 것으로 나아간다. 그 방법이야 어떻든 백성에게 고통을 주는 것은 마찬가지인 셈이다.

■왕의 잘못된 정치가 사람을 죽이고 있다.

> 왈 포 유 비 육 　구 유 비 마 　민 유 기 색
> 曰庖有肥肉하며, 廏有肥馬요, 民有飢色하며,
>
> 야 유 아 표 　차 솔 수 이 식 인 야
> 野有餓莩면 此率獸而食人也니이다.
>
> 맹자가 말하기를 "왕의 푸주에는 살찐 고기가 있고, 마구간
> 에는 살찐 말이 있는데, 백성들은 굶주린 듯하고, 들에는 굶
> 어 죽는 시체가 있다면 이것은 짐승을 몰아다가 사람을 잡아
> 먹게 하는 것입니다."

　　왕의 음식을 만드는 수라간에는 살찐 고기가 걸려 있고, 왕의 말을
기르는 마구간에는 살찐 말이 있는데 이와 반대로 백성들이 삶에 위협
을 느끼고 있다면 잘못된 정치로 백성이 죽어가고 있는 것이다. 이렇
게 왕이 자신의 백성을 돌보지 않는 것은 정치를 잘못하여 사람을 죽
이는 것과 같다고 말하며 왕이 잘못한 정치를 신랄하게 비판한다.

■백성의 부모인 왕이 어찌 백성을 죽이는가?

> 수 상 식 　차 인 　오 지 　　위 민 부 모 　　행 정
> 獸相食을 且人이 惡之하나니, 爲民父母하여, 行政하되,
>
> 불 면 어 솔 수 이 식 인 　　오 재 기 위 민 부 모 야
> 不免於率獸而食人이면 惡在其爲民父母也리잇고.
>
> 짐승끼리 서로 잡아먹는 것도 사람들이 미워하는데, 백성의
> 부모인 왕이 정치를 하면서 짐승을 몰아다가 사람을 잡아먹

게 하는 것을 그만두지 않는다면, 어찌 백성의 부모라고 하
겠습니까?

왕은 온 백성의 생명을 책임지고 있는 어버이다. 그러므로 온 백성이
어버이로 받드는 것처럼 왕도 또한 어버이로서 자식에 대한 사랑을 베푸
는 것이 도리이다.

이것이 법으로 밝혀져 있지 않다고 하더라도 도덕적으로 이루어져
야만 한다. 그러나 오히려 왕이 백성의 삶을 해한다면 어찌 백성의 부모
인 왕이라 할 수 있겠느냐? 며 반문한다.

■ 공자는 하물며 사람모양의 인형을 장례에 사용 하는 것도 싫어하였다

중 니 왈 시 작 용 자   기 무 후 호   위 기 상 인
仲尼曰 始作俑者는 其無後乎인저 하시니. 爲其象人

이 용 지 야   여 지 하 기 사 사 민 기 이 사 야
而用之也시니, 如之何其使斯民 飢而死也리잇고.

공자가 말하기를 '처음으로 목우를 만든 자는 후손이 없을 것
이로다' 라고 말씀하셨으니, 그것은 사람의 모습을 본떴기 때
문입니다. 어찌하여 백성들을 굶어 죽게 한다는 말입니까?

공자는 사람의 모양인 목우를 만들어 함께 장사지내는 데 사용한 사
람은 그의 후손이 없을 것이라고 저주했다. 인간은 훌륭하고 귀중한
존재인데 이러한 인간의 모양을 나무로 만들어 장례식 때 함께 묻는

것을 결코 받아들여서는 안 된다고 여겼기 때문이다. 맹자가 이를 예로 이용한 것은 사람의 모양을 장례에 쓴 것도 이토록 나무랐는데, 하물며 사람을 죽음에까지 이르도록 잘못된 정치를 하는 것은 더 말할 필요가 없다는 것을 밝히기 위해서이다.

매우 강한 나라들에게 복수를 하려면 어떻게 해야 합니까?

양 혜 왕 왈　진 국 천 하 막 강 언　　수 지 소 지 야
梁惠王曰 晉國天下莫强焉은 叟之所知也이라.

급 과 인 지 신　　동 패 어 제　　　장 자 사 언
及寡人之身하여 東敗於齊에 長子死焉이요,

서 상 지 어 진 칠 백 리　　남 욕 어 초　　　과 인 치 지
西喪地於秦七百里하고 南辱於楚하니, 寡人恥之하여,

원 비 사 자　　　일 세 지　　　여 지 하 즉 가
願比死者하여 一洒之하니 如之何則可잇고.

양혜왕이 말하기를 '우리 진(위)나라가 천하에서 매우 강하다는 것은 노인께서 잘 알고 계십니다. 과인에 이르러 동쪽으로 제나라에 패하여 장자가 그 싸움에서 죽었고, 서쪽으로 진나라에게 7백 리의 땅을 잃었으며, 남쪽으로 초나라에게 모욕을 당했습니다. 과인이 이 사실을 부끄럽게 여겨 전사자를 위해 한 번 모욕을 씻고자 하니 어떻게 하면 좋겠습니까?' 하였다.

전국 제후 사이에 영토를 차지하기 위한 싸움이 치열하게 일어났던 것은 싸움을 통해 인구를 늘려 부국 강병을 이루기 위한 것이었다. 당

시 양혜왕이 자신의 복수를 위해 계책을 묻게 된 것은 다만 치욕을 갚기 위한 것만이 아니라 나아가 부국 강병이라는 자신의 계획을 이루기 위해서였다. 제나라와의 싸움에서 맏아들이 죽고, 진나라와 초나라와의 싸움에서 영토를 빼앗겼다고 자세히 이야기하는 것은 그 나라들에게 복수를 하려는 뜻이 있었기 때문이다.

▓ 나라의 강함은 영토에 있는 것이 아니다

> 맹 자 대 왈   지 방 백 리 이 가 이 왕
> **孟子對曰 地方百里而可以王**이니이다.
>
> 맹자가 대답하기를 '사방 1백 리의 땅만 되어도 왕 노릇을 할 수 있습니다' 라고 하였다.

맹자는 사방 1백 리의 좁은 땅이지만 어질고 착한 행동으로 백성들을 이끈다면 이웃 나라의 백성이 저절로 몰려들 것이기 때문에 구태여 영토를 늘리기 위해 전쟁이라는 방법을 쓸 것이 아니라, 작은 나라라도 도덕적으로 잘 다스려서 백성을 늘리는 방법을 쓸 것을 권한다.

어진 정치를 베풀면 복수를 할 수 있다

왕 여 시 인 정 어 민　　　생 형 벌　　　　박 세 렴
王如施仁政於民하시어 省刑罰하시고 薄稅斂하시면,

심 경 이 누　　　　장 자 이 가 일　　수 기 효 제 충 신
深耕易耨하고, 壯者以暇日로 修其孝悌忠信하여,

입 이 사 기 부 형　　　 출 이 사 기 장 상　　　가 사 제 정
入以事其父兄하고, 出以事其長上하리니, 可使制梃하여

이 달 진 초 지 견 갑 리 병 의
以撻秦楚之堅甲利兵矣리이다.

만약 왕이 어진 정치를 백성들에게 베풀어서 형벌을 줄이고 세금을 적게 거둔다면 백성들은 안심하고 밭을 갈고 김을 매어서 장성한 자들은 한가한 날에 효제 충신의 도를 공부하여 집에 들어와서는 부형을 섬기고 나아가서는 웃어른을 섬길 것이니, 이들로 하여금 몽둥이를 가지고 앞장서서 진과 초나라의 든든한 갑옷과 날카로운 병기를 칠 수 있을 것입니다.

왕이 어진 정치를 베풀어서 세금을 적게 매기고 형벌을 가볍게 하면 백성들은 나라를 중하게 여길 것이고 자신의 삶을 위해 더욱 노력하게 되어 경제적으로 안정을 이룰 수 있게 된다. 이렇게 경제적으로 안정을 얻게 되면 백성들은 자연히 부모에게 효도하고, 형제간에 우애하며, 나라에 충성하고, 서로 믿음을 지키려고 노력하는 효제 충신(孝悌忠信)을 배우게 될 것이다. 그렇게 되면 백성들에게 나라를 위하라고 강요하지 않아도 저절로 나라에 충성을 다 바치게 될 것이므로 적을 맞아도 용감하게 싸워 이길 수 있으리라고 맹자는 말하고 있다.

어질지 못한 정치를 하면 백성은 충성하지 않는다

彼奪其民時하여, 使不得耕耨하여 以養其父母하면,
피 탈 기 민 시   사 부 득 경 누   이 양 기 부 모

父母凍餓하며, 兄弟妻子離散하리니,
부 모 동 아   형 제 처 자 이 산

그들이(진나라, 초나라가)백성의 농사철을 빼앗아서 백성들
이 밭을 갈고 김을 매어 부모를 봉양할 수 없게 한다면, 부모
들은 추위에 얼고 굶어서 죽게 될 것이고 형제와 처자들은
뿔뿔이 흩어지게 될 것이니,

　백성들의 생활이 안정되지 못하면 혈연 관계마저 무너질 것이니, 나
라에 대한 충성을 바랄 수는 없게 된다. 의식주가 마련되지 않은 상태
에서 도덕심을 갖도록 강요할 수는 없으며, 그렇게 되면 결국에는 사
회 기반이 무너지고 말 것이다. 누구나 자신에게 선을 베푼 사람에게
는 좋은 마음을 갖게 되고 악을 행한 사람에게는 나쁜 마음을 갖게 될
것이다. 왕이 백성들의 삶을 넉넉하게 했다면 선을 행한 것이고, 고통
스럽게 만들었다면 악을 행한 것이다. 어느 누가 자신을 고통스럽게
한 자를 위해 희생하겠는가?

■ 왕이 고통받는 백성을 구한다면 누가 왕에게 맞서겠는가

> 피 함 닉 기 민　　왕 왕 이 정 지　　부 수 여 왕 적
> 彼陷溺其民이어든 王往而征之하시면, 夫誰與王敵이리잇고.
>
> 그들이(진나라, 초나라가) 백성을 함정에 빠뜨리고 고통받게 하거든 왕께서 가셔서 정벌하신다면 누가 왕에게 맞서겠습니까?

　저들(진나라, 초나라)의 왕이 백성들을 제대로 보살피고 보호하지 못하면 비록 다른 나라의 왕이라도 어진 정치만 행한다면 백성들은 그를 반길 것이라고 한다. 어진 정치를 펼친다는 소리를 들으면서 적국을 친다면 왕은 식은죽 먹듯이 목적을 이룰 수 있을 것이다.

■ 어진 사람에게는 적이 없다

> 고 　 왈　 인 자 무 적　　왕 청 물 의
> 故로曰하여 仁者無敵이니, 王請勿疑하소서.
>
> 그러므로 어진 사람은 천하에 적이 없다고 한 것이니 청하건대 왕께서는 의심하지 마시기를 바랍니다.

　맹자는 세상의 누구도 어진 사람은 당해 낼 수 없다는 공자의 말을 빌려서 왕에게 나라의 부국 강병이 오직 어진 정치를 베푸는 데에 있음을 강조하고 있다.

제환공과 진문공의 업적을 들을 수 있겠습니까?

제 선 왕   문 왈 제 환 진 문 지 사   가 득 문 호
齊宣王이 問曰 齊桓晉文之事를 可得聞乎잇가.

제나라 선왕이 물었다. "옛날 제나라의 환공과 진나라의 문공이 남긴 일들을 들을 수 있겠습니까?"

제나라의 선왕은 옛날의 제후 가운데서 권력을 잡아 천하를 다스렸던 환공과 문공처럼 제나라를 일으키려고 맹자에게 물었다.

그러나 맹자는 선왕이 듣고자 하는 것은 말하지 않으면서 왕도 정치에 대해서만 말했다.

그들에 대해서는 모르니 왕도 정치를 이야기할까요?

맹 자 대 왈   중 니 지 도   무 도 환 문 지 사 자   시 이
孟子對曰, 仲尼之道는 無道桓文之事者라, 是以로

후 세 무 전 언   신 미 지 문 야   무 이 즉 왕 호
後世無傳焉하여 臣未之聞也로니, 無以則王乎인저.

맹자가 대답했다. "공자의 가르침을 배우는 자들은 환공이나 문공의 일에 대해 말하지 않았습니다. 이 때문에 후세에 전해진 것이 없어서 듣지 못했으니 그 대신 왕도에 관해 말하겠습니다."

실제로 전국 시대의 제나라 환공과 진(晉)나라 문공의 일을 맹자가

모를 리는 없으나 자신의 정치 철학을 내세우기 위해 일부러 피한 것이다. 환공과 문공은 그 시대에서 가장 잘된 정치 형태를 이룩했었다. 그러나 순자에도 '공자의 사상을 학문하는 사람들은 오패(五覇)의 일을 이야기하는 것을 어린아이마저 부끄럽게 여겼다'는 기록이 있듯이 전통적으로 유가에서는 패도 정치를 대수롭지 않게 여기고 있었으며 맹자의 이야기도 그것을 나타낸 것으로 보아야 하며, 환공과 문공의 일을 맹자가 알지 못했던 것은 아니었다.

덕이 어떠하면 왕 노릇을 할 수 있는가?

왈 덕 하 여   즉 가 이 왕 의   왈 보 민 이 왕   막 지 능 어 야
日德何如면 則可以王矣리잇고. 日保民而王이면 莫之能禦也리이다.

왕이 맹자에게 '덕이 어떠하면 왕 노릇을 할 수 있습니까?' 하고 묻자 맹자가 '백성을 보호하는 왕 노릇을 한다면 막을 자가 없을 것입니다'하고 대답했다.

백성을 보호하고 사랑한다는 것은 바꾸어 말하면 백성을 잘 다스린다는 뜻이다. 백성들의 고통스러운 삶은 살피지 않고 호화스러운 생활을 일삼을 것이 아니라 자기 자식을 사랑하듯이 백성을 사랑한다면 아무런 어려움이 없이 왕 노릇을 할 수 있다고 하였다.

소를 대신하여 양을 희생하다

왈 약 과 인 자   가 이 보 민 호 재   왈 가
日若寡人者도 可以保民乎哉잇가 日可이니이다.

왈 하 유　지 오 가 야　왈 신 문 지 호 흘
曰何由로 知吾可也오. 曰臣聞之胡齕하니,

왈 왕 좌 어 당 상　유 견 우 이 과 당 하 자
曰王坐於堂上에 有牽牛而過堂下者러니,

왕 견 지　　왈 우 하 지　　대 왈 장 이 흔 종
王見之하시고, 曰牛何之오 하니 對曰 將以釁鐘이니이다.

왕 왈　사 지　오 불 인 기 곡 속 약 무 죄 이 취 사 지
王曰 舍之하라. 吾不忍其觳觫若無罪而就死地라.

대 왈 연 즉 폐 흔 종 여　　왈 하 가 폐 야
對曰 然則廢釁鐘與잇가. 曰何可廢也오,

이 양 역 지　　불 식　　유 저
以羊易之하라 하니, 不識케라, 有諸잇가.

왕이 말했다. '과인과 같은 사람도 백성을 보호 할 수 있습니까?' '예, 할 수 있습니다' '무슨 이유로 과인이 할 수 있음을 아십니까?' "신의 호흘에게서 들으니 그가 말하기를 왕께서 당상에 앉아 계실 때 소를 끌고 당 아래로 지나가던 사람이 있었는데, 왕께서 그것을 보시고는 '소가 어디로 가는 것이냐?'고 물으시자 소를 끌고 가는 사람이 '흔종(종을 주조할 때 종의 틈을 짐승의 피로 메우는 의식)에 쓰기 위해 끌고 갑니다' 라고 대답하니 왕께서는 '그 소를 풀어 주어라. 과인은 덜덜 떨면서 죄도 없이 죽으러 끌려 가는 모습을 차마 보지 못하겠다' 라고 말씀하시어 '그렇다면 흔종을 하지 않아도 되겠습니까?' 라고 물으니 '어찌 없앨 수 있겠는가, 지금 끌고 가던 소를 버리고 양으로 바꾸어라' 하고 대답하셨다고 하니 잘 알지 못하겠으나 그러한 사실이 있었습니까?"

이 부분을 곡속장이란 명칭으로 부르기도 하는데, 이는 소가 죄도 없이 죽으러 끌려가는 모습이 너무도 애처롭게 보여 왕이 그 소를 풀어 주라고 이야기한 것이 인간의 본성에 들어 있는 어진 마음을 나타낸 것으로 풀이되기 때문이다. 제나라 선왕은 자신이 인의에 바탕을 둔 왕도 정치를 이룰 자질을 갖추고 있다는 맹자의 말에 의아해한다. 그리하여 그 이유를 묻는데, 맹자는 선왕이 호흘이라는 신하와 나눈 대화 속에서 그것을 발견하여 설명한다. 소는 본디 눈이 부리부리하게 커서 평소에도 겁이 많아 보이는 동물인데, 죽으러 끌려가는 길에는 불안이 너무 심하여 당상에 있는 왕도 느낄 정도였다. 이것을 본 왕은 그것을 차마 죽일 수 없어 풀어 주라고 명령한다. 소를 양으로 바꾸라고 말한 것은 소비를 줄이기 위한 뜻은 아니었고 다만 희생을 없앨 수 없는 상황에서 희생에 쓰이는 다른 동물을 가리킨 것에 지나지 않는다.

하지만 이처럼 죄도 없이 죽어 가는 것을 차마 보지 못해 구하려는 마음을 가지고 정치를 한다면 억울하게 죽어 가는 백성은 없을 것이고, 아울러 맹자가 바라던 인의 정치를 이룰 수 있을 것이다.

▓소가 아까워 양으로 바꾼 것이 아니다

왈 유지　　　　왈 시 심　　족 이 왕 의
曰 有之하니이다. 曰是心이 足以王矣리이다.

백 성　　개 이 왕 위 애 야　　　신　　고 지 왕 지 불 인 야
百姓은 皆以王爲愛也어니와 臣은 固知王之不忍也하노이다.

'예, 그런 일이 있었습니다' '바로 이런 마음이 왕 노릇을 할 수 있는 것입니다. 백성은 모두 왕께서 커다란 소가 아까워

양으로 바꾸라고 한 것으로 알고 있지만, 신은 진실로 왕께서 차마 볼 수 없어서 그런 줄 알고 있습니다.'

양이든 소든 죄도 없이 죽이는 것은 마찬가지이므로 오십보백보라고 할 수 있다. 따라서 그 때의 백성들은 선왕이 소를 양으로 바꾸라고 명령한 것은 어진 마음에서 비롯된 것이 아니라 희생으로 쓰는 비용을 아끼기 위한 행위로 여겼다. 이는 왕의 뜻과는 상관없이 풀이된 것이다. 왕은 자신의 심정을 제대로 알아 주지 못하는 백성들 때문에 풀이 죽어 있었고, 맹자는 백성들이 잘못 이해한 사실을 밝힘으로써 선왕으로 하여금 차마 하기가 어려운 마음(不忍之心)으로 백성을 다스리라고 깨우쳤다.

죽으려 끌려가는 소를 차마 볼 수 없었다

王曰 然하다. 誠有百姓者로다만, 齊國雖褊小이나,

吾何愛一牛이리오. 卽不忍其觳觫若無罪而就死地라

故로 以羊易之也니이다.

왕이 말했다. '선생의 말과 같습니다. 진실로 그렇게 생각하는 백성이 있습니다만, 제나라가 비록 좁고 작은 나라라고 하지만 과인이 어찌 소 한 마리를 아끼겠습니까? 다만 죄도 없는데 벌벌 떨면서 죽으러 가는 것을 차마 볼 수가 없어서 양으로 바꾸게 했던 것입니다'

맹자의 격려를 들은 선왕이 자신의 속마음을 밝히며 대답하고 있다. 자신이 희생에 쓰이는 소를 양으로 바꾸라고 한 것은 소가 죄도 없이 덜덜 떨면서 죽으러 가는 모습이 차마 불쌍하여 볼 수 없었기 때문에 눈에 보이지 않는 양으로 바꾸도록 명령했다는 것이다.

■ 소나 양을 어찌 가려서 측은하게 여겼는가?

왈　왕　무 이 어 백 성 지 이 왕 위 애 야
曰 王은 無異於百姓之以王爲愛也하소서.

이 소 역 대　　피 오 지 지
以小易大이니 彼惡知之리오.

왕 약 은 기 무 죄 이 취 사 지　　즉 우 양 하 택 언
王若隱其無罪而就死地이면, 則牛羊何擇焉이리잇고.

맹자가 말했다. '왕께서는 백성들이 왕을 인색하다고 여기는 것에 대해서 이상하게 생각하지 마십시오. 작은 양을 가지고 큰 소와 바꾸었으니 백성들이 어찌 왕의 뜻을 헤아렸겠습니까. 왕께서 만약 죄가 없는데도 죽으러 끌려가는 것에 대하여 측은하게 여겼다면 소나 양을 어찌 가려 선택하셨습니까?'

맹자는 백성들의 오해도 그럴만한 이유가 있다면서 왕이 크게 신경 쓸 일이 아니라고 한다. 그러면서 맹자는 왕에게 측은하게 여기는 마음이 소에게는 일어났으나 소를 대신하여 희생하게 될 양에게는 일어나지 않은 이유를 물어본다. 이는 왕에게 좀 더 측은한 마음에 대한 이해를 높이기 위한 질문이기도 하다.

🐄 나는 진실로 어떤 마음으로 소를 살렸는가?

왕 소 왈 시 성 하 심 재   아 비 애 기 재 이 역 지
王笑曰 是誠何心哉런고, 我非愛其財而易之

이 양 야   의 호 백 성 지 위 아 애 야
以羊也언만, 宜乎百姓之謂我愛也로다.

왕이 웃으며 말했다. "이것은 진실로 어떠한 마음이었을까?, 과인이 재물을 아깝게 여겨 커다란 소를 양으로 바꾸게 한 것이 아니지만, 그러나 과인이 양으로 바꾸게 한 것을 가지고 백성들이 '왕이 재물을 아까워한다'고 말하는 것도 어쩌면 마땅한 것입니다."

왕이 백성의 반응을 현실적으로 풀이하는 가운데 자신의 행위에 대한 의문을 내놓는다. 왕은 굳은 의지와 주장이 있어 소를 양으로 바꾸라고 한 것은 아니었다. 다만 이를 맹자가 적극적으로 풀이하는 과정에서 이렇게 긴 대화가 오고 간 것이다.

🐄 그 마음이 바로 인의 정치를 할 수 있는 마음이다

왈 무 상 야   시 내 인 술 야   견 우   미 견 양 야
曰 無傷也라. 是乃仁術也니 見牛코 未見羊也일새니이다.

군 자 지 어 금 수 야   견 기 생   불 인 견 기 사
君子之於禽獸也에 見其生하고 不忍見其死하여

문 기 성   불 인 식 기 육   시 이   군 자   원 포 주 야
聞其聲에 不忍食其肉하니, 是以로 君子는 遠庖廚也니이다.

맹자가 말했다. '상심하지 마십시오. 이것이 바로 인(仁)을 펼치는 방법이니 그 때에 마침 소를 보고 양은 보지 못했기 때문입니다. 군자가 짐승을 대할 때 살아 있는 모습을 보고서는 죽는 모습은 차마 보지 못하고, 죽어 가면서 애처롭게 우는 소리를 듣고는 차마 그 고기를 먹지 못했으니 이 때문에 군자는 푸주를 멀리했던 것입니다.'

양을 소 대신 쓰라고 한 것에 대하여 맹자는 인을 행하는 방법이라고 풀이했다. 만약에 양이 죽으러 끌려가면서 덜덜 떨었다면 왕은 소의 경우와 마찬가지로 다른 짐승으로 바꾸도록 명령했을 것이라고 맹자는 이야기한다. 다시 말해서 그것은 눈앞에 보이는 애처로운 모습을 회피하기 위한 순간적인 행동이지만, 본성에 숨어 있던 어진 마음이 모습을 나타냈다고 보는 것이다. 짐승들이 죽어 가면서 고통받는 것을 보지 않았기에 고기를 먹을 수 있지 그것을 본다면 차마 먹지 못할 것이기에 푸주를 멀리한다는 이야기도 이와 뜻을 같이하는 것이다. 옛날에 손님을 접대하기 위해 닭을 잡는 사람이 자신은 그것을 먹지 않은 것도 또한 이러한 마음에서 비롯되었다고 할 수 있다.

█다른 사람의 마음을 내가 헤아린다

왕 열 왈　시 운　　타 인 유 심　　여 촌 탁 지
王說日　詩云　他人有心을 子忖度之라 하니,

부 자 지 위 야　　　　부 아 내 행 지　　　반 이 구 지
夫子之謂也로소이다. 夫我乃行之하고 反以求之하되

부 득 오 심　　　　부 자 언 지　　　어 아 심
不得吾心이러니, 夫子言之하여 於我心에

유 척 척 언 　　　차 심 지 소 이 합 어 왕 자 　　　하 야
有戚戚焉하여이다. 此心之所以合於王者는 何也잇고.

왕이 기뻐하면서 말했다. "《시경(詩經)》에 이르기를 '다른 사람이 가지고 있는 마음을 내가 헤아린다' 라고 했는데, 이것은 선생을 두고 한 말인 것 같습니다. 과인이 그것을 행하고 되돌아 구했으나 과인의 마음을 알지 못했는데 선생께서 말씀하여 주셔서 과인의 마음에 와 닿음이 있습니다. 그런데 이러한 마음이 왕도에 들어맞는다는 것은 무슨 까닭입니까?"

왕이 맹자의 풀이에 감동하여 《시경》의 구절을 끌어들였다. 왕은 이전의 행위에 대해 별 생각이 없었으나 맹자가 자세한 설명을 하자 자신이 이상적인 정치 형태를 드러낼 소질을 지닌 것에 대하여 감동했다.

이것은 맹자가 뜻한 것이기도 하였다. 왕은 한 걸음 더 나아가 왕도의 실현과 어진 마음을 지닌 것과의 관계를 알기 위해 물었다.

삼 천근을 들 수 있는 자가 새의 깃털을 들어 올리지 못 할까?

왈 　유 복 어 왕 자 왈 　오 력 족 이 거 백 균
日 有復於王者日 吾力足以擧百鈞이로되,

이 부 족 이 거 일 우 　　　명 족 이 찰 추 호 지 말
而不足以擧一羽하며, 明足以察秋毫之末이로되,

이 불 견 여 신 　　　즉 왕 허 지 호 　　　왈 부
而不見與薪이면, 則王許之乎잇가. 日否라.

맹자가 말했다. "왕에게 아뢰는 자가 있어 말하기를 '나의 힘이 삼천 근이나 되는 큰 것을 들 수 있는데 깃털 하나도 들지 못한다고 하고, 눈이 밝아 가을이 되어 가늘어진 새의 털 끝을 살필 수 있는데 수레에 산더미처럼 실은 땔나무를 보지 못한다'라고 말한다면 왕께서는 그의 말을 받아들이시겠습니까?" 왕이 말했다. "아닙니다."

이에 대하여 맹자는 어린아이도 알아 낼 수 있는 뚜렷한 비교를 통해 대답을 한다. 할 수 있는 것을 못 한다고 하는 것은 능력이 모자라기 때문이 아니라 하고자 하는 뜻이 모자라기 때문이라는 것을 말하고 있다. 이것도 질문과 대답을 통해 펼쳐지며 또한 이것은 정치 문제와 연관되기도 한다.

왕 노릇을 못하는 것은 하지 않는 것이지 할 수 없는 것이 아니다

今에 恩足以及禽獸하되, 而功不至於百姓者는,

獨何與오. 然則一羽之不擧는 謂不用力焉이며,

輿薪之不見은, 爲不用明焉이며, 百姓之不見保는

爲不用恩焉이니, 故로 王之不王은,

不爲也언정, 非不能也니이다.

맹자가 말했다. "지금 왕의 은혜가 짐승에게까지 이를 정도로 큰데, 실제로 왕이 베푸는 정책이 백성에게 미치지 못하는 것은 도대체 무슨 까닭입니까? 그렇다면 새의 깃털 하나를 들지 못하는 것은 힘을 쓰지 않았기 때문이며, 수레에 실은 땔나무를 보지 못하는 것은 눈을 크게 뜨지 않았기 때문이니, 백성들이 왕의 보호를 받지 못하고 있는 것은 은혜를 베풀지 않았기 때문입니다. 그런 까닭에 왕이 왕 노릇을 못하는 것은 하지 않는 것이지 할 수 없는 것은 아닙니다."

천하 장사가 새의 깃털이 무거워 들지 못한다고 하면 믿을 사람이 없을 것이다. 이는 본디 능력이 모자라기 때문이 아니라 그것을 들려는 마음이 없기 때문임은 누구나 알 수 있는 일이다. 이것은 즉 왕이 왕 노릇을 하지 않은 것은 왕이 능력이 없기 때문이 아니라 왕 노릇을 하려는 노력을 하지 않았기 때문이라는 비유이다. 맹자는 왕이 어진 마음을 가졌으므로 소가 죽으러 끌려가는 모습을 보고 애처로워했다고 칭찬을 하였기에, 이를 기회로 왕에게 어진 정치를 펼 것을 요구한다. 왕이 천하 백성의 왕 노릇을 할 수 있는지의 여부는 바로 왕이 본디부터 가지고 있는 착하고 평등한 심성이 얼마나 실제 정치에 알맞게 쓰여지느냐 하는 문제에 달려 있다고 맹자는 말한다.

▓ 할 수 없는 것과 하지 않는 것의 구별

왈 불위자   여불능자지형   하이이
曰 不爲者와 與不能者之形이 何以異잇고.

왈   협태산이초북해   어인왈 아불능
曰 挾太山以超北海를, 語人曰 我不能은,

^{시 성 불 능 야} ^{위 장 자 절 지} ^{어 인 왈}
是誠不能也어니와, 爲長者折枝를, 語人日

^{아 불 능} ^{시 불 위 야} ^{비 불 능 야}
我不能은, 是不爲也요, 非不能也이니.

왕이 물었다. "하지 않는다는 것과 할 수 없는 것의 모습은 어떻게 다릅니까?" 맹자가 대답했다. "태산을 옆에 끼고 북해를 건너는 것을 남에게 말하면서 '나는 하지 못한다'고 말하면 이것은 진실로 하지 못하는 것이나, 어른을 위해 나뭇가지를 꺾는 것을 남에게 '하지 못한다'고 말하면 이것은 하지 않는 것이지, 할 수 없는 것이 아닙니다."

할 수 없다는 것과 하지 않는다는 것에 대한 구별을 왕이 묻자 사람의 힘으로는 태산을 끼고 북해를 건넌다는 것은 할 수 없는 일이고, 어른을 위하여 나뭇가지를 꺾는 일을 할 수 없다고 말하는 것은 하지 않는 것이라고 설명한다.

이렇게 뚜렷한 예를 들어 왕이 어진 정치를 베풀지 못한다고 하는 것은 할 수 있는 데도 할 수 없다고 말하는 것임을 밝히고 있다.

왕이 능력이 없어서 왕 노릇을 못하는 것은 아니다

^고 ^{왕 지 불 왕} ^{비 협 태 산 이 초 북 해 지 류 야}
故 王之不王은 非挾太山以超北海之類也라,

^{왕 지 불 왕} ^{시 절 지 지 류 야}
王之不王은 是折枝之類也이니이다.

그런 까닭에 왕께서 왕 노릇을 하지 못하는 것은 태산을 옆에 끼고 북해를 건너는 것과 같은 종류가 아니라 왕께서 왕

노릇을 하지 못하는 것은 바로 나뭇가지를 꺾는 것과 같은
종류입니다

이렇듯 뚜렷하고 확실한 예를 통하여 할 수 있으면서도 하지 않는
왕 노릇을 하도록 왕에게 요구했다.

어진 마음을 널리 펴면 천하를 마음대로 움직일 수 있다

노오로   이급인지로   유오유
老吾老하여 以及人之老하며, 幼吾幼하여

이급인지유   천하   가운어장   시운
以及人之幼면, 天下를 可運於掌이니, 詩云,

형우과처   지우형제   이어우가방
刑于寡妻하여, 至于兄弟하여, 以御于家邦이라 하니,

언거사심   가저피이이
言擧斯心하여 加諸彼而已라.

내 집안의 노인을 노인으로 섬겨서 남의 노인에게까지 미치
며, 내 어린아이를 사랑해서 다른 사람의 어린아이에게 미치
게 한다면 천하를 손바닥 위에 올려놓고 움직일 수 있습니다.
《시경》에 이르기를 '아내에게 모범이 되어서 형제에 이르러
집과 나라를 다스린다'고 했으니 이런(자기 주위 사람에 대
한)마음을 다른 이들에게도 더하는(베푸는)것 뿐입니다.

유가의 사상은 자기와 가까운 사람을 더 사랑하고 보다 먼 사람은

그보다 덜 사랑하는 차별적인 사랑 즉 친친원원(親親遠遠)이다. 그런데 이는 묵적의 모든 사람을 고루 사랑하는 겸애사상과 충돌한다. 결국 유가사상이 묵적의 사상보다 동양사상에서 중심적 위치를 차지하게 되는데 그 이유는 유가의 차별적 사랑이 인간의 본능에 충실한 현실적인 이유 때문일 것이다.

다만 맹자는 이러한 차별적 사랑을 널리 넓히는 것에 노력하여야 함을 역설하고 있다.

🐾은혜를 널리 퍼뜨리면 천하를 손에 넣을 수 있다

故로 推恩이면 足以保四海하고, 不推恩이면, 無以保

妻子이니, 古之人이 所以大過人者는 無他焉이라,

善推其所爲而已矣니. 今에 恩足以及禽獸로되,

而功不至於百姓者는 獨何與잇고.

그런 까닭에 왕이 은혜를 널리 퍼뜨리면 천하를 보호할 수 있고, 은혜를 널리 퍼뜨리지 않는다면 처와 자식도 보호할 수 없을 것이니, 옛날 사람이 보통 사람보다 크게 뛰어났던 것은 다름이 아니라 자기가 해야 할 것을 잘 퍼뜨렸기 때문입니다. 오늘날에 왕의 은혜가 짐승에게 미쳤으나 실제로 그 은혜가 백성들에게까지 미치지 않음은 유독 무슨 까닭입니까?

누구나 자기와 가까운 관계에 있는 사람에게는 은혜를 베풀기 마련이다. 이처럼 은혜를 베풀기 때문에 그 관계는 더욱 깊어질 수 있는 것이다. 이런 차별적인 은혜를 차례로 더 넓게 퍼뜨려 나갈 것을 맹자는 요구한다. 또한 훌륭한 사람이 뛰어난 것은 별다른 이유가 아니라 이처럼 은혜를 넓게 퍼뜨린 사람일 뿐이라고 하며 왕의 은혜가 지금 어디로 향해 넓어지고 있는지를 반문한다.

무엇이 먼저이고 무엇이 나중인지 잘 알아서 행하라

권 연 후 지 경 중   도 연 후   지 장 단
權然後에 知輕重하고, 度然後에 知長短이니,

물 개 연   심 위 심   왕 청 탁 지
物皆然이어니와, 心爲甚하니, 王請度之하소서.

저울을 가지고 무게를 달아 본 뒤에야 물건의 가볍고 무거움을 알고, 자로 길이를 재고 난 뒤에야 사물의 길고 짧음을 알수 있습니다. 세상 모든 사물이 그렇거니와 사람의 마음은 그 중에서도 더욱 심하니 바라건대 왕께서는 이것을 잘 헤아리십시오.

모든 것에 대하여 가치를 판단하는 기준을 정하고 이에 따라 실행한다면 흠이 생기지 않을 것이라고 말한다. 특히나 사람의 마음의 경우에는 더욱 더 그렇다고 말한다.

전쟁을 일으켜야만 되겠습니까?

^{억 왕 흥 갑 병   위 사 신}
抑王은 興甲兵하며, 危士臣하여,

^{구 원 어 제 후 연 후   쾌 어 심 여}
構怨於諸侯然後에 快於心與잇가.

왕은 갑병을 일으켜서 군사와 신하들을 위태롭게 하고 제후
들에게 원한을 사고 난 뒤에야 마음이 즐겁고 기분이 좋겠습
니까?

맹자는 군사를 일으켜 전쟁을 하려는 왕에게 비난조의 질문을 한다.

전쟁을 통하여 얻고자 하는 큰 것

^{왕 왈 부   오 하 쾌 어 시   장 이 구 오 소 대 욕 야}
王曰 否라 吾何快於是리오. 將以求吾所大欲也이로다.

왕이 말하기를 '그런 것이 아닙니다. 내가 어찌 이러한 것으
로 마음이 즐겁고 기분이 좋겠습니까? 과인이 앞으로 크게
하고 싶은 바를 구하려고 하기 때문입니다.' 라고 했다.

왕은 전쟁 자체보다 전쟁을 통하여 얻고자하는 더 큰 뜻이 있다고
한다.

왕이 바라는 것은 모든 것이 부족하지 않는 것입니까?

왈　왕지소대욕　가득문여　　왕소이불언
日 王之所大欲을 可得聞與잇가. 王笑而不言하신대,

왈　위비감　부족어구여　경난　부족어체여
日 爲肥甘이 不足於口與며, 輕煖이 不足於體與잇가.

억위채색　부족시어목여　성음　부족청
抑爲采色이 不足視於目與며, 聲音이 不足聽

어이여　　편폐　부족사령어전여
於耳與잇가, 便嬖이 不足使令於前與잇가.

왕지제신　개족이공지　이왕기위시재
王之諸臣이 皆足以供之이나 而王豈爲是哉리오.

맹자가 말했다. '왕께서 크게 하고자 하는 것을 제가 들을 수 있겠습니까?' 왕이 웃으면서 말을 하지 않으니 맹자가 다시 말하기를 '맛있고 살찌는 음식이 부족해서입니까? 몸에 입는 가볍고 따뜻한 옷이 부족해서입니까? 눈에 보이는 아름다운 것이 부족해서입니까? 귀로 듣는 아름다운 음악이 부족해서입니까? 왕께서 부리는 친숙하고 총애하는 사람들이 부족해서입니까? 왕의 신하들은 그 일을 하기에 충분합니다만 왕은 어찌 이런 것 때문에 그러시겠습니까?'

맛있는 음식을 마음껏 먹는 것이나, 좋은 옷을 입는 것, 아름다운 음악을 듣는 것, 아름다운 여자를 옆에 두고 자신을 시중들게 하는 것은 물질적인 쾌락을 누리는 데 흔히 이용되는 것들이다. 맹자는 이런 쾌락적이고 물질적인 이유가 바로 전쟁을 통해 얻고자 하는 것들은 아닐 것이라 반문한다.

🐾천하를 발아래 두려는 것입니까?

왈부　　　오불위시야　　　　왈연즉 왕지소대욕
曰否라. 吾不爲是也이로이다. 曰然則 王之所大欲을

가지이　　　욕벽토지　　　조진초
可知已로다. 欲辟土地하며, 朝秦楚하여,

리중국이무사이야　　　　이약소위
蒞中國而撫四夷也로소이다. 以若所爲로

구약소욕　　유연목이구어야
求若所欲하니 猶緣木而求魚也니다.

왕이 말했다. '과인은 그런 것 때문이 아닙니다' 맹자가 말했다. '그렇다면 왕이 크게 바라는 것을 알 수 있겠습니다. 영토를 개척하고 진과 초나라의 조회를 받아 중국에 임하여 사방의 오랑캐들을 어루만지고자 하시는 것입니다. 그러나 지금과 같은 행위로 이러한 것을 구하신다면, 마치 나무에 올라가 물고기를 구하려는 것과 같습니다.'

왕이 그러하지 않다고 하자 맹자는 이제야 왕이 진정으로 바라는 바람을 드러내며 이 또한 비판을 한다.

왕이 바라는 것은 영토를 크게 넓히고 천하의 강대국이라는 진과 초나라를 무찔러서 신하의 나라로 삼아 온 천하를 발밑에 두려고 하는 것이었다. 이는 선왕만이 아니라 전국 시대 제후라면 누구나 지닌 목표였다. 그러나 맹자는 목표를 이루기 위한 왕의 실현 방법이 서로 어긋나기 때문에 그로 인해 짐작되는 결과를 말한다. 나무에 올라가 물고기를 구하는 것은 현실적으로 어려운데, 백성을 사랑으로 다스리지 않아 그들의 복종을 얻지 못한 상태에서 전쟁을 치르는 것을 이것에 비유한 것이다.

🔸전쟁으로 그것을 얻으려하는 것은 물고기를 구하려 나무에 오르는 것만 못하다

왕 왈   약 시 기 심 여   왈   태 유 심 언
王曰 若是其甚與잇가. 曰 殆有甚焉하나니,

연 목 구 어   수 부 득 어   무 후 재   이 약 소 위
緣木求魚는 雖不得魚이나 無後災어니와, 以若所爲로,

구 약 소 욕   진 심 력 이 위 지   후 필 유 재
求若所欲이면, 盡心力而爲之라도 後必有災하리이다.

왕이 묻기를 '이와 같은 것을 바라는 것이 그렇게 심한 것입니까?' 라고 하자 맹자가 대답했다. '심합니다. 나무에 올라가 물고기를 구하는 것은 비록 물고기를 얻지는 못하나 뒤따르는 재앙이 없지만, 그와 같은 것을 바란다면 마음과 힘을 다하더라도 훗날에 반드시 재앙이 있을 것입니다'

나무에 올라가 물고기를 구하다가 얻지 못하면 물고기를 얻지 못하는 것에서 그치지 그로 인한 뒤탈은 없다.

그러나 왕이 전쟁을 치르느라고 국력을 소비하다가, 이것이 실패로 돌아가면 나라를 잃는 처지에 이르므로 전혀 다른 문제라고 보고 있다. 즉 전쟁은 또 다른 전쟁을 일으키기 때문에 이를 이겨 낼 힘이 없으면 오히려 하지 않은 것만 못 하기 때문이다.

작은 것으로는 큰 것을 당해 내지 못한다

<ruby>日<rt>왈</rt></ruby><ruby>可<rt>가</rt></ruby><ruby>得<rt>득</rt></ruby><ruby>聞<rt>문</rt></ruby><ruby>與<rt>여</rt></ruby>잇가. <ruby>日<rt>왈</rt></ruby><ruby>鄒<rt>추</rt></ruby><ruby>人<rt>인</rt></ruby>이 <ruby>與<rt>여</rt></ruby><ruby>楚<rt>초</rt></ruby><ruby>人<rt>인</rt></ruby><ruby>戰<rt>전</rt></ruby>하면

<ruby>則<rt>즉</rt></ruby><ruby>王<rt>왕</rt></ruby><ruby>以<rt>이</rt></ruby><ruby>爲<rt>위</rt></ruby><ruby>孰<rt>숙</rt></ruby><ruby>勝<rt>승</rt></ruby>이니잇고. <ruby>日<rt>왈</rt></ruby><ruby>楚<rt>초</rt></ruby><ruby>人<rt>인</rt></ruby><ruby>勝<rt>승</rt></ruby>하리이다. <ruby>日<rt>왈</rt></ruby><ruby>然<rt>연</rt></ruby><ruby>則<rt>즉</rt></ruby>

<ruby>小<rt>소</rt></ruby><ruby>固<rt>고</rt></ruby><ruby>不<rt>불</rt></ruby><ruby>可<rt>가</rt></ruby><ruby>以<rt>이</rt></ruby><ruby>敵<rt>적</rt></ruby><ruby>大<rt>대</rt></ruby>이며 <ruby>寡<rt>과</rt></ruby><ruby>固<rt>고</rt></ruby><ruby>不<rt>불</rt></ruby><ruby>可<rt>가</rt></ruby><ruby>以<rt>이</rt></ruby><ruby>敵<rt>적</rt></ruby><ruby>衆<rt>중</rt></ruby>이며

<ruby>弱<rt>약</rt></ruby><ruby>固<rt>고</rt></ruby><ruby>不<rt>불</rt></ruby><ruby>可<rt>가</rt></ruby><ruby>以<rt>이</rt></ruby><ruby>敵<rt>적</rt></ruby><ruby>彊<rt>강</rt></ruby>이니, <ruby>海<rt>해</rt></ruby><ruby>內<rt>내</rt></ruby><ruby>之<rt>지</rt></ruby><ruby>地<rt>지</rt></ruby><ruby>方<rt>방</rt></ruby><ruby>千<rt>천</rt></ruby><ruby>里<rt>리</rt></ruby><ruby>者<rt>자</rt></ruby><ruby>九<rt>구</rt></ruby>에

<ruby>齊<rt>제</rt></ruby><ruby>集<rt>집</rt></ruby><ruby>有<rt>유</rt></ruby><ruby>其<rt>기</rt></ruby><ruby>一<rt>일</rt></ruby>하니 <ruby>以<rt>이</rt></ruby><ruby>一<rt>일</rt></ruby><ruby>服<rt>복</rt></ruby><ruby>八<rt>팔</rt></ruby>하니

<ruby>何<rt>하</rt></ruby><ruby>以<rt>이</rt></ruby><ruby>異<rt>이</rt></ruby><ruby>於<rt>어</rt></ruby><ruby>鄒<rt>추</rt></ruby><ruby>敵<rt>적</rt></ruby><ruby>楚<rt>초</rt></ruby><ruby>哉<rt>재</rt></ruby>리잇고. <ruby>蓋<rt>합</rt></ruby><ruby>亦<rt>역</rt></ruby><ruby>反<rt>반</rt></ruby><ruby>其<rt>기</rt></ruby><ruby>本<rt>본</rt></ruby><ruby>矣<rt>의</rt></ruby>니이다.

왕이 물었다. '그 까닭을 들을 수 있겠습니까?' 맹자가 대답하기를 '추나라와 초나라 사람이 싸운다면 왕께서는 누가 이길 것이라고 생각하십니까?' 왕이 대답하기를 '초나라 사람이 이길 것입니다' 맹자가 말하기를 '그렇다면 결국 작은 나라는 큰 나라를 이길 수 없으며, 군사가 적은 나라는 군사가 많은 나라를 이길 수 없다는 말이며, 약한 나라는 강한 나라를 이길 수 가 없다는 것입니다. 천하에 사방 천리가 되는 나라가 아홉인데 제나라는 영토를 전부 합하면 그 중 하나를 차지하게 됩니다. 그 중 하나밖에 되지 않는 것으로 나머지 여덟을 차지하려고 한다면 추나라가 초나라와 싸우는 것과 무엇이 다르겠습니까? 왕의 커다란 야망을 이루는 길은 왕도의 근본으로 돌아가는 것이어야 합니다.'

왕이 자세히 묻자 맹자는 예를 들어 설명하고 있다. 맹자는 제나라의 선왕이 천하의 제후를 신하로 삼으려는 목적은 이루기가 어려운 것이라고 이야기한다. 하나를 가진 사람이 여덟을 가진 사람을 당해 낼 수 없듯이, 제나라는 다른 여러 제후들을 현재의 힘으로는 이길 수 없다. 오히려 제나라 선왕이 덕으로 백성을 다스려 나라 안팎으로 믿음성 있는 군주가 되는 것이 천하를 다스리는 지위에 오르는 첩경임을 주장한다.

❧어진 정치를 베푼다면 천하의 백성들이 모두 왕에게로 올 것이다

금 왕　　발 정 시 인　　　사 천 하 사 자
今王이 發政施仁하시어, 使天下仕者로

개 욕 립 어 왕 지 조　　　경 자　　개 욕 경 어 왕 지 야
皆欲立於王之朝하고, 耕者로 皆欲耕於王之野하며

상 고　　개 욕 장 어 왕 지 시　　　행 려
商賈로 皆欲藏於王之市하며 行旅로

개 욕 출 어 왕 지 도　　　천 하 지 욕 질 기 군 자
皆欲出於王之塗하면, 天下之欲疾其君者가

개 욕 부 소 어 왕　　　기 약 시 숙 능 어 지
皆欲赴愬於王하리니, 其若是孰能禦之리잇고.

지금 왕께서 훌륭한 정치를 하시고 인정을 베푸시어 천하에 벼슬하는 자들로 하여금 모두 왕의 조정에서 벼슬하기를 바라게 하며, 농부들에게 모두 왕의 들에서 농사짓기를 바라게 하며, 장사꾼들로 하여금 왕의 저잣거리에서 장사하기를 바라게 하며, 여행하는 사람으로 하여금 모두가 왕의 거리에 나가기를 바라게 하면, 천하에 자기 왕을 미워하는 자들이

모두 왕에게 달려와 하소연하고자 할 것이니, 그렇게 하신다
면 누가 막을 수 있겠습니까?

맹자의 생각에 따르면 부국 강병을 위해 해야 할 일은 무력이 아니라
인으로서 정치를 하여 천하의 백성들이 스스로 왕의 백성이 되기를 희
망하게 만드는 것이다. 장사꾼은 왕의 나라에서는 세금이 적어 장사에
유리하다고 생각하고, 농부는 농부대로 농사를 지어도 세금으로 거두어
들이는 것이 적어 생활을 보다 안정시킬 수 있다고 생각하며, 벼슬아치
들도 그들 나름대로 대우가 낫다고 생각하면 왕에게 벼슬하러 올 것이
니, 이같이 무력을 쓰지 않아도 어진 정치를 펼친다는 소문만 나면, 이웃
나라의 백성들도 왕의 신하로 삼을 수 있게 되는 것이라고 주장한다.

나를 밝게 가르쳐 주시오

왕 왈 오 혼　불 능 진 어 시 의　원 부 자　보 오 지
王曰吾惛하여 不能進於是矣로니, 願夫子는 輔吾 志하여

명 이 교 아　아 수 불 민　청 상 시 지
明以教我하소서. 我雖不敏이나 請嘗試之하리다.

왕이 말하기를 내가 어리석어 그러한 지경에까지 이르지 못
했으니 원하건대 선생은 내 뜻을 도와서 나를 밝게 가르쳐
주시오. 내가 비록 슬기롭고 빠르지는 않으나 한 번 시행해
보겠습니다.

왕이 자세한 시행 방법을 물었다.

🐟백성을 그물질 하지 말라

曰 無恒産而有恒心者는 惟士爲能이어니와

若民則無恒産이면 因無恒心이니 苟無恒心이면

放辟邪侈를 無不爲已니, 及陷於罪然後에

從而刑之면, 是는 罔民也니 焉有仁人在位하여

罔民而可爲也리오.

맹자가 말했다. "떳떳한 생업이 없으면서도 떳떳한 마음을
가지고 있는 것은 오직 선비뿐이고, 백성의 경우 떳떳이 살
수 있는 생업이 없으면 그로 인해 떳떳한 마음이 없어지게
됩니다. 만일에 떳떳한 마음이 없다면 방탕하고 아첨하며 사
악하고 사치스러운 일들을 그만두지 못할 것이니, 백성들이
이로 인해 죄를 짓고 그래서 이들을 형벌에 처한다면 이는
백성에게 죄를 주기 위해 그물질하는 것입니다. 그러므로 어
찌 어진 사람이 왕위에 있으면서 그런 그물질을 할 수 있겠
습니까?"

맹자가 말하는 왕이 천하에 왕 노릇을 할 수 있게 되는 중요한 조건
은 다름아닌 인간다운 삶을 살 수 있는 최저 생활의 보장이다.

백성들은 기본 생활이 계속되어야 누구나 받아들일 수 있는 올바른

생각을 가지고 살아가는 것이다. 그런데 눈앞에 닥친 현실이 자기 한 몸이 살아가기도 어렵다면 어떻게 법률을 지키고 도덕심을 나타내게 할 수 있겠는가? 고통스러운 삶으로 인해 죄를 짓게 되었는데 이것을 또 법으로 엄하게 처벌하면 이것은 그물을 쳐놓고 잡는 것과 다를 바 없다고 주장한다.

백성의 삶이 우선이다

시고   명군   제민지산   필사앙족이사부모
是故로, 明君이 制民之産하되, 必使仰足以事父母하며,

부족이흉처자   낙세   종신포   흉년
俯足以畜妻子하여 樂歲에 終身飽하고, 凶年에

면어사망연후   구이지선   고   민지종지야경
免於死亡然後에 驅而之善하노니, 故로 民之從之也輕하나이다.

이런 까닭으로 현명한 군주는 백성의 생업을 정해 주되 위로 는 부모를 섬기기에 충분하도록 하고, 아래로 처자를 충분히 보살피게 하여 풍년에는 일 년 내내 배가 부르게 하고, 흉년 에는 굶어 죽는 것을 면하게 하니 그런 후에야 백성들에게 착한 일을 실천하게 했으므로 백성들이 명령을 쉽게 따랐던 것입니다.

이전의 훌륭한 왕들은 백성들이 풍족한 삶을 누릴 수 있는 바탕을 마련하고 난 후에야 착한 일을 하도록 이끌었다고 한다. 흉년이 들어 도 자신의 가족이 굶어 죽지 않을 정도의 식량이 있도록 했다는 것이다. 이는 백성들은 의식주가 충분해지면 교육에 관심을 갖게 되므로 훌륭한 왕들은 백성들이 착한 일을 하도록 이끄는 것도 백성의 생활을 안정되게 선정을 베푼 후에 하였다.

양혜왕 장구

梁惠王章句

하

2

02 양혜왕장구 梁惠王章句 _하_

이 편은 음악에 관한 이야기로 시작하여 '여민동락', 즉, 왕이 백성과 함께 하여야 한다는 주장을 펼친다. 이어 왕의 동산과 왕의 여행에 이르기까지 심지어 조정의 인사마저도 백성을 중심으로 펼쳐야 한다고 주장하여 맹자의 민본사상이 드러나고 있다. 이러한 민본사상은 '역성혁명'으로까지 이어져 백성을 위하지 않는 왕은 죽일 수도 있다는 주장으로 이어진다.

왕께서 음악을 사랑하신다면 제나라는 잘 다스려질 것입니다

_{장포} _{견맹자왈} _{포현어왕} _{왕어포이호악}
莊暴가 見孟子曰, 暴見於王하니, 王語暴以好樂이어시늘,

_{포미유이대야} _{왈호악} _{하여} _{맹자왈}
暴未有以對也라. 曰好樂이 何如잇가. 孟子曰

_{왕지호악} _심 _{즉제국} _{기서기호}
王之好樂이 甚이면, 則齊國 其庶幾乎인저.

제나라 신하인 장포가 맹자에게 말했다. "제가 왕을 뵈었더니 왕께서 저에게 음악을 좋아한다는 것에 대해 말씀하셨으나 제가 대답을 못했습니다. 음악을 좋아하는 것은 어떠합니까?" 맹자가 말했다. "왕이 음악을 좋아함이 상당하다면 제나라는 거의 잘 다스려질 것 입니다."

음악에 대하여 제대로 알지 못하는 제나라 신하 장포는 왕이 음악을 사랑하는 것이 어떤 것인가에 대한 질문에 뚜렷한 대답을 하지 못한다. 전국 시대의 삭막한 시대적 상황 아래에서 제후가 음악을 사랑하는 것에 대한 질문에 알맞게 대답할 수 있는 신하는 별로 없었을 것이고, 그러므로 장포는 왕의 뜻밖의 질문에 당황하여 자신의 생각을 제대로 말하지 못했을 것임은 명백하다. 이러한 상황에서 맹자가 장포에게서 받은 질문은 그에게는 상당한 뜻을 담은 것이었다. 맹자가 왕이 음악을 사랑하는 정도가 심하면 제나라가 잘 다스려질 것이라고 말한 것은 음악의 본디 기능에 대한 이해에서 비롯된 것이다.

유가의 경전인《시경》은 크게 세 부분으로 이루어져 있는데, 민간의 노래를 모은 풍(風)과 궁중에서 불리어진 정악인 아(雅), 종묘 제례에 사용된 송(頌)이다. 이것은 단순히 가락이나 가사를 모은 것이 아니라 그것을 통하여 그 시대의 풍속을 판단하고, 음악을 듣는 사람의 감정을 순하게 한다는 뜻에서 정치적으로 매우 중요한 구실을 맡고 있었다.

▓저는 속악을 좋아합니다

타 일   현 어 왕 왈 왕   상 어 장 자 이 호 악
他日에 見於王日 王이 嘗語莊子以好樂이라 하니,

유 저   왕   변 호 색 왈   과 인
有諸잇가. 王이 變乎色日 寡人이

비 능 호 선 왕 지 악 야   직 호 세 속 지 악 이
非能好先王之樂也라, 直好世俗之樂耳로소이다.

다른 날에 맹자가 왕을 만나서 물었다. "왕께서 일찍이 장

포에게 음악을 좋아한다는 것에 대해 말씀하셨다는데 그런
일이 있었습니까?" 왕은 얼굴빛이 달라지면서 대답했다.
"과인은 선왕의 음악을 좋아하는 것이 아니라 다만 속세의
음악을 좋아할 따름입니다."

어느 날 맹자는 왕을 만나서 장포와 나눈 대화에 대한 질문을 한다.
맹자가 과연 그런 질문을 한 적이 있느냐고 묻자 왕은 당황해한다. 이
는 옛날에 역대의 왕이 좋아했던 음악이 아니라 속악을 좋아한다는 사
실 때문이다. 그래서 그는 얼굴이 붉어지면서 '역대의 선왕처럼 정악
을 좋아하는 것이 아니라 속악을 좋아한다'고 대답한다.

■음악은 옛날의 것이나 지금의 것을 가릴 필요가 없다

왈 왕지호악 심 즉제기서기호
日 王之好樂이 甚이면 則齊其庶幾乎인저

금지악 유고지악야
今之樂이 由古之樂也니이다.

맹자가 말했다. "왕께서 음악을 좋아하시는 것이 상당하다
면 제나라는 거의 잘 다스려질 것입니다. 오늘날의 유행하
는 음악이 옛날의 음악과 마찬가지입니다."

이에 대하여 맹자는 정악이나 속악이나 음악이 생긴 이치와 음악의
사회적 기능이 같을 수 있으므로, 어떤 종류의 음악을 좋아하든 음악

을 좋아하는 정도가 심하다면 왕은 훌륭한 업적을 이룰 수 있다고 하여 왕의 음악 사랑을 북돋아 준다. 맹자가 옛날 음악과 지금 음악을 똑같이 보는 이유는 음악은 그것을 듣는 과정에서 사람의 마음이 순해지고. 그 속에 담긴 가락은 그 무렵의 민심을 나타내므로 정치적인 효과도 바랄 수 있기 때문이다. 아울러 음악을 좋아하는 과정에서 서로가 마음을 함께 하고 어울릴 수 있는 기능을 지녔기에 이처럼 음악을 매우 좋아하는 사람은 음악 속에 들어 있는 기능을 수행할 소질을 저절로 갖추게 되는 것이고, 그것이 정치에 알맞게 이용될 때에 맹자가 바란 이상 정치가 실현된다고 기대한 것으로 보인다.

▮음악은 여럿이서 즐기는 것이 더욱 좋다

왈 가득문여   왈독락악   여인락악
曰 可得聞與잇가 曰獨樂樂과 與人樂樂이

숙락   왈불약여인   여소락악
孰樂이니잇고. 曰不若與人이니이다. 曰與少樂樂과

여중락악   숙락   왈불약여중
與衆樂樂은   孰樂이니잇고. 曰不若與衆이니이다.

왕께서 물었다. '그 까닭을 들을 수 있겠습니까?' 맹자가 물었다. '음악을 혼자서 들으며 즐기시는 것과 여러 사람이 함께 들으면서 즐기시는 것 중 어느 것 이 더욱더 즐겁습니까?' 왕이 말했다. '다른 사람과 함께 음악을 즐기는 것만 못합니다. 맹자가 말했다. 적은 사람과 함께 음악을 들으며 즐기는것과 많은 사람과 함께 음악을 즐기시는 것 중 어느 것이 더욱 즐겁습니까' 왕이 말했다. '적은 사람과 즐기는 것이 많은 사람과 함께 즐기는 것만 못합니다.'

그러나 음악이 지닌 기능에 대하여 왕이 잘 알지 못했으므로 그 까닭을 묻는다. 이에 대하여 맹자는 문답식 대화를 통하여 설명을 펼친다. 맹자는 '혼자 즐기는 것과 여럿이 즐기는 것 중 어느 것이 더 좋은가, 적은 수의 사람과 함께 즐기는 것과 많은 수의 사람과 함께 즐기는 것 중 어느 것이 좋은가'라고 묻는다. 그에 대한 왕의 대답은 여럿이 함께 즐기는 것이 더욱 좋다는 것이었다. 물론 정치적인 입장에서의 음악 감상과 예술적인 입장에서의 음악 감상은 서로 다를 수 있다. 훌륭한 예술 작품을 감상하는 데 있어 그 작품의 예술 세계를 다른 사람이 미처 이르지 못한 수준 높은 상태에서 감상하면서 남과 다른 혼자만의 예술 감상 세계를 쌓을 수도 있다. 그러나 정치적인 차원에 있어서의 예술 감상은 이러한 혼자만의 세계에 대한 것이 아니라 모두가 함께 누릴 수 있는 조건이 되는 것이다. 맹자가 바라는 것은 모두가 함께 누릴 수 있는 세계이다. 누구나 함께 즐거움을 누릴 수 있는 사회가 되고, 그 과정에서 왕은 백성의 마음을 헤아려 정치에 반영하면서 왕과 백성이 서로 이해하기를 바란 것이다.

▓음악에 대해서 말하다

> 신   청 위 왕 언 악
> 臣이 請爲王言樂하리이다.
>
> 맹자가 말했다. "신이 청하건대 왕을 위하여 음악을 말씀 드리겠습니다."

이에 맹자는 왕에게 음악이 어떤 기능을 맡는가에 대하여 설명한다. 이것은 자신의 정치적인 생각을 음악 감상을 통하여 드러내는 것이기도 하다.

■ 왕의 음악에 백성들이 이마를 찌푸리고

금 왕　　고 악 어 차　　　백 성　　문 왕 종 고 지 성
今王이 鼓樂於此이어시든 百姓이 聞王鐘鼓之聲과

관 약 지 음　　　거 질 수 축 알 이 상 고 왈
管籥之音하고 擧疾首蹙頞而相告曰

오 왕 지 호 고 악　　　부 하 사 아 지 어 차 극 야
吾王之好鼓樂이여 夫何使我至於此極也하여

부 자 불 상 견　　　형 제 처 자 이 산
父子不相見하고 兄弟妻子離産고 하며

지금 왕께서 이 곳에서 음악을 타시면 백성들이 종소리와 북
소리와 피리 소리를 듣고 모두가 머리를 아파 하고 이마를
찌푸리면서 서로에게 말하기를 '우리 왕이 음악 타기를 좋
아하심이여, 어찌하여 우리로 하여금 이처럼 곤궁하게 하여
부자간에 서로 만나 보지 못하며 형제 처자가 서로 헤어져
있도록 하는가' 라고 하며,

똑같은 사물을 보더라도 보는 위치에 따라 전혀 다른 모습으로 보일
수 있다는 것을 왕이 음악을 연주하면서 즐기는 것에 대한 백성의 반
응으로 풀이하고 있다. 백성의 생활에 전혀 관심을 갖지 않고 음악만
연주하며 즐긴다면 백성들이 왕의 음악 감상에 대해 보이는 반응은
'이렇게 백성을 고통스럽게 만들어 놓고 왕은 음악 감상만 하는가? 참
으로 야속하다' 라는 식이 될 것이다.

🏃왕의 사냥하는 소리에 이마를 찡그리는 이유는 백성과 함께하지 않음이다

금 왕　전 렵 어 차　　백 성　문 왕 거 마 지 음
今王이 田獵於此에, 百姓이 聞王車馬之音하며,

견 우 모 지 미　　　거 질 수 축 알 이 상 고 왈
見羽旄之美하고, 擧疾首蹙頞而相告曰,

오 왕 지 호 전 렵　　　부 하 사 아 지 어 차 극 야
吾王之好田獵이여, 夫何使我至於此極也하여,

부 자 불 상 견　　　형 제 처 자 이 산
父子不相見하고, 兄弟妻子離産고 하니,

차 무 타　불 여 민 동 락 야
此無他요 不與民同樂也니이다.

지금 왕이 이 곳에서 사냥을 하시는데 백성들이 왕이 몰고 오는 수레바퀴 소리를 듣고 아름다운 깃발을 보면서 모두가 머리 아파 하고 이마를 찡그리면서 서로에게 말하기를 '우리 왕이 사냥하기를 좋아함이여, 대저 어찌하여 우리로 하여금 이처럼 고통받게 하여 부자 사이에 서로 만나 보지 못하게 하며 형제 처자가 서로 헤어져 있도록 하느냐' 라고 하니, 백성들이 이렇게 이야기하는 것은 다른 이유가 아니라 백성과 더불어 함께 즐기지 않았기 때문입니다.

왕이 사냥을 나갈 때에도 마찬가지이다. 백성은 고통에 허덕이는데 왕이 그들의 고통스런 삶을 구할 생각은 하지 않고 놀러만 다니느냐고 비난할 것이다.

왕이 음악을 듣는 것에 대하여 눈살을 찌푸리는 것은 왕의 정치가

제대로 이루어지지 못하여 왕이 백성과 함께 즐기지 않기 때문이다. 즐거움을 함께 한다는 것은 왕이 백성과 함께 즐길 수 있는 조건을 마련했다는 뜻도 되는데, 이것은 음악 감상에 백성을 불러들였다는 것과 아울러 그럴 수 있는 조건을 만들었다는 뜻도 가지고 있다.

▓왕의 음악에 백성들이 크게 기뻐하고

今王이 鼓樂於此이어시든, 百姓이 聞王鐘鼓之聲과

管籥之音하고, 擧欣欣然有喜色而相告曰,

吾王이 庶幾無疾病與아, 何以能鼓樂也하며

지금 왕께서 이 곳에서 음악을 타시면 백성들이 연주하는 종소리와 북소리와 피리 소리를 듣고 모두가 기뻐하면서 즐거운 얼굴로 서로에게 말하기를 '우리 왕이 다행히 질병이 없으신가 보다. 어찌 저리 음악을 잘 타시는가?' 라고 하며

왕이 음악 감상을 백성과 함께 즐기고, 그럴 수 있는 조건을 만들었다면 백성들은 왕의 음악 감상에 대하여 '저렇게 놀 수 있는 것은 몸과 마음이 건강하기 때문일 것이다' 라고 생각한다는 것이다. 이렇듯 좋지 않은 눈으로 바라보았을 때와 좋아하는 눈으로 바라보았을 때는 똑같은 물건과 사실이라도 가치가 전혀 다르게 되는 것이다. 맹자가 굳이 이토록 길게 말을 늘어놓는 것은 왕이 백성과 함께 자신의 즐거움

을 누리지 않을 경우에 빚어지는 달갑지 않은 결과를 충분히 알고 있으라는 충고를 하기 위한 것이라 하겠다.

왕의 사냥하는 소리에 기뻐하는 것은 백성과 함께 즐거워하기 때문이다

今王금왕이 田獵於此전렵어차어시든 百姓백성이 聞王車馬之音문왕거마지음하며,

見羽旄之美견우모지미하여, 擧欣欣然有喜色而相告曰거흔흔연유희색이상고왈

吾王오왕이 庶幾無疾病與서기무질병여아 何以能田獵也하이능전렵야오 하면,

此無他차무타라 與民同樂也여민동락야일새니이다,

지금 왕께서 이 곳에서 사냥을 하시면 백성들이 왕의 수레와 말발굽 소리를 듣고 아름다운 깃발을 보면서 모두가 기뻐하면서 서로에게 말하기를 '우리 왕께서 다행히 질병이 없신가 보다. 어떻게 저렇게 사냥을 잘 하시는가?' 라고 한다면 이것은 다름이 아니라 백성과 함께 즐거워하시기 때문입니다.

왕이 사냥을 다니는 것도 마찬가지이다. 왕이 그 즐거움을 백성과 함께 누린다면 그들은 왕의 사냥을 반가워할 것이라고 한다. 왕이 즐거움을 백성과 함께 할 때에는 백성들도 그 즐거움을 함께 누리므로 천하의 백성을 따르게 하여 자신의 백성으로 삼는 일이 가능할 것이라고 맹자는 말하고 있다.

▓백성과 더불어 즐길 때에야 왕 노릇을 할 수 있다

今王이 與百姓同樂하시면 則王矣시리이다.

지금 왕께서 백성과 즐거움을 함께 하신다면, 왕 노릇을 할
수 있을 것입니다.

이렇게 백성과 즐거움을 함께 한다면 분명히 온 천하의 사람들이
왕의 신하가 되기를 바랄 것이고, 왕은 천하의 왕 노릇을 할 수 있을
것이라고 말한다.

▓왕이 쉬는 곳은 백성의 삶을 해치지 않아야 한다

齊宣王問曰 文王之囿 方七十里라 하니,

有諸잇가. 孟子對曰 於傳에 有之이니이다.

제나라 선왕이 물었다. "문왕이 가진 동산의 넓이가 70리라
하는데 그런 일이 있습니까?" 맹자가 대답했다. "옛 책에 그
런 사실이 실려 있습니다."

여민 동락 즉 백성과 즐거움을 함께 한다는 사상에 바탕을 두고 설
명하는 구절이다. 그 때 제나라 선왕은 자신이 노니는 동산을 만들어

놓고 있었다. 그것은 왕이 옛날부터 가지는 것의 하나이다. 그리고 이 동산이 문왕이 가진 사방 70리보다 작은 40리인데도 백성들은 그다지 좋은 마음을 갖지 않았다. 제나라 선왕이 굳이 70리를 강조하면서 질문한 것은 자신의 것과 문왕의 것을 비교하고자 하는 뜻에서이다.

▮ 왕이 가진 넓은 곳도 백성이 작다고 여기게 하라

曰 若是其大乎잇가 曰 民猶以爲小也이니다. 曰 寡人之囿

方四十里로되 民猶以爲大는 何也잇고.

曰 文王之囿 方七十里에 芻蕘者往焉하고, 雉兎

者往焉하여 與民同之하시니, 民以爲小는 不亦宜乎잇가.

왕이 말했다."그렇게 컸었습니까?" 맹자가 말했다. "백성들은 오히려 작다고 여겼습니다." 왕이 말했다. "과인이 가진 동산은 사방 40리밖에 안 되는데 백성들이 크다고 여기는 것은 무슨 까닭입니까?" 맹자가 말했다. "문왕께서 가졌던 동산은 넓이가 70리이지만 꼴을 베고 나무를 하는 사람들이 그 곳으로 가며, 꿩이나 토끼를 잡는 사람이 그 곳에 들어가 잡기도 하여 백성과 함께 하셨으니 백성이 작다고 여긴것이 당연하지 않겠습니까?"

중요한 것은 왕이 가진 동산이 크고 작은 것이 문제가 아니라, 어떻게 동산을 이용하느냐의 문제였다. 음악이나 사냥처럼 동산도 백성과 함께 사용하고 즐거야함을 이야기하려 한다.

🦁 백성과 함께하지 않는 왕의 것은 백성에게 함정과 같다

신 　시지어경　 　문국지대금연후　 감입
臣이 始至於境하여, 問國之大禁然後에, 敢入하니,

신 　문교관지내　 유유방사십리
臣이 聞郊關之內에 有囿方四十里에

살기미록자　 여살인지죄　 　즉시방사십리
殺其麋鹿者를 如殺人之罪라 하니, 則是方四十里로,

위정어국중　 　민이위대　 불역의호
爲阱於國中이니, 民以爲大는 不亦宜乎잇가.

신이 처음 제나라의 국경에 이르러서 이 나라에서 크게 금하는 것이 무엇인지 물어서 알고 난 후에야 감히 국경을 넘어 들어왔습니다. 신이 듣건대 교관 안의 동산이 사방 40리 인데, 그 곳의 사슴을 죽인 자를 마치 살인죄처럼 다스린다고 했습니다. 이것은 곧 사방 40리로 나라 가운데에 함정을 파 놓은 것이니 백성들이 그것을 크다고 여기는 것이 당연하지 않습니까?

맹자가 말한 제나라 선왕의 동산이 비록 사방 40리에 지나지 않아도 백성들이 그 곳에 들어가지 못한다면 이는 함정을 파 놓은 것이나 다름 없다. 문왕이 70리나 되는 동산을 가지고 있으면서도 그 곳을 백성과 함께 이용했기에 백성들은 그 동산이 크다고 여기지 않았고, 선왕의 동산에는 백성들이 들어오지 못하게 금하고 또 그 곳의 동물을 죽이면 사람을 죽인 것과 같은 처벌을 내렸다. 그래서 비록 넓은 동산을 가졌더라도 백성은 자기가 함께 이용할 수 있는 동산이므로 지나치다는 생각을 갖지 않은 것이고, 이와 반대로 선왕의 동산은 그들이 이용을 못할 뿐 아니라 잘 못하면 극형을 받으므로 마치 함정과 같다고 비판한다.

함께 즐기지 못하는 백성은 윗사람을 비난한다

제 선 왕　　　 견 맹 자 어 설 궁　　　　 왕 왈　 현 자　 역 유 차 락 호
齊宣王이 見孟子於雪宮이러니, 王曰 賢者도 亦有此樂乎아.

맹 자 대 왈　 유　　　 인 부 득　　 즉 비 기 상 의
孟子對曰 有하니 人不得이면 則非其上矣니이다

제나라 선왕이 맹자를 설궁에서 만났는데 왕이 묻기를 '어질고 밝은 자도 이런 즐거움이 있습니까?' 하니 맹자가 대답했다. "있습니다. 그러나 백성들은 그런 즐거움을 얻지 못하면 그 윗사람을 비난합니다."

설궁은 왕이 쉬기 위해 지은 궁궐이다. 일종의 별장인 셈인데, 잔치를 벌여 즐기는 공간이다. 선왕은 자신이 이렇게 별장을 지어 놓고 노는 것에 대하여 명분을 구하고, 역대의 왕과 비교하고자 질문을 하였다. 맹자는 옛날에도 있었는데, 다만 즐거움을 함께 해야 노는 것이 마땅하다는 소리를 듣는다고 말한다. 이것은 일반 백성과 함께 즐기지 않고 홀로 즐거움을 누리는 왕은 비난받는다는 것이다.

🐾 비난하는 자와 비난받는 자의 잘못

부득 이 비 기 상 자   비 야
不得而非其上者도 非也이며,

위 민 상 이 불 여 민 동 락 자   역 비 야
爲民上而不與民同樂者도 亦非也라.

그러한 즐거움을 얻지 못했다고 하여 윗사람을 비난하는 백
성도 잘못이요 백성의 윗사람이 되어서 백성과 함께 즐거워
하지 않는 윗사람도 또한 잘못입니다.

아랫사람이 윗사람을 헐뜯는 행위는 물론 잘못된 것이다. 그러나 그
러한 원인을 만들어 주는 사람도 잘못이 있다고 덧붙이고 있다. 이는
양쪽을 비난하는 것으로 보이나 사실 이야기의 중심은 즐거움을 함께
하지 못해 원망하는 백성이 아니라, 즐거움을 함께 누리지 않는 왕에
게 쏠리고 있다. 다시 말해 비난의 문제를 일으킨 사람이자 맹자가 자
신의 정치적 생각을 펴는 대상인 선왕에게 초점이 맞추어져 있다.

🐾 백성과 함께 하며 왕 노릇을 못하는 사람은
없다

낙 민 지 락 자   민 역 락 기 락   우 민 지 우 자
樂民之樂者는 民亦樂其樂하고, 憂民之憂者는

민 역 우 기 우   낙 이 천 하   우 이 천 하
民亦憂其憂하니, 樂以天下하며, 憂以天下요,

연 이 불 왕 자   미 지 유 야
然而不王者는 未之有也니이다.

왕이 백성의 즐거움을 함께 즐거워하면 백성도 왕의 즐거움을 함께 즐거워하며, 왕이 백성의 근심을 함께 근심하면 백성도 또한 왕의 근심을 함께 근심합니다. 천하 백성의 즐거움을 가지고 즐거워하며 천하 백성의 근심을 근심하는데, 그렇게 하고도 천하에 왕 노릇을 하지 못한 사람은 아직까지 없었습니다.

백성을 다스리는 자가 다스림을 받는 자의 사정을 알고 그들의 처지에서 생각하고 움직일 때 그의 행위는 다스림을 받는 자에게서 환영을 받을 것이고, 자신이 바라는 이상 국가의 건설과 집권은 계속될 수 있다고 말한다. 백성의 어려움을 풀어 주고 즐거워하는 것을 함께 즐거워하는 통치자 모습을 맹자는 요구했던 것이다.

제나라의 경공이 안자에게 순수의 뜻을 묻자

석자 제경공 문어안자왈 오욕관어전부조무
昔者에 齊景公이 問於晏子曰, 吾欲觀於轉付朝儛하여,

준해이남 방어낭야 오하수이가이비어선왕관야
遵海而南하여 放於琅邪하노니, 吾何修而可以比於先王觀也오.

안자대왈 선재문야 천자적제후왈순수 순수자순소수야
晏子對曰 善哉問也 天子適諸侯曰巡狩 巡狩者巡所守也

제후조어천자왈 술직 술직자술소직야 무비사자
諸侯朝於天子曰述職, 述職者述所職也 無非事者

옛날에 제나라의 경공이 재상인 안자에게 물었다. "과인이 전부산과 조무산을 구경하고 바닷가를 따라 남쪽으로 내려

가 낭야까지 이르려고 하는데 과인이 어떻게 해야 옛날 선왕의 여행에 견줄 수 있겠는가?" "참으로 좋은 질문입니다. 천자가 제후의 영토에 가는 것을 순수라고 합니다. 순수라는 것은 제후가 지키고 있는 땅을 살펴보는 것입니다. 제후가 천자에게 조회함을 술직이라고 말합니다. 술직이라고 하는 것은 자신이 맡은 일에 대해 천자에게 설명하는 것입니다. 이러하니 모두가 일이 아닌 것이 없습니다."

순수(巡狩)라는 것은 그냥 장난삼아 자신이 다스리는 곳을 둘러보는 것이 아니고 그 곳의 사정을 살피는 것이다. 까닭에 제나라의 경공이 안자에게 던진 질문은 왕으로서 지녀야 할 이상적인 유람의 형태로, 맹자가 그것을 끌어들여 말한 것은 그 때에 행해지고 있던 잘못된 유람 형태를 비판하고자 하는 뜻이 들어 있었다.

왕이 한 번 놀고 한 번 즐기는 것이 제후들의 법도였다

춘 성 경 이 보 부 족   추 성 렴 이 조 불 급
春省耕而補不足, 秋省斂而助不給

하 언 왈   오 왕   불 유   오 하 이 휴   오 왕   불 예
夏諺日 吾王이 不遊면 吾何以休며, 吾王이 不豫면

오 하 이 조   일 유 일 예   위 제 후 도
吾何以助라 하니, 一遊一豫가 爲諸侯度니이다.

봄에 밭갈이를 살펴 부족한 것을 채워주고 가을에 거둔 것을 살펴 부족한 것을 도와주니
하나라 속담에 이르기를 '우리 왕께서 유람하지 않으시면 우

리들이 어떻게 쉴 것이며, 우리 왕께서 즐기지 않으시면 우리들이 어떻게 도움을 받겠는가. 왕이 한 번 유람하고 한 번 즐기는 것이 제후들의 법도가 된다'고 했습니다.

이에 안자는 바람직한 순수 형태의 예를 하나라 속담을 통해 설명해 간다. 왕이 놀러 다니면서 백성들의 생활을 직접 보고 나라를 다스려 백성의 삶이 보다 나아질 수 있었으니 왕의 유람은 백성의 삶을 기름지게 하는 데 반드시 필요한 것이었다. 까닭에 그저 노는 것이 아니었으므로 제후가 정치를 하는 데 본보기로 삼을 수 있었다는 것이다.

▨지금은 제후들의 근심거리가 되고 있다

今也엔 不然하여 師行而糧食하여, 飢者弗食하고,

勞者弗息하여 睊睊胥讒하여 民乃作慝이어늘 方命

虐民하여 飮食若流하여 流連荒亡하여 爲諸侯憂니라.

오늘날에는 그렇지 않아서 군대를 거느리고 다니면서 양식을 먹어서 굶주린 백성들이 음식을 먹지 못하고, 수고로운 자가 쉬지 못해서 눈을 흘겨보며 서로 헐뜯어 백성들이 마침내 원망하는데도 하늘의 명령을 어기고 백성을 학대하여 음식을 먹고 술을 마시기를 마치 물이 흐르는 것처럼 하여 유련황망하여 제후들의 근심거리가 되고 있습니다.

오늘날 왕의 유람은 그 속에서 백성들의 생활을 안정시키기 위한 방법을 마련하는 것이 아니라 그저 경치를 보고 즐기는 것으로 되었고, 유람하는 동안에 백성에게 자신을 대접하라고 윽박질러 가는 곳 마다 백성들에게 피해만 끼치게 된다는 것이다. 이렇게 왕의 유람으로 인한 접대와 왕을 따라다니는 자들이 저지르는 피해는 백성의 생활을 몹시 고달프게 만들었다고 한다. 이런 까닭에 제후들에게 모범이 된 것이 아니라 유련황망하여 오히려 반발과 원망만 사서 근심거리가 되어 버렸다고 한다. 안자는 선왕이 한 올바른 유람 형태의 실현을 바라며 그의 유람을 북돋운 것이다.

유련황망

종 류 하 이 망 반   위 지 유   종 류 상 이 망 반
從流下而忘反을 謂之流요, 從流上而忘反을

위 지 련   종 수 무 염   위 지 황   낙 주 무 염   위 지 망
謂之連은 從獸無厭을 謂之荒이요, 樂酒無厭을 謂之亡이니,

물길을 따라 아래로 내려가서 돌아올 것을 잊어버리는 것을 유(流)라고 부르고, 물길을 따라 거슬러 올라가서 돌아올 것을 잊어버리는 것을 련(連)이라고 부르고, 짐승을 쫓아 사냥하며 만족함이 없는 것을 황(荒)이라 부르고, 술 마시는 것을 즐겨서 만족함이 없는 것을 망(亡)이라 하니

유련황망의 뜻을 풀이하며 당시 제후들이 저지른 옳지 못한 짓들을 지적한다. 흐르는 물과 잔치를 벌이고 즐기며 뉘우칠 줄 모르고 사냥이나 음주 가무를 그칠 줄 모른다는 것이다.

무엇을 따를지는 왕에게 달려있다

<blockquote>
선왕　무유련지락　황망지행　　유군소행야
先王은 無流連之樂과 荒亡之行하시니, 惟君所行也니이다.

선왕은 유련의 즐거움과 황망한 행실이 없으셨으니 오직 무엇을 따를지는 왕께서 행하시기에 달려있습니다.
</blockquote>

옛날의 성왕(聖王)이 오랫동안 나라를 다스릴 수 있었던 것은 앞에서 밝혔듯이 정치를 그르치는 짓을 행하지 않았기 때문이라고 한다. 만약 경공이 이것을 본받아 행한다면 이상적인 시대를 열 수 있을 것이라고 힘써 행할 것을 주장한다.

왕의 욕심을 막는 것은 왕을 사랑하는 것이다

<blockquote>
경공　열　　대계어국　　출사어교　　어시
景公이 說하여 大戒於國하고, 出舍於郊하여 於是에

시흥발　　보부족　　소태사왈　위아
始興發하여 補不足하고, 召太師日 爲我하여

작군신상열지악　　　개치소각소시야
作君臣相說之樂하라시니, 蓋徵招角招是也라.

기시왈　축군하우　　축군자　호군야
其詩日 畜君何尤리오 하니 畜君者는 好君也니이다.

경공이 매우 기뻐하여 나라 안에 명령을 내리고 교외에 나가 머무르면서 비로소 곡식 창고를 열어서 식량이 부족한 백성
</blockquote>

에게 나누어 주고는 태사를 불러서 말하기를 '과인을 위해 신하와 함께 즐거워할 노래를 지으라' 고 하니, 지금의 치소와 각소가 이것입니다. 그 시에 이르기를 '왕의 욕심을 막은 것이 무슨 잘못이리오?' 라고 했으니 왕의 욕심을 막았던 것은 왕을 사랑한 것입니다.

경공은 충고에 기뻐하면서 즉시 나라에 포고령을 내려 민정을 살피고 구호품을 내어 가난한 백성을 위하고 악사에게 백성과 함께 즐거워할 노래를 지으라고 명령한다. 이에 대하여 맹자는 매우 옳게 여기고 신하가 왕이 노닐고자 하는 욕심을 억누르면서 올바른 방향으로 이끌었으니, 이것이 바로 왕을 사랑한 것이라고 한다.

유서 깊은 나라는 대대로 이어온 신하들이 있는 나라이다

맹 자 견 제 선 왕 왈　소 위 고 국 자　　비 위 유 교 목
孟子見齊宣王曰 所謂故國者는 非謂有喬木

지 위 야　　유 세 신 지 위 야　　왕 무 친 신 의
之謂也라, 有世臣之謂也니 王無親臣矣로소이다.

석 자 소 진　금 일　부 지 기 망 야
昔者所進을 今日에 不知其亡也온여.

맹자가 제나라 선왕을 만나 말했다. '이른바 유서 깊은 나라라는 것은 사직의 단에 큰 나무가 있음을 말하는 것은 아니요, 대대로 이어온 신하가 있음을 말하는 것이나 왕께서는 친한 신하도 없으십니다. 이전에 등용한 신하들 중에 오늘날 달아난 자가 있음을 모르고 계십니다.'

고국이라는 것은 전통이 오래 된 나라를 뜻하는 것이다. 그러나 전통이 오래 되었다는 말은 다만 전해 내려오는 물건이 오래 된 것을 가리키는 것이 아니라, 대대로 나라를 위해 충성을 다할 신하가 나오는 가문이 있다는 것을 뜻한다고 말한다. 다시 말해서 정치가 돌아가는 것을 상관하지 않고 나라를 위해 묵묵히 일할 자세를 지니고 그 것이 전통으로 굳어진 가문을 말하는 것이다. 그러나 오늘 날에는 그런 전통을 가진 가문이 없고, 왕은 자신의 가까이에서 자기를 돕고 있는 사람의 형편도 제대로 모르는 한심한 처지에 이르렀다는 것을 풍자적으로 말하고 있다.

내 어찌 미리 알 수 있으리오

왕 왈   오 하 이 식 기 부 재 이 사 지
王曰 吾何以識其不才而舍之리오.

왕이 말했다. "과인이 어찌 미리 그의 재질이 없음을 알아서 버린단 말입니까?"

이에 대한 왕의 대답은 처음부터 그 사람의 됨됨이를 알 수 없었기에 오늘날의 결과가 빚어졌다고 하면서, 인재등용의 방법을 물어본다.

왕은 어진 이를 쓸 때 어쩔 수 없이 쓰는 것처럼 해야 한다

왈   국 군   진 현   여 부 득 이   장 사 비 유 존
曰 國君이 進賢하되 如不得已니, 將使卑踰尊하며

^{소유척}　　^{가불신여}
疏踰戚이니, 可不愼與잇가.

맹자가 말했다. "왕께서 어진 사람을 쓰되 어쩔 수 없어서 쓰는 것처럼 해야 합니다. 앞으로 지위가 낮은 자로 하여금 높은 자를 넘게 하며, 친하지 않은 자로 하여금 친한 자를 넘게 하는 것이니 어찌 신중히 하지 않을 수 있겠습니까?"

　어진 사람을 쓴다는 것은 신분이 높고 왕과 친한 사람들을 놔두고 그 사람을 쓰는 것이므로 신중해야 한다.

▓온 나라 백성이 모두 옳다고 하면, 그제야 잘 살펴서 등용한다

^{좌 우 개 왈 현}　　　^{미 가 야}　　^{제 대 부 개 왈 현}
左右皆曰賢이라도 未可也며, 諸大夫皆曰賢이라도

^{미 가 야}　　^{국 인 개 왈 현 연 후}　^{찰 지}
未可也하고, 國人皆曰賢 然後에 察之하여

^{견 현 언 연 후}　^{용 지}
見賢焉然後에 用之하며,

왕을 가까이서 돕는 신하들이 모두 그를 어질고 밝은 사람이라고 말하더라도 허락하지 말 것이며, 여러 대부들이 모두 그를 어질다고 말하더라도 허락하지 말고, 온 백성이 모두 어질다고 말한 후에 그의 행실을 잘 살펴서 어진 것을 발견한 후에야 등용하며,

어떤 사람을 쓰는 데 있어서 주위 사람의 의견만을 듣고 올바른 판단을 내리지 못하는 경우가 있어서는 안 된다고 주장한다. 또 온 백성의 의견으로 굳어진 후에도 그 사람의 됨됨이를 신중히 검토하여 등용해야만 한다고 말한다. 한두 사람의 말을 따르게 되면 바르지 못한 인사가 될 수 있다. 그리고 모두가 옳다고 인정해도 그것을 그대로 따르는 것이 아니다. 이것은 맹자가 얼마나 백성들을 깊이 생각하는가를 보여 준 것이라고 하겠다. 많은 사람의 생각이 적은 사람의 생각에 비해 옳을 가능성은 더욱 크다. 그러나 많은 사람의 생각이라고 하여 반드시 옳은 것은 아니다. 백성을 이끄는 사람은 이렇게 뽑아서 써야 그로 인한 백성의 안정적인 삶이 이루어진다는 것이다.

▨온 백성이 그르다고 한 뒤에야 잘 살펴서 그를 버린다.

左右皆曰 不可라도 勿聽이요, 諸大夫皆曰 不可라도 勿聽이며,

國人皆曰 不可然後에 察之하여, 見不可焉然後에 去之하며,

좌우의 신하들이 모두 그를 안 된다고 말해도 그 말을 듣지 말 것이며, 여러 대부들이 그를 안 된다고 말하더라도 그 말을 듣지 말 것이며, 온 백성이 모두 그를 안 된다고 말한 뒤에야 그의 행실을 보아서 마땅하지 않은 점을 발견한 후에야 그를 버려야 합니다.

등용하지 않을 때에도 마찬가지여서 어느 한 쪽의 말만을 들어서 안

되며 온 백성의 말을 들어 보고, 그러고 나서도 정말로 그런지 그것을
잘 살펴 결정해야 한다고 말하고 있다.

온 백성의 말을 좇아야 한다

좌 우 개 왈 가 살   물 청   제 대 부 개 왈   가 살
左右皆曰 可殺이라도 勿聽이요, 諸大夫皆曰 可殺이라도

물 청   국 인 개 왈 가 살 연 후   찰 지
勿聽하고, 國人皆曰 可殺然後에 察之하여,

견 가 살 언 연 후   살 지   고   왈 국 인 살 지 야
見可殺焉然後에, 殺之하니 故로 曰國人殺之也라 하니라.

좌우의 신하들이 모두 그를 죽일 만하다고 말해도 듣지 말 것이
며, 여러 대부들이 모두 그를 죽일 만하다고 말해도 그 이야기를
듣지 말고, 온 백성이 그를 죽일 만하다고 말한 후에야 그를 살
펴보아서 죽일만한 점을 찾은 후에야 그를 죽여야 합니다. 그 까
닭에 모든 백성이 그를 죽였다고 말하는 것입니다.

가까운 신하들이 어떤 사람이 무거운 죄를 지었으므로 죽이라는 간
언을 했다고 하여 바로 죽이는 것이 아니다. 온 백성의 여론이 죽여야
한다고 할 때까지 그의 잘못에 대한 마지막 결정을 참으면서 미룬다.

그리고 후에 정말 죽일 만한 무거운 죄를 지었다고 결정되면 그제야
죽인다. 사형를 내리는 경우에는 특히나 신중해야 함은 말할 것도 없
다.

그리고 억울하게 죽을지도 모를 백성을 살리는 유가의 인의 정치와
도 이어지기 때문이다.

🎴이렇게 조심히 한 뒤에라야 비로소 백성의 부모가 될 수 있다

> 여 차 연 후   가 이 위 민 부 모
> **如此然後**에 **可以爲民父母**니이다.
>
> 이와 같이 한 뒤에야 백성의 부모라고 할 수 있습니다.

이렇게 사람에 관한 일을 조심성 있게 처리한 뒤에야 백성은 자신들을 위해 진정으로 애를 쓴다고 생각하여 자기 부모를 대하는 것처럼 왕을 대할 것이라고 한다.

🎴은나라의 주왕을 시해했다고 하는데

> 제 선 왕 문 왈   탕   방 걸   무 왕   벌 주
> **齊宣王問日 湯**이 **放桀**하시고 **武王**이 **伐紂**라 하니,
>
> 유 저   맹 자 대 왈   어 전   유 지
> **有諸**잇가. **孟子對日, 於傳**에 **有之**하니이다.
>
> 제나라 선왕이 맹자에게 물었다. "옛날에 은나라 탕왕이 하나라 걸왕을 유폐시켰고, 주나라 무왕은 은나라 주왕을 시해했다고 하는데, 그런 일이 있습니까?" 맹자가 대답했다. "옛책에 실려 있습니다"

맹자가 세운 이론 중에서 역성 혁명(易姓革命)이라는 부분을 설명할 때 가장 잘 이용되는 말이다. 비록 아무리 높고 귀한 존재인 왕이라고

할지라도 자기의 일을 제대로 하지 못한다면 이미 왕이 아니며, 그 까닭에 그를 왕위에서 내쫓는다 하더라도 그것은 도의에 어긋나지 않는다는 것이다. 은나라의 탕왕은 하나라의 걸왕이라는 폭군을 내쫓고 천자의 자리에 올랐으며, 주나라의 무왕은 은나라의 주왕을 죽였다. 이에 제나라 선왕은 그런 일이 실제로 있었느냐고 묻고 맹자는 옛 문헌에 실려 있다고 대답한다.

📖 신하가 왕을 죽일 수 있는가

왈 신　　시 기 군 가 호
曰 臣이 弑其君可乎잇가.

왕이 물었다. "신하가 자기 왕을 죽이는 것이 가능합니까?"

신하의 몸으로 자기의 왕을 죽이는 일이 있을 법한 것이냐고 묻는 것이다. 이는 곧 자신의 위치는 결코 어떤 사람에 의해서도 변화될 수 없음을 드러내기 위한 것이기도 하다.

📖 의를 해친 사람은 이미 왕이 아니다

왈 적 인 자　위 지 적　　적 의 자　위 지 잔
曰 賊仁者를 謂之賊이요 賊義者를 謂之殘이니,

잔 적 지 인　위 지 일 부　　문 주 일 부 주 의　미 문 시 군 야
殘賊之人을 謂之一夫니, 聞誅一夫紂矣요, 未聞弑君也니이다.

맹자가 대답했다. "인을 해치는 사람을 적이라고 부르고, 의

를 해치는 사람을 잔이라고 부르고, 잔적한 사람을 일부(한 사내)라고 부를 뿐이니 한낱 사내를 죽였다는 말은 들었으나 왕을 시해했다는 말은 듣지 못했습니다."

이에 대한 맹자의 대답은 간단하다. 왕이 왕 노릇을 제대로 하지 못하면 왕이라 할 수 없으니 그런 사람을 죽인 것은 왕을 죽인 것이 아니라 한 사내를 죽인 것에 지나지 않는다는 것이다. 하늘의 명령을 어긴 사람은 더 이상 왕이 아니다. 그러므로 그들을 죽인 것도 개인의 감정에 따른 것이 아니라 하늘의 명령에 따른 것이므로 그러한 사실에 대하여 전혀 잘못이 없다는 것이다. 이것은 왕이 덕을 닦아 나라를 잘 다스려야 함을 일깨우는 말이다.

제나라가 연나라를 치자 이웃 나라가 연나라를 도왔다

제 인 벌 연 취 지   제 후   장 모 구 연
齊人이 伐燕取之한대, 諸侯가 將謀救燕이러니,

선 왕 왈   제 후 다 모 벌 과 인 자   하 이 대 지
宣王曰 諸侯多謀伐寡人者하니 何以待之리오.

맹 자 대 왈   신 문   칠 십 리   위 정 어 천 하 자
孟子對曰 臣聞하니 七十里로 爲政於天下者는

탕   시 야   미 문 이 천 리   외 인 자 야
湯이 是也니, 未聞以千里로 畏人者也니이다.

제나라가 연나라를 쳐서 취하자 제후들이 앞으로 연나라를 구원할 것을 꾀하니 제나라 선왕이 물었다. '제후들 중에

> 과인을 정벌할 것을 꾀하는 자가 많으니 이들을 어떻게 대해
> 야겠습니까?' 맹자가 대답했다. '신이 들으니 사방 70리의
> 좁은 나라로 천하에 정치를 펼친 사람을 들었는데 그는 상나
> 라의 탕왕이니 천리를 가지고 남을 두려워했다는 자는 아직
> 듣지 못했습니다.'

앞서 제나라가 연나라를 치는 것에 대하여 어떤가를 맹자에게 물어
보자. 이에 대한 맹자의 대답은 '연나라 백성들이 반가워하면 연나라
를 치고 그렇지 않으면 연나라를 치지 마시오'였다. 그것은 왕이 그들
을 치기 전에 어진 정치를 베풀어 민심을 얻으라는 것이었다. 그러나
제나라 선왕은 맹자의 충고와 상관없이 자신의 욕심을 쫓아 연나라를
쳤고, 그들의 영토를 합쳤다. 이 질문은 그 후에 연나라를 구원하기 위
하여 여러 제후국이 힘을 합치는 것을 두려워한 선왕이 그에 대한 대
비책을 찾기 위한 물음이었다.

맹자는 탕왕은 사방 70리의 좁은 땅을 가지고 있으면서도 이웃 나라
를 치는 것을 두려워하지 않았는데, 왕은 사방 천리나 되는 넓은 땅을
가지고 있으면서 어찌하여 다른 나라의 침입을 겁내느냐고 한다. 덕이
있는 왕만이 다른 나라를 칠 수 있고, 그럴 자신이 있다면 쳐도 좋다는
식의 대답을 했던 맹자는 70리의 좁은 땅을 가진 탕왕도 어진 정치를
베풀었기에 전혀 남을 두려워하지 않았는데, 그보다 훨씬 넓은 땅을
가진 제나라가 남을 두려워한다는 것은 제왕이 인에 의한 정치를 하지
않기 때문이다라고 말하는 것이다. 물론 이것은 그의 도덕성이 모자란
다는 것을 풍자한 것이기도 하다.

탕왕이 정벌하러 나서자 온 천하가 자기들을 먼저 정벌해 주기를 바란다

書曰 湯이 一征을 自葛始하신대 天下信之하여 東面而征에

西夷怨하며, 南面而征에 北狄怨하여, 曰 奚爲後我오 하여

民望之하되, 若大旱之望雲霓也하여 歸市者가 不止하며,

耕者가 不變이어늘, 誅其君而弔其民하신대 若時雨降이라,

民大悅하니書曰 徯我后하더니 后來하시니, 其蘇라 하니라.

《서경》에 이르기를 "탕왕이 첫번째 정벌을 갈나라부터 시작하자 천하가 그를 믿어서 동쪽을 향해 정벌하니 서방의 오랑캐들이 원망했으며, 남쪽을 향하여 정벌하니 북쪽의 오랑캐들이 원망하여 '어찌하여 우리나라를 나중에 무찌르시는가?' 하며 백성들이 탕왕이 정벌해 주기를 바라되 마치 큰 가뭄에 구름과 무지개를 바라듯이 하였으며, 시장에 가는 사람들이 멈추지 않으며, 밭을 가는 사람들도 변함이 없거늘, 포악한 왕을 죽이고 고생하는 백성들을 위로하셨으니, 마치 때를 맞추어 단비가 내리듯이 백성들이 탕왕의 정벌을 크게 기뻐했다"고 했습니다. 《서경》에서 이르기를 "우리 왕을 기다렸더니 왕께서 오시니 살아나게 되겠지" 라고 했습니다.

《서경》〈중훼지고〉의 내용을 이용한 맹자는 탕왕이 이웃 나라를 무찌른 것은 고통에 허덕이는 백성을 구하기 위함이었기에 무찌름을 당하

는 나라의 백성들은 한결같이 그를 반겼고, 심지어 자기 나라를 다른 나라보다 늦게 무찌른다고 원망하기도 했다. 또한 무찌르러 오는 군대를 보아도 전혀 흔들리는 기색이 없이 자신들의 일을 계속했으니 이것은 천하의 백성들이 탕왕의 정벌을 진심으로 기뻐했기 때문이었다.

■ 왕의 군대를 환영하는 것은 자신들의 구원을 바랐기 때문이다

> 금 연 학 기 민　　　　왕　왕 이 정 지
> 今燕虐其民이어늘 王이 往而征之하시니
>
> 민 이 위 장 증 기 어 수 화 지 중 야　　단 사 호 장
> 民以爲將拯己於水火之中也라, 簞食壺漿으로
>
> 이 영 왕 사　　　　약 살 기 부 형　　　계 루 기 자 제
> 以迎王師이어늘, 若殺其父兄하며 係累其子弟하며
>
> 훼 기 종 묘　　　천 기 중 기　　여 지 하 기 가 야
> 毁其宗廟하며 遷其重器하면 如之何其可也리오.
>
> 지금 연나라가 백성들에게 포악하게 굴거늘 왕께서 가서 무찌르시니, 연나라 백성들은 앞으로 자기들을 물과 불의 가운데에서 구원해 줄 것이라고 여겨 도시락과 물병으로 왕의 군대를 환영한 것입니다. 그런데 그들의 부형을 죽이고 자제들을 구속하며 종묘를 부수고 중요한 기물들을 옮겨갔으니 이래서야 되겠습니까?

연나라 사람들이 고통 속에 놓여 있었기에 연나라를 무찌른 선왕은 탕왕이 이웃 나라 백성들을 구원한 것과 똑같은 기대 속에 정벌을 한 셈이었다. 한편, 연나라 사람들도 자신을 고통 속에서 구해줄 것으로

알고 음식을 내오면서 군대를 맞이했던 것이다. 그러나 그들의 기대에 어긋나게 물건이나 챙기고 자신의 형제들을 죄가 있다고 죽인다면 지난번의 고통과 전혀 다를 바 없을 것이므로 결코 반가워하지 않을 것이고 원성만 높아갈 것이니 해서는 안 될 일을 한 것이었다고 말한다.

▓어질지 않고 강하기만 하면 천하를 적으로 삼게 될 것이다

천 하 고 외 제 지 강 야   금 우 배 지 이 불 행 인 정
天下固畏齊之彊也이니 今又倍地而不行仁政이면

시   동 천 하 지 병 야
是는 動天下之兵也이니이다.

천하 백성들이 진실로 제나라가 강하고 큼을 두려워하고 있는데 지금 또 땅을 두 배로 늘리면서 어진 정치는 베풀지 않는다면 이는 천하의 군대를 움직이게 하는 것입니다.

어느 한 나라가 강하다고 깨닫고 있는데 그 나라가 다시 세력을 넓힌다면 약한 나라들은 자기 나라를 지키기 위해 다른 나라들과 힘을 합칠 것이다. 어진 정치를 베풀어 비록 한 쪽이 강하더라도 자신의 삶에 어려움이 없다면 강하다는 것 그 자체는 문제될 것이 없다. 그러나 어진 정치를 베풀지는 않고 세력만을 넓히기 위해 침략을 하면 강하다는 것은 위협이 된다. 막다른 골목에 몰린 쥐는 오히려 고양이에게 대드는 것처럼 현재의 처지가 약한 나라에게 위험을 강하게 느끼게 해서는 오히려 제나라에게 불행한 결과를

가져올 것이라고 맹자는 말한다.

백성이 바램을 실현시키는 어진 정치를 베풀어야

왕 속 출 령　　반 기 모 예　　　지 기 중 기
王速出令하사 反其旄倪하시며 止其重器하시고

모 어 연 중　　치 군 이 후　거 지　즉 유 가 급 지 야
謀於燕衆하여 置君而後에 去之면 則猶可及止也리이다.

왕이 속히 명령을 내려 노인과 젊은이들을 돌려보내고, 중요
한 기물을 옮기던 것을 그만두시고, 연나라 백성들과 의논하
여 마땅한 왕을 세워 준 후에 그 곳을 떠나 온다면, 오히려
전란이 일어나기 전에 중지시킬 것입니다

　만약 왕이 계속하여 연나라의 중요한 기물들을 제나라로 옮기고, 그
나라의 백성들을 마구 처벌한다면 지금의 걱정은 사라질 수 없을 것이
니, 지금이라도 죄 없는 사람이나 늙은이와 젊은이를 자기 나라로 돌
려보내고 그들이 소중히 여기는 기물들을 연나라로 보내고 나서 연나
라 백성들이 임금을 세우도록한 후 그곳을 떠난다면 전란을 중지시킬
수 있다고 말한다.

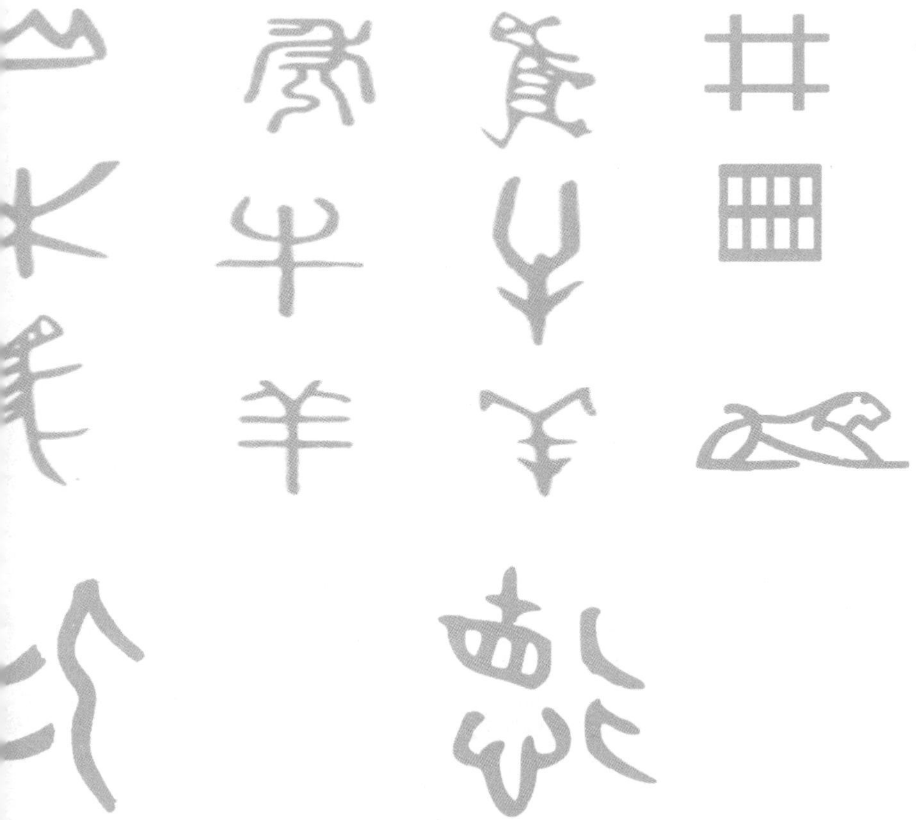

공손추장구
公孫丑章句

一상一

3

공손추장구 —상—
公孫丑章句

맹자의 제자 공손추의 질문으로 시작하는 이 편에서 맹자는 패도정치에 대한 비판으로 시작한다. 이어 맹자는 진정한 용기는 도덕적 당당함에서 비롯됨을 이야기하며 지극히 크고 지극히 강한 원기인 호연지기는 도와 의로움과 짝하여 꾸준히 쌓아 가야 하지만 어느 한 순간에 엎을 수 없으며, 억지로 조장하여서도 엎을 수 없다고 한다. 이어서 성선설의 기초가 되는 측은지심과 사단에 관한 가르침이 이어진다.

선생님은 관중과 안자처럼 공을 세울 수 있나요?

공손추문왈 부자당로어제 관중안자지공 가부허호
公孫丑問曰 夫子當路於齊하시면 管仲晏子之功을 可復許乎
잇가.

공손 추가 맹자에게 물었다. "스승님께서 만일 제나라에서 중요한 자리를 맡으신다면 관중과 안자가 이루었던 공을 다시 바랄 수가 있겠습니까?"

춘추 전국 시대(春秋戰國時代)를 백가 쟁명의 시대라고 한다. 이는 온 갖 학설을 지닌 사람이 자기만의 주의와 주장을 내세운 것을 이르는 말이기도 하다. 한편으로 이것은 하·은·주나라 이후 예의를 중요하게 여겨 오던 유가 사상이 무너짐을 뜻하는 것이기도 하다. 전국 시대의 부국 강병책을 시행한 나라는 대부분이 법가 사상을 택했는데, 이것은 엄격한 법률의 적용이 자기들의 목표를 이루는 데 가장 효과적이었기 때문이었다. 공손 추는 자신의 스승인 맹자가 실제로 정치를 맡는다면 제나라의 환공과 경공을 도와 패업을 이룩한 관중과 안자의 공에 버금가도록 할 수 있을 것이라고 말하며, 맹자에게서 그러한 것을 다시 바랄 수 있느냐고 묻는다.

■ 그대는 오직 관중과 안자만을 알 뿐이구나

> 맹 자 왈　자 성 제 인 야　　지 관 중 안 자 이 이 의
> 孟子曰 子誠齊人也로다. 知管仲晏子而已矣온여.
>
> 맹자가 말했다. "그대는 진실로 제나라 사람이다. 관중과 안자만 알 뿐이구나."

　맹자가 공손 추를 제나라 사람이라고 한 것은 공손추의 식견을 비웃는 말이다. 관중과 안자는 모두 제나라 사람인데, 그들은 자신이 모시던 왕을 그 때의 제후 중에서 가장 으뜸인 사람으로 만들었으나, 덕으로 다스리는 왕도 정치를 하도록 이끈 것이 아니라, 무력을 사용한 패도 정치였으므로 비록 뛰어난 공을 이루었으나 맹자는 오히려 그들의 공을 깎아 내리고 있는 것이다.

어찌하여 나를 관중같은 사람과 비교하는가?

혹문호증서왈 오자여자로 숙현 증서축연왈
或問乎曾西曰 吾子與子路는 孰賢고 曾西蹙然曰

오선자지소외야 왈연즉오자여관중숙현
吾先子之所畏也니라. 曰然則吾子與管仲孰賢고.

증서 불연불열왈 이하증비여어관중 관중
曾西가 艴然不悅曰 爾何曾比子於管仲고, 管仲

득군 여피기전야 행호국정 여피기구야
得君에 如彼其專也며 行乎國政이 如彼其久也로되,

공열 여피기비야 이하증비여어시
功烈 如彼其卑也니 爾何曾比子於是오 하니라.

어떤 사람이 증서에게 묻기를 '그대와 자로는 누가 더 어진
가?' 하니 증서가 불안해하면서 말하기를 '자로는 우리 부친
께서도 존경하신다' 라고 하였다. '그렇다면 그대와 관중은
누가 더 어진가?' 하니 증서가 안색이 변하며 기뻐하지 않고
말하기를 '그대는 어찌 나를 관중에 비하는가? 관중이 왕의
믿음을 얻은 것이 한결같았고 나라의 정치를 맡아 행한 것
이 저렇게 오래 되었는데도 이룩한 공은 저렇게 낮으니 그
대는 어찌하여 나를 이런 사람에게 비하는가?' 하였다.

맹자가 공자의 제자인 증자의 손자 증서를 끌어들인 것은 유가의 의
리를 지닌 사람의 몸가짐을 보이기 위한 것이다. 맹자가 관중을 멀리
하는 주된 이유는 봉건 사회의 윤리에 어긋나는 일을 한 것과 분수에
넘친 일을 한 것이다. 전자는 자신이 섬기던 사람을 따라 끝까지 충성
을 다하지 않고 후에 정치적으로 적이었던 사람의 신하가 된 것이다.

관중은 공자규(糾)를 섬겼고, 포숙은 소백(小白)을 섬겼다.

이들 두 사람의 정치 싸움에서 관중이 섬기던 규가 죽고 자신도 감옥에 갇혔으나 포숙의 도움으로 벗어난 후 적이었던 소백을 섬기어 재상이 되는데 이것은 유가 의리에서 본다면 크게 비난받을 것이다. 또 하나는 그가 재상으로 있으면서 봉건 사회에서 정한 신분을 무시한 호화스러운 생활을 한 것이다.

그 때에는 각 계층마다 생활의 일정한 기준이 있었다. 천자는 어떤 바탕의 옷을 입고 제후는 어떤 바탕의 옷을 입으며, 제사를 지낼 때에도 기일을 며칠로 하느냐는 등. 그런데 관중은 천자가 제후와 회견할 때에만 사용할 수 있는 술잔을 올려 놓는 대를 만들기도 하고, 누각 같은 것을 지어 여러 명의 첩을 거느리기도 하였다. 그러나 이렇게 호화스러운 생활과 오랫동안 왕을 돕는 자리에 있으면서도 이루어 놓은 업적이 없다고 하면서 그와의 비교를 못마땅하게 생각한 것이다.

관중을 본받으려고 하지 않는다

왈 관 중   증 서 지 소 불 위 야   이 자 위 아 원 지 호
日 管仲은 曾西之所不爲也어늘 而子爲我願之乎아.

맹자가 말했다. "관중의 행위는 증서도 비교하려 하지 않는 자인데 내가 관중을 원한다고 생각하는가?"

맹자는 증서와 같은 사람도 관중의 행위를 본받으려고 하지 않았는데, 자신이 그렇게 할 것으로 생각하느냐면서 묻고 있다.

자신의 왕을 패자로 만들었는데 부족합니까?

왈 관중 이기군패 안자 이기군현
曰 管仲은 以其君覇하고 晏子는 以其君顯하니,

관중안자 유부족위여
管仲晏子도 猶不足爲與잇가.

공손 추가 말했다. "관중은 그의 왕을 천하의 패자로 만들었고 안자는 왕의 이름이 드러나게 했는데, 관중과 안자가 부족합니까?"

한편, 공손 추는 관중이 환공을 제후의 우두머리로 만든 것과 안자가 경공의 이름을 날리게 한 공은 알아 주어야 할 것이 아니냐며 묻는다. 이것은 그 때의 시대적인 상황을 생각할 때 공손 추의 질문은 언뜻 보면 이치에 맞기도 하다. 그러나 맹자의 견해는 그것과 직접적으로 반대가 되는 위치에 놓여 있었다.

제나라를 가지고 왕 노릇을 하는 것은 손을 뒤집듯 쉽다

왈 이제 왕 유반수야
曰 以齊로 王이 由反手也니라.

맹자가 말했다. "제나라를 가지고 왕 노릇을 하는 것은 손을 뒤집는 것처럼 쉬운 일이다."

제나라에서 왕 노릇을 하는 것이 손을 뒤집는 것처럼 쉽다는 말은 그 때의 상황에서 제나라의 힘이 가장 강하고, 다른 나라에 대한 영향력도 크기 때문에 왕으로서 마땅히 해야 될 일을 행하기만 하면 충분히 가능하다는 것을 비유한 것이다. 또한 왕이 해야 할 일을 행하지 않는 제나라 선왕의 행위를 나무라는 표현이기도 하다.

훌륭한 문왕도 제대로 못하였는데 쉬운가?

曰 若是則弟子之惑이 滋甚이니이다. 且以文王之德으로

百年而後崩하시되, 猶未洽於天下어시늘 武王周公이

繼之然後에 大行이어늘, 今言王若易然하시니,

則文王은 不足法與잇가.

공손 추가 말했다. "그렇다면 제자의 의혹이 더욱 심하게 됩니다. 또 문왕이 덕으로써 다스리고 백 년 후에 돌아가셨는데, 천하에 가르침이 두루 미치지 못하여 무왕과 주공이 계속한 후에야 크게 행해졌습니다. 그런데 지금 왕 노릇을 하는 것을 쉬운 것처럼 말씀하시니 그렇다면 문왕은 족히 본받기에 부족합니까?"

공손 추는 맹자의 이야기를 바탕으로 다시 묻고 있다. 다시 말해 지금 제나라 선왕이 왕도를 행하기가 손을 뒤집는 것처럼 쉬운 일이라고 하는 것은 문왕이 왕도를 그토록 오랜 세월 동안에 행했으나 이루지 못한 것과 반대가 되므로 그에 대한 설명을 요구한 것이다. 덕망 있는 문왕도 백여 년을 다스렸으나 왕 노릇을 못 했다면 선왕이 그보다도 짧은 세월에 왕도를 행할 수는 없기 때문이다.

🐾 천하가 은에 귀의한지 오래되었기 때문이다

> 왈 문왕 하가당야 유탕 지어무정
> 曰 文王을 何可當也리오. 由湯으로 至於武丁히
>
> 성현지군육칠 작 천하귀은 구의 구즉난변야
> 聖賢之君六七이 作하여 天下歸殷이 久矣니라. 久則難變也라.
>
> 맹자가 말했다. "문왕을 어떻게 당할 수 있겠는가? 탕으로부터 무정에 이르기까지 어질고 성스런 왕이 6, 7명 나타나서 천하가 은나라에 귀의한 지가 오래 되었으니, 오래 되었다면 변하기 어려운 것이다."

이에 대한 맹자의 대답은 은나라가 이전에 쌓은 업적이 커서 하루아침에 사라지지 않았으므로 그런 결과를 가져왔다는 것이다. 은나라 왕의 덕이 오랫동안 계속되어 백성이 은나라를 믿는 정도가 워낙 두터웠기에 쉽게 저버리지 않았고, 이후 덕이 모자란 왕이 다스렸으나 하루아침에 멸망하지 않았다는 것이다.

온 천하가 은의 것인 가운데 문왕은 오직 사방 백리의 땅으로 일어났다

무정 조제후유천하 유운지장야
武丁이 朝諸侯有天下하되, 猶運之掌也하시니,

주지거무정 미구야 기고가유속 유풍선정
紂之去武丁이 未久也라, 其故家遺俗과 流風善政이

유유존자 우유미자미중왕자비간기자교격
猶有存者하며 又有微子微仲王子比干箕者膠鬲이

개현인야 상여보상지 고 구이후실지야
皆賢人也니 相與輔相之라, 故로 久而後失之也니,

척지 막비기유야 일민 막비기신야
尺地도 莫非其有也요 一民도 莫非其臣也어늘,

연이문왕 유방백리기 시이난야
然而文王이 猶方百里起하시니 是以難也니라.

무정이 제후들에게 조회를 받고 천하를 가졌는데 마치 이것을 손바닥에 놓고 움직이듯이 했으니 주왕의 시대는 무정왕의 시대로부터 그리 오래되지 않았으니 오래된 가문과 남은 풍속과 유풍과 선정이 아직도 남은 것이 있었으며, 미자와 미중·왕자 비간·기자·교격이 있었는데 모두 현인이었다. 이들이 서로 왕을 도왔던 까닭에 오래 된 후에야 나라를 잃게 되었던 것이니, 한 자가 되는 땅도 주왕 것이 아님이 없었으며 한 사람도 그의 신하가 아닌 자가 없었다. 그런데도 문왕이 사방 백 리의 땅을 가지고 일어나셨으니 이런 까닭에 어려웠던 것이다.

주왕의 포악한 정치가 심했으나 하루아침에 멸망하지 않은 것은 이

전에 왕을 돕던 신하들이 은나라에 대한 충성심을 여전히 굳게 지니고 있었기 때문이었다. 아울러 은나라의 백성도 은왕조에 대한 믿음을 저버리지 않았다. 이 상황에서 은나라에 대한 조정의 신하와 백성들의 믿음을 하루아침에 변하게 할 수 없었기에, 은왕조는 여전히 지켜졌던 것이다. 은왕조의 어진 신하들은 자신의 목숨을 내걸고 왕조를 바로잡으려고 하였고 온세상이 주왕의 땅이었다. 그러나 문왕은 사백리의 땅으로 시작을 한 것이니 문왕은 훨씬 안 좋은 조건이었음을 설명한다.

지혜가 있어도 형세를 타는 것만 못하다

제 인   유 언 왈   수 유 지 혜   불 여 승 세
齊人이 有言曰 雖有智慧나 不如乘勢며,

수 유 자 기   불 여 대 시   금 시   즉 이 연 야
雖有鎡基나 不如待時라 하니 今時 則易然也니라.

제나라 사람의 말에 이르기를 '비록 지혜가 있으나 그 때의 형세를 타는 것만 못 하며, 비록 좋은 농기구가 있으나 마땅한 때를 기다리는 것만 못하다'고 했으니 지금의 때라면 그렇게 하기가 쉽다.

지혜가 뛰어나도 세력을 얻는 것에 미치지 못하고 아무리 좋은 농기구를 가지고 있어도 겨울에 밭갈이를 하면 소용이 없듯이, 어떤 일을 할 바탕이 마련되지 않았다면 결코 바라던 결과를 얻을 수 없다고 말한다. 이것은 아무리 훌륭한 덕을 갖추고 있어도 백성들의 마음을 얻지 못하면 왕도를 이룰 수 없으며, 그것은 하루아침에 이루어지는 것

이 아니라 오랜 세월 동안 노력을 하여 탄탄한 기반을 가지고 있어야 한다는 것이다. 그러면서 맹자는 지금의 제나라라면 그 때를 가진 것이라 주장한다.

지금의 제나라는 형세를 타고있다

하 후 은 주 지 성   지 미 유 과 천 리 자 야
夏后殷周之盛에 地未有過千里者也하니,

이 제 유 기 지 의   계 명 구 폐   상 문 이 달 호 사 경
而齊有其地矣며 鷄鳴狗吠 相聞而達乎四境하니,

이 제 유 기 민 의   지 불 개 벽 의   민 불 개 취 의
而齊有其民矣니 地不改辟矣며, 民不改聚矣라도

행 인 정 이 왕   막 지 능 어 야
行仁政而王이면 莫之能禦也이리라.

하 · 은 · 주 세 나라가 성했을 때에도 그들의 땅은 천리를 넘지 않았는데 제나라가 그만한 땅을 가지고 있으며 닭이 우는 소리와 개가 짖는 소리가 서로 들려 사방의 끝까지 이를 정도로 제나라는 많은 백성을 가지고 있다. 땅을 더 개척하지 않으며 백성을 더 모으지 않더라도 어진 정치를 베풀어 왕 노릇을 한다면 이를 막을 자가 없을 것이다.

하나라와 은나라와 주나라 등이 성할 때에도 그들 나라가 가진 땅은 사방 천리를 넘지 않았으나 천하의 왕 노릇을 할 수 있었으니, 그보다 많은 땅을 가진 제나라가 왕도만 행한다면 왕자다운 기풍을 누릴 수 있을 것이라는 말이다.

나이 마흔부터 마음이 흔들리지 않는다

공손추문왈 부자가제지경상 득행도언
公孫丑問曰 夫子加齊之卿相하사 得行道焉하시면,

수유차패왕 불이의 여차즉동심
雖由此霸王이라도 不異矣리니 如此則動心이릿가.

부호 맹자왈부 아 사십 부동심
否乎잇가. 孟子曰 否라. 我는 四十에 不動心호라.

공손 추가 물었다. "스승님께서 제나라의 경상이 되셔서 도를
행할 수 있게 되어 이로 말미암아 패자와 왕자가 되더라도 이
상히 여길 것이 없으리니, 이렇게 된다면 마음이 흔들리시겠
습니까?" 맹자가 말하기를 "아니다. 나는 나이 마흔부터 마음
이 흔들리지 않았다."

맹자는 전국(戰國)을 유세하러 다니던 정치 이론가라 할 수 있다. 그
의 제자인 공손 추는 자신의 스승인 맹자에게 나름대로의 정치 철학을
실제로 정치에 이용하여 제나라의 대신이 된다면, 정치적인 유혹에 휘
말릴 수도 있을 텐데 과연 그렇게 되지 않겠느냐고 묻는다. 그러나 맹
자는 제자의 물음에 딱 잘라서 말했다.

40세 이전에는 그러한 일로 마음이 흔들린 적도 있었지만 40세 이
후에는 그런 일로 흔들리지 않았으니 문제될 것이 없다는 것이다.

마음이 흔들리지 않으니 맹분보다 훨씬 뛰어나다

왈 약시 즉부자과맹분 원의
曰 若是면 則夫子過孟賁이 遠矣라.

왈 시불난 고자 선아부동심
曰 是不難하니 告子도 先我不動心하니라.

공손 추가 말하기를 "이와 같다면 스승님께서는 맹분보다 훨씬 더 뛰어나십니다" 맹자가 말했다. "이것은 어렵지 않으니 고자도 나보다 먼저 마음이 흔들리지 않았다."

맹분은 위나라 사람으로 살아 있는 소의 뿔을 겁도 없이 뽑기도 하여 용맹하다는 소문이 난 장사이다.

공손추는 맹자가 나이 마흔부터 마음이 흔들리지 않았다고 하자 용맹하기로 유명한 맹분보다 더 뛰어나다고 하였다. 이에 맹자는 고자가 나보다 먼저 부동심을 가졌다고 한다.

마음이 흔들리지 않는 데에도 방법이 있다

왈 부동심 유도호 왈 유
曰 不動心이 有道乎잇가. 曰 有하니라.

공손 추가 물었다. "마음이 흔들리지 않는 데에도 방법이 있습니까?" 맹자가 말했다. "있다."

마음이 흔들리지 않게 하는 데에도 어떤 방법이 있느냐고 묻는 것은 수양이 가능하느냐는 질문인데 이에 대하여 맹자는 가능하다고 대답한다.

📍북궁유가 용기를 기를 때에는 살갗이 찔려도 흔들리지 않았다

> 북궁유지양용야   불부요   불목도   사 이 일
> 北宮黝之養勇也는 不膚撓하며 不目逃하며 思以一
>
> 호좌어인   약달지어시조   불수어갈관박
> 毫挫於人이어든, 若撻之於市朝하여 不受於褐寬博하며,
>
> 역불수어만승지군   시자만승지군
> 亦不受於萬乘之君하여 視刺萬乘之君하되,
>
> 약자갈부   무엄제후   악성지   필반지
> 若刺褐夫하여 無嚴諸侯하여 惡聲至어든, 必反之라.
>
> 북궁유가 용기를 기름에 있어 자기의 살갗이 찔려도 움츠리지 않았으며, 눈을 찔려도 피하지 않았고, 남에게 털끝만한 모욕을 당하면 마치 시장 한가운데에서 종아리를 맞는 것처럼 여겨 천한 자에게 모욕을 당하지 않았으며, 또한 만 승의 군주에게도 모욕을 당하지 않아 만 승의 군주를 찌르는 것을 마치 천한 사람을 찌르는 것과 같이 여겼으니, 무서워하는 제후도 없어서 자기에게 나쁜 소리를 하면 반드시 가서 앙갚음을 하였다.

맹자는 그다지 높게 보지 않았던 혈기에 찬 용기에서부터 도덕심에 바탕을 둔 진정한 뜻의 용기에 이르기까지 차례로 들며 그 수양 방법을 말한다. 처음에는 혈기에 찬 용기만을 기른 북궁유이다. 그는 자기에게 나쁜 말이 들리거나 행패를 당하면 즉시 앙갚음을 하여 남에게 절대로 지려고 하지 않는 성질을 굳게 지녔던 인물이었다.

그는 그 누구에게도 업신여김을 받으려 하지 않았고, 아무리 맞서기

힘든 상대라도 절대로 두려워하지 않아 한 나라의 왕을 죽이는 것도
일반 백성을 죽이는 것처럼 하였다.

▨맹사시는 이기고 짐을 떠나 오직 적에게 두려움이 없었다

맹 시 사 지 소 양 용 야   왈 시 불 승   유 승 야
孟施舍之所養勇也는 曰 視不勝하되 **猶勝也**로니,

양 적 이 후 진   려 승 이 후 회   시   외 삼 군 자 야
量敵而後進하며 **慮勝而後會**하면 **是는 畏三軍者也**니,

사 기 능 위 필 승 재   능 무 구 이 이 의
舍豈能爲必勝哉리요, **能無懼而已矣**라 하니라.

맹시사가 용기를 기름은 '이기지 못하는 것을 이기는 것같이
여겼다. 적군의 병력을 헤아린 후에 나아가며 승리를 생각한
후에야 싸운다면 큰 군대를 만났을 때 두려워 할 것이다. 내
가 어찌 이기기만 할 수 있겠는가. 적을 대하는 데 있어 두려
움이 없을 따름이니라' 하였다.

　　맹시사는 이보다 나아가서 어떤 일에 이기고 짐을 떠나 반드시 이긴
다는 믿음을 가진 사람이었다. 그러므로 미리 결과를 짐작하여 기를
펴지 못하거나 의기양양하는 것이 아니라 자신의 정신 자세만 굳게
다지면 된다는 생각으로 적과 맞섰다. 그리하여 적을 대하는데 있어
두려움이 없이 반드시 이긴다는 믿음을 굳게 지녔으니, 이것이 용기
를 기르는 한 방법이었다고 한다.

🍂 북궁유보다는 맹시사가 용기를 얻는 방법을 깨달았다고 할 수 있다

맹시사 사증자 북궁유 사자하
孟施舍는 似曾子하고, 北宮黝는 似子夏하니,

부 이 자 지 용 미 지 기 숙 현
夫二子之勇이 未知其孰賢이어니와,

연 이 맹 시 사 수 약 야
然而孟施舍는 守約也니라.

맹시사는 증자와 비슷하고 북궁유는 자하와 비슷하니, 두 사람의 용기 중 누가 나은 것인지 알 수 없으나, 그렇지만 맹시사는 (용기의)요점을 지킨 것이다.

그리하여 맹자는 이 두 사람을 공자의 제자인 증자와 자하와 비교하여 설명한다. 강한 사나이의 본보기인 북궁유는 적극적이어서 자신의 용기를 밖으로 쉽게 나타냈던 자하에 비교되고, 안으로 자신의 정신 자세를 굳게 세우려고 노력했던 맹시사는 증자에 비교된다는 것이다.

🍂 증자는 도덕적인 떳떳함을 용기로 삼았다

석자 증자위자양왈 자 호용호
昔者에 曾子謂子襄曰 子는 好勇乎아.

오 상 문 대 용 어 부 자 의 자 반 이 불 축
吾嘗聞大勇於夫子矣로니, 自反而不縮이면

수 갈 관 박 오 불 췌 언 자 반 이 축
雖褐寬博이라도 吾不惴焉이리오. 自反而縮이면

雖千萬人이라도 **吾往矣**라 하시니라.

옛날에 증자가 자양에게 말하기를 '그대는 용기를 좋아하는
가? 내가 일찍이 큰 용기에 관해 스승님에게서 들었는데 스
스로 돌이켜 정직하지 못하면, 비록 갈옷을 입은 천한 사람
이라도 내가 그를 두렵게 할 수 없다. 그러나 스스로 돌아보
아 정직하다면 비록 천만 명이 앞에 있더라도 나는 가서 떳
떳하게 맞설 수있다.' 하였다.

증자는 자신을 돌아보아서 떳떳하다면 결코 어떤 사람을 만나도 두
려워하지 않았고, 그렇지 않다면 아무리 만만한 사람을 만나도 속으로
걸리는 데가 있어 그 사람을 두렵게 할 수 없었다고 하였다. 자신의 행
동에 부끄러움이 없다면 온 백성이 자신을 다그쳐도 마음이 흔들리지
않을 수 있고, 조금이라도 마음에 걸리는 것이 있다면 만만한 상대에
게도 두려움을 갖게 된다는 것이다. 맹자의 용기에 대한 중요한 설명
은 이러한 것이었다. 자신의 마음에 전혀 두려워하는 것이 없을 정도
로 도덕적으로 잘못이 없는 자신 만만함과 그로 말미암아 생기는 일에
대한 믿음이 바로 용기 있는 행동을 일으킨다는 것이다.

☙증자의 용기는 맹사시의 용기보다 뛰어나다

孟施舍之守는 **氣**라, **又不如曾子之守約也**니라.

맹시사가 지킨 것은 기이니, 이 또한 증자가 (용기의)요점을

지키는 것보다 못하다.

맹시사가 지킨 용기는 두려워하지 않는 기운을 지키는 것이니 도덕적인 가치의 평가에까지는 나아가지 못하였다. 증자가 지킨 것이 맹시사보다 낫다고 맹자가 평가하는 것은 바로 이러한 이유에서이다.

맹자와 고자의 마음이 움직이지 않는 차이는 어떻게 다른가?

왈 감 문 부 자 지 부 동 심   여 고 자 지 부 동 심   가 득 문 여
日敢問夫子之不動心과 與告子之不動心을 可得聞與잇가.

공손 추가 말했다. "감히 묻겠사오니 스승의 부동심과 고자의 부동심에 대하여 들을 수 있겠습니까?"

공손 추는 고자와 맹자의 부동심의 차이가 어떤 것인지를 묻는다.

지는 가장 높고 기는 그 다음이다

고 자 왈 부 득 어 언   물 구 어 심   부 득 어 심
告子曰 不得於言이어든 勿求於心하며, 不得於心이어든

물 구 어 기   부 득 어 심   물 구 어 기   가
勿求於氣라하니, 不得於心이어든 勿求於氣는 可커니와,

부 득 어 언   물 구 어 심   불 가   부 지
不得於言이어든 勿求於心은 不可하니, 夫志는

기 지 수 야   기   체 지 충 야   부 지 지 언
氣之帥也요, 氣는 體之充也이니 夫志至焉이오,

기 차 언   고   왈 지 기 지   무 포 기 기

氣次焉이니, 故로 曰 持其志어도 無暴其氣라 하니라.

맹자가 말했다. "고자가 말하기를 '말에 이해가 되지 않으면 애써 마음 속으로 그 뜻을 알려고 하지 말며, 마음에서 얻지 못하거든 기운에 도움을 구하지 말라'고 하였으니, 마음에서 얻지 못하거든 기운에 도움을 구하지 말라고 한 것은 옳은 것이지만 말에서 이해되지 못하거든 마음에서 알려고 구하지 말라고 한 것은 옳지 못하다. 대저 의지는 기의 장수요 기는 몸에 가득 차 있는 것이니, 지는 가장 높고 기가 그 다음이다. 그러므로 의지를 잘 잡아 그 기를 포악하지 말게하라."고 한 것이다.

지라는 것은 자신의 마음 속에 지닌 생각을 뜻하는 것이고, 기라는 것은 생각이 이루어지도록 밀고 나아가는 힘을 뜻한다. 그렇기 때문에 지는 기를 조정하는 장수이다. 맹자는 마음에서 이해하지 못하는 것을 기운에서 얻으려고 하지 말라는 고자의 말에 동의한다. 하지만 말에서 얻을 수 없을 때 마음에서 얻으려 하지 말라는 고자의 말에는 동의하지 않는다. 이는 인간 마음에 관한 고자와 맹자의 차이점을 보여주는 것이다. 고자는 인간 마음 안의 의로움은 실체가 없는 것으로 본다. 따라서 말에서 얻을 수 없으면 마음에서도 얻을 수 없는 것이다. 또한 의로움의 실체가 없으므로 인간 마음이 선하게 '표출'되는 것이 더 중요하다. 따라서 선하게 표출되도록 하는 노력인 '실천'이 중요하다. 반면에 맹자는 인간 마음 안의 의로움이 존재한다. 따라서 말에서 얻을 수 없어도 마음에서 얻을 수 있고 또한 인간마음의 선한

본성을 지키는 '수양'이 중요하며 실천은 수양의 결과물이 된다.

지가 더 높으나 기가 한결같다면 지를 움직인다

既曰志至焉이요 氣次焉이라 하시고 又曰 持其志오도
기 왈 지 지 언   기 차 언   우 왈 지 기 지

無暴其氣者는 何也오. 曰 志壹 則動氣하고, 氣壹이면
무 포 기 기 자   하 야   왈 지 일 즉 동 기   기 일

則動志也니, 今夫蹶者趨者는 是氣也而反動其心이니라.
즉 동 지 야   금 부 궐 자 추 자   시 기 야 이 반 동 기 심

공손추가 말했다. '이미 의지가 가장 높고 기는 그 다음이라
하시고, 또 그 의지를 잘 잡고도 기를 포악하지 말라고 하심
은 무슨 까닭입니까?' 맹자가 말했다. '의지가 한결같다면 기
를 움직이지만 기가 한결같다면 의지를 움직이게 되기도 하
니, 지금 넘어지는 사람과 달려가는 사람은 기 때문이나 도리
어 (넘어지거나 달리면) 그 마음을 움직이게 된다.'

기와 지의 관계에서 지를 위에 놓고 있으나, 기를 무시하지는 않는
다. 이것은 지에 의해 기가 이루어지고 드러나지만, 기에 의해 지도 영
향을 받기도 하기 때문이다. 예컨대 마음 속에 지닌 생각인 지가 굳건
하다면 그 생각이 이루어지도록 밀고 나아가는 힘인 기도 굳건해진다.
반대로 기가 강하다면 지도 더욱 굳건해진다 하지만 기가 약하다면 지
도 흔들릴 수 있다. 즉, 의지가 강한 자가 용기를 내고 용기가 강한 자
가 의지를 지키며 반대로 용기가 없어 의지를 꺾는 경우도 볼 수 있다.

🔸지언과 호연지기

> 감 문 부 자　오 호 장　　왈 아　　지 언
> 敢問夫子는 吾乎長잇가. 曰 我는 知言하며
>
> 아　　선 양 오 호 연 지 기
> 我는 善養吾浩然之氣하노라.
>
> 공손 추가 말했다. "감히 묻겠습니다. 스승님께서는 어디에
> 장점이 있습니까?" 맹자가 말했다. "나는 사람들의 말을 잘
> 이해하고 나의 호연지기를 잘 기른다."

　공손 추는 맹자에게 어떤 부분에 자신이 있느냐고 묻는다. 이에 맹자는 남이 하는 말에 대하여 어떤 뜻을 지니고 말하는가를 잘 알아 내며, 자신의 안에 있는 호연지기를 잘 기른다고 하였다.

🔸호연지기를 말로 나타내기 어렵다

> 감 문 하 위 호 연 지 기　　왈　난 언 야
> 敢問何謂浩然之氣니잇고. 曰 難言也니라.
>
> 공손 추가 말했다. "감히 묻겠습니다. 무엇을 호연지기라고
> 합니까?" 맹자가 말했다. "그것은 말로 나타내기가 어렵다."

　공손 추는 맹자에게 지금 말한 호연지기에 대하여 묻고, 맹자는 간단히 설명할 수 없는 문제라고 대답한다.

🐾 정직으로 호연지기를 기른다

> 기 위 기 야 　 지 대 지 강
> 其爲氣也 至大至剛하니,
>
> 이 직 양 이 무 해 　　 즉 색 우 천 지 지 간
> 以直養而無害이면 則塞于天地之間이니라.
>
> 그 기가 지극히 크고 지극히 강하니 정직으로 기르고 해침이
> 없으면 이 기가 천지사이에 가득 차게 된다.

맹자가 말하는 호연지기란 도의에 뿌리를 박고 떳떳하여 조금도 부
끄러울 것이 없는 도덕적 용기를 뜻한다. 그런 까닭에 그 기의 본질이
지극히 크고 굳세기에 방해받지 않고 올바르게 길러진다면 기가 온
천지에 가득 차게 됨을 말하고 있다.

🐾 도의가 없으면 호연지기는 굶주린다

> 기 위 기 야 　 배 의 여 도 　　 무 시 　 뇌 야
> 其爲氣也 配義與道하니, 無是면 餒也니라.
>
> 그 기는 의와 도와 짝하니, 만약 이것이 없으면 굶주리게 된다.

그러나 그 기가 도의와 서로 꼭 맞지 않는다면 설 수 있는 바탕을 잃
게 되므로 굶주리게 된다고 말한다. 호연지기가 도덕적 문제와 관련이
있다는 것이 여기에서 쉽게 증명된다.

❖ 의를 쌓아야 호연지기가 생겨난다

시 집 의 소 생 자　　비 의 습 이 취 지 야
是集義所生者라 非義襲而取之也니,

행 유 불 겸 어 심　　즉 뇌 의　　아 고
行有不慊於心이면 則餒矣라, 我故로

왈　 고 자 미 상 지 의　　　이 기 외 지 야
曰 告子未嘗知義라 하노니 以其外之也일새니라.

이 호연지기는 의리를 많이 쌓아야 생겨나는 것이요, 의가 하
루아침에 갑자기 덮쳐서 취해지는 것이 아니다. 행하고 나서
마음에 부끄럽게 여기는 바가 있으면 호연지기가 굶주리게
된다. 내가 이런 까닭에 '고자는 일찍이 의를 알지 못한다'고
말했던 것이니, 이는 의를 밖에 있다고 하기 때문이다.

한편, 이 기를 기르는 것은 어느날 갑자기 이룰 수 있는 성질의 것
이 아니라 안으로 의를 꾸준히 쌓아 가는 가운데 생길 수 있다고 하면
서 마음 속의 문제임을 거듭 밝힌다.

❖ 억지로 조장하여 호연지기를 기를 수 없다

필 유 사 언 이 물 정　　심 물 망
必有事焉而勿正하여 心勿忘하며,

물 조 장 야　　무 약 송 인 연
勿助長也하여 無若宋人然이라.

반드시 호연지기를 기르되 미리 마음에 어떤 것을 정해두지

말며 마음에 잊지도 말며 억지로 조장하는 것도 금해 송나라 사람이 한 것같이 하지 마라.

맹자는 다시 호연지기를 기르는 방법을 말한다. 이것은 어느 날 갑자기 자신에게 몰려드는 것이 아니라 일상 생활 속에서 꾸준히 쌓아 가는 과정에서 생기는 것이기에 언제나 노력해야 한다고 한다. 또 미리 짐작하여 결정하거나 꾸준히 노력하는 과정에서 버릇이 되어 본디의 목적을 잃어서도 안 되며, 효과를 일찍 거두기 위해 자라는 것을 일부러 도와서도 안 된다고 한다. 곧 긁어 부스럼을 만들 까닭이 없다는 것이다.

일부러 도와 주는 것은 도움이 되지 않을 뿐만 아니라 오히려 해치는 것이 된다

송 인　유 민 기 묘 지 부 장 이 알 지 자　　망 망 연 귀
宋人이 有閔其苗之不長而揠之者러니, 芒芒然歸하여

위 기 인 왈 금 일　병 의　여 조 묘 장 의
謂其人日 今日에 病矣라, 子助苗長矣라 하니.

기 자　추 이 왕 시 지　　묘 즉 고 의
其子가 趨而往視之한대 苗則槁矣러라.

천 하 지 부 조 묘 장 자　과 의　　이 위 무 익 이 사 지 자
天下之不助苗長者가 寡矣니, 以爲無益而舍之者는

불 운 묘 자 야　조 지 장 자　알 묘 자 야
不耘苗者也요, 助之長者는 揠苗者也니,

비 도 무 익　이 우 해 지
非徒無益이라. 而又害之니라.

송나라 사람이 벼의 싹이 자라지 못하는 것을 안타깝게 여겨

싹을 살짝 뽑아 들어 올린 일이 있었는데, 그 날 저녁 집으로 돌아와서 가족들에게 말하기를 '오늘 좀 피곤하구나. 내가 벼의 싹이 잘 자라도록 살짝 들어 올려 주고 왔다' 하거늘, 아들이 놀라 급히 달려가 보았더니 싹은 벌써 말라 있었다. 이처럼 천하에 벼의 싹이 잘 자라도록 억지로 도와 주지 않는 자가 적다. 이로움이 없다고 하여 버려 두는 자는 싹을 김매지 않는 자요, 억지로 도와 주는 자는 벼의 싹을 들어 올리는 자이니 이렇게 하는 것은 이롭지 않을 뿐만 아니라 도리어 해치는 것이다.

유명한 송나라 사람의 알묘 조장 고사는 그러한 사례의 한 면을 잘 보여 주는 것이다. 송나라 사람이 자신이 뿌린 곡식의 씨앗이 빨리 자라도록 하기 위해 덜 자란 싹을 조금씩 뽑아 올렸다. 그는 그렇게 하면 싹이 더 잘 자랄 것이라고 여겨 생장을 도와 준 것이라고 여기면서 나름대로 할 도리를 한 사람처럼 가족들에게 말했다. 그러나 그의 아들은 이것이 오히려 싹이 자라는 것을 해치는 것인 줄 알았으므로 제대로 심어 놓으려고 밭에 나갔으나 싹은 이미 말라 죽어 버렸던 것이다. 이는 자연스럽게 어떤 일이 이루어져야 할 것을 오히려 망치게 된 것이었다. 호연지기를 기르는 것도 이와 같이 항상 잊지 말고 노력하되 그 결과를 급히 거두기 위해 순리를 거스르는 행위는 이로움이 없을 뿐아니라 오히려 해로운 것이다.

📎 지언이란?

何謂知言이니잇고, 曰 詖辭에 知其所蔽하며 淫辭에

知其所陷하며 邪辭에 知其所離하며 遁辭에

知其所窮이니, 生於其心하여 害於其政하며

發於其政하여 害於其事하나니, 聖人復起사도 必從吾言矣시리라.

공손 추가 물었다. "무엇을 지언이라고 합니까?" 맹자가 대답
했다. "치우친 말에 가리워진 바를 알아 내며 방탕한 말에서
는 그것이 무엇에 빠져있다는 것을 알아 내며, 간사한 말에
서는 논리가 도리에서 어긋난 것을 알며, 도피하는 말에서는
그것이 얼마나 궁함을 알 수 있으니, 마음에서 생겨난 이런
말들은 정사에 해를 끼치며 정사에 나타나면 반드시 해를 끼
치니 성인이 다시 나와도 반드시 내 말을 좇을 것이다."

　　지언이란 남이 하는 말을 통하여 그 사람이 도덕적으로 옳고 그른가
를 알아 내는 것을 말한다. 즉 말이 겉으로 나타내는 뜻뿐만이 아니라
그 사람의 마음 속에 있는 뜻까지도 알아 내는 것을 말하는데, 맹자는
자신이 그렇게 할 수 있는 능력을 지녔다고 말하면서 도덕적인 판단을
올바르게 할 수 있을 정도의 수양이 이루어졌다는 것을 내비친다. 마
음 속의 생각이란 언젠가는 드러나기 마련이다. 이를 제대로 알아 내
기란 보통 사람으로는 어렵지만, 도덕적인 수양이 쌓이면 할 수 있을

것으로 보고 있다. 도덕적으로 흠이 있는 사람은 그의 마음 속에 들어 있는 도덕에 어긋나는 생각이 일을 하는데 드러나기 마련이기 때문에 그것이 정치에 영향을 끼치면 백성들의 삶을 불안하게 한다고 보고 있다. 그러한 자신의 생각에 대한 믿음은 성인이 다시 태어나더라도 자신의 이야기를 따를 것이라고 딱 잘라서 말하는 데까지 이르고 있다.

선생님은 이미 성인이십니다

재아 자공 선위설사 염우민자안연
宰我 子貢은 善爲說辭하고, 冉牛閔子顔淵은

선언덕행 공자겸지 왈 아어사명즉
善言德行이러니, 孔子兼之시되 曰 我於辭命則

불능야 연즉부자 기성의호
不能也로라 하시니 然則夫子는 旣聖矣乎신저.

공손 추가 말했다. "재아와 자공은 말을 잘했고, 염우·민자·안연은 덕행이 뛰어났는데, 공자께서는 이것을 겸하셨으되 말씀하시기를 '나는 말을 잘하는 데 있어서 능하지 못하다' 하셨으니 그렇다면 스승님께서는 이미 성인이시겠습니다."

공자는 도덕적으로 뛰어나고 말도 익숙하게 잘했다. 그러나 공자는 스스로 말을 잘 하지 못한다고 겸손해했다. 공손 추는 맹자가 공자도 잘하지 못한다고 하였던 부분을 잘하니 이는 성인의 경지에 이른 것이 아니냐고 묻는다.

🐾 공자께서도 자처하시지 않았는데 웬말인가?

日 惡라. 是何言也오. 昔者에 子貢이 問於孔子日

夫子는 聖矣乎신저. 孔子日 聖則吾不能이어니와,

我學不厭而敎不倦也로라. 子貢日 學不厭은 智也요,

敎不倦은 仁也니, 仁且智하시니, 夫子는 旣聖矣신저 하시니,

夫聖은 孔子도 不居하시니, 是何言也오.

맹자가 말했다. "아아! 이 웬말인가? 옛날에 자공이 공자에게
물어 말하기를 '선생님이 성인이십니다' 하자 공자께서 말씀
하시기를 '나는 성인이 되기에 불가능하다. 다만 나는 배우는
것을 싫어하지 않고, 가르치는 것을 게으르게 하지 않는다'고
하시니, 자공이 말하기를 '배우기를 싫어하지 않는 것은 지
(智)이며, 가르치기를 게으르게 하지 않는 것은 인(仁)이니,
인하고 또 지하시니 선생님은 이미 성인이십니다' 하였다. 성
인은 공자께서도 자처하시지 않았으니 이 웬말인가?"

공자의 경우에 빗대어 맹자를 성인이라고 공손 추가 말하자, 맹자는
놀란다. 공자는 자신을 성인이라고 말하는 제자들을 향하여 '나는 배
우는 것을 싫어하지 않고 가르치기를 싫어하지 않을 뿐인 사람'이라
고 겸손해 한다. 사실 이러한 경지에 이르기도 쉬운 것은 아니다. 맹자
는 자신을 성인이라고 부르는 것을 공자도 받아들이지 않았는데, 그보

다 못 한 자신이 감히 그런 소리를 들을 수는 없다고 말한다.

▨성인의 일부만을 가진 사람과 성인의 전체를 가지나 미약한 사람

석 자　　절 문 지　　　자 하 자 유 자 장
昔者에 竊聞之하니 子夏子游子張은

개 유 성 인 지 일 체　　　염 우 민 자 안 연
皆有聖人之一體하고, 冉牛閔子顔淵은

즉 구 체 이 미　　　감 문 소 안
則具體而微라 하니 敢問所安하노이다.

공손 추가 말했다. "예전에 제가 들으니 자하 · 자유 · 자장은 모두 성인의 일부분만을 가지고 있었고, 염우 · 민자 · 안연은 성인의 전체를 가지고 있었으나 미약하다고 했는데, 감히 스승님께 서는 어디에 속하는지를 묻겠습니다."

자하 · 자유 · 자장은 공자가 능한 부분 중에서 일부분을 그와 같은 경지에 이른 사람들이고, 염우 · 민자건 · 안연은 전체에 걸쳐 공자에 버금갔던 인물이나, 아직 서로 같이 견줄 만한 수준은 아니라고 말할 수 있는데, 맹자는 이 중 어느 부분에 속할 수 있는지를 말하라고 한다. 공자의 12 제자 중에서 앞의 3명은 문장으로 유명한 사람들이었고, 뒤의 3명은 어질고 착한 행실로 칭찬받던 사람들이었다.

⚫ 이 이야기는 그대로 두어라

왈   고 사 시
日 姑舍是하라.

맹자가 말했다. "우선 이 이야기는 그대로 두어라."

그러나 맹자는 더 이상 맹자 자신을 성인과 비교하려는 공손추의 이야기를 멈추게 한다.

⚫ 인간이 있은 이후로 공자와 같은 사람은 없었다

백 이 이 윤   어 공 자   약 시 반 호
伯夷伊尹은 於孔子에 若是班乎잇가.

왈 부   자 유 생 민 이 래   미 유 공 자 야
日 否라, 自有生民而來로 未有孔子也시니

공손 추가 물었다. "백이와 이윤은 공자와 비교할 때 같다
고 할 수 있습니까?" 맹자가 대답했다. "아니다 인간이 있
은 이후로 공자와 같은 사람은 없었다."

맹자는 시대에 맞추어 알맞은 태도를 취하여 가장 올바르게 행동했던 공자를 인간이 태어난 이후로 가장 훌륭하게 세상을 살았던 인물이라고 칭찬한다. 유가의 논리는 지나치지도 못하지도 않은 가장 알맞은 상태를 바라기 때문이다.

성인들의 공통점은 무엇인가?

왈 연즉유동여　　　왈유　　득백리지지이군지
曰 然則有同與잇가. 曰有하니 得百里之地而君之면

개능이조제후유천하　　　행일불의
皆能以朝諸侯有天下어니와 行一不義하며,

살일불고이득천하　　개불위야　　시즉동
殺一不辜而得天下는 皆不爲也니, 是則同하니라.

공손 추가 물었다. "그렇다면 같은 점은 있습니까?" 맹자가
대답했다. "있다. 사방 백 리의 땅을 얻어서 왕노릇을 하면 제
후들에게 조회를 받고 천하를 가질 수 있거니와 단 한 가지라
도 옳지 못한 일을 행하거나 단 한 사람이라도 죄 없는 사람
을 죽여 천하를 얻는 일은 모두 하지 않을 것이니 이러한 점
은 같다."고 할 것이다.

공손 추는 또 다른 질문을 한다. 공자와 백이와 이윤을 모두 성인이라
고 말하는 이유는 무엇인가?

　과연 그들 사이에 두루 통하는 점은 없는가?

　그에 대한 맹자의 대답은 어진 정치를 베풀어서 천하 백성들을 따르
게 할 수 있고, 하늘에 부끄럼이 없는 행동을 할 수 있는 부분에 대해
서는 두루 통하는 점이 있다고 말한다. 즉 천하를 다스릴 능력이 있지
만 하늘에 부끄러운 짓을 단 한 가지라도 해서는 천하를 얻는 것을 거
부하는 사람들이라는 공통점이 있다.

🔖 성인들 간의 차이점은 무엇인가?

> <ruby>曰<rt>왈</rt></ruby> <ruby>敢<rt>감</rt></ruby><ruby>問<rt>문</rt></ruby><ruby>其<rt>기</rt></ruby><ruby>所<rt>소</rt></ruby><ruby>以<rt>이</rt></ruby><ruby>異<rt>이</rt></ruby>하노이다. <ruby>曰<rt>왈</rt></ruby> <ruby>宰<rt>재</rt></ruby><ruby>我<rt>아</rt></ruby><ruby>子<rt>자</rt></ruby><ruby>貢<rt>공</rt></ruby><ruby>有<rt>유</rt></ruby><ruby>若<rt>약</rt></ruby>은
>
> <ruby>智<rt>지</rt></ruby><ruby>足<rt>족</rt></ruby><ruby>以<rt>이</rt></ruby><ruby>知<rt>지</rt></ruby><ruby>聖<rt>성</rt></ruby><ruby>人<rt>인</rt></ruby>이니 <ruby>汙<rt>오</rt></ruby><ruby>不<rt>부</rt></ruby><ruby>至<rt>지</rt></ruby><ruby>阿<rt>아</rt></ruby><ruby>其<rt>기</rt></ruby><ruby>所<rt>소</rt></ruby><ruby>好<rt>호</rt></ruby>니라.
>
> 공손 추가 말했다. "감히 그 다른 점에 관하여 묻겠습니다." 맹자
> 가 대답했다. "재아·자공·유약은 성인을 알 정도로 지혜가 있
> 었으니, 자기가 좋아한다고 편드는 지경에 도달하지는 않았다."

그들 사이의 다른 점에 대한 질문에 맹자는 공자의 제자가 공자에게 한 말
을 토대로 다른 점을 설명한다. 그들은 성인을 알 수 있을 정도의 지혜를 지
니고 있었는데, 자기가 좋아하거나 바란다고 그것을 두둔하거나 편드는 사
람이 아니었으니 그들의 말은 충분히 귀를 기울일 만한 것이라고 하였다.

🔖 공자에 대한 재아의 생각

> <ruby>宰<rt>재</rt></ruby><ruby>我<rt>아</rt></ruby><ruby>曰<rt>왈</rt></ruby> <ruby>以<rt>이</rt></ruby><ruby>子<rt>여</rt></ruby><ruby>觀<rt>관</rt></ruby><ruby>於<rt>어</rt></ruby><ruby>夫<rt>부</rt></ruby><ruby>子<rt>자</rt></ruby>컨대 <ruby>賢<rt>현</rt></ruby><ruby>於<rt>어</rt></ruby><ruby>堯<rt>요</rt></ruby><ruby>舜<rt>순</rt></ruby>이 <ruby>遠<rt>원</rt></ruby><ruby>矣<rt>의</rt></ruby>라.
>
> 재아가 말하기를 '제가 보건대 선생님(공자)은 요와 순보다
> 훨씬 뛰어나십니다' 라고 하였다.

재아는 공자를 성덕이 높은 천자인 요와 순보다도 뛰어난 사람이라
고 보았다.

▓ 공자에 대한 자공의 생각

자공왈 견기예이지기정　문기악이지기덕
子貢曰 見其禮而知其政이요 聞其樂而知其德이니,

유백세지후　등백세지왕　막지능위야
由百世之後하여, 等百世之王컨대 莫之能違也니,

자생민이래　미유부자야
自生民以來로 未有夫子也시니라.

자공이 말하기를 '그 나라의 예절을 보면 그 나라의 정치를 알 수 있고, 음악을 들으면 그 나라의 덕을 알 수 있으니, 백세대 후에 백세의 왕들을 비교해 보아도 공자의 도에서 벗어날 수 없다. 모두 인간이 있은 이후로 공자만한 사람이 있지 않았다'고 하였다.

사공은 공자의 예악과 덕과 정치를 백년 후에 다시 말하더라도 여전히 어길 수 없는 것으로 공자는 인간사이에서 가장 모범이 되는 사람이라고 하였다.

▓ 공자에 대한 유약의 생각

유약왈 기유민재　기린지어주수
有若曰 豈惟民哉리요. 麒麟之於走獸와

봉황지어비조　태산지어구질
鳳凰之於飛鳥와 泰山之於丘垤과

하해지어행료　유야　성인지어민
河海之於行潦에 類也며, 聖人之於民도

亦類也시니, 出於其類하며 拔乎其萃나,
역 류 야   출 어 기 류   발 호 기 췌

自生民以來로 未有盛於孔子也시니라.
자 생 민 이 래   미 유 성 어 공 자 야

유약이 말했다. "어찌 오직 사람뿐이겠는가? 달리는 짐승과 기린, 날아다니는 새와 봉황, 둔덕과 태산, 고인 물과 황화처럼 모두 같은 것이다. 성인을 일반 백성과 견주어도 또한 같은 것이다. 그 종류 중에서 뛰어나며 모인 것 중에서 빼어나니 인간이 있은 이후로 공자보다 더 훌륭한 사람이 있지 않았다."고 하였다.

유약의 말에 따르면, 성인은 인간 중에서 가장 으뜸이 되는 사람이라고 할 수 있는데, 공자는 그 중에서도 중심이 되는 인물이라는 것이다. 이를 위해 여러 가지 비유를 들고 있다. 달리는 짐승 중에서 기린, 새들 중에서 봉황, 언덕들 중에서 태산, 고인물들 중에서 황하처럼 공자는 사람들 중에서 가장 빼어난 인물이라고 한다.

📕 모든 사람에게는 불인지심이 있다

孟子曰 人皆有不忍人之心하니라.
맹 자 왈   인 개 유 불 인 인 지 심

맹자가 말했다. "사람들은 모두 남의 어려움을 보면 차마 그냥 지나치지 못하는 어진 마음을 가지고 있다."

맹자는 사람에게는 누구나 남의 어려움을 보면 동정심이 생겨 차마 그냥 지나치지 못하는 어진 마음이 있다고 하면서 이것은 사람에게 두루 통하는 마음이라고 했다.

불인지심으로 정치를 베푼다면 어진 왕이 된다

선 왕   유 불 인 인 지 심   사 유 불 인 인 지 정 의
先王이 有不忍人之心하사 斯有不忍人之政矣시니,

이 불 인 인 지 심   행 불 인 인 지 정
以不忍人之心으로 行不忍人之政이면

치 천 하   가 운 지 장 상
治天下가 可運之掌上이니라.

선왕이 남의 어려움을 보면 차마 그냥 지나치지 못하는 어진 마음(不忍之心)을 가졌으니, 남의 어려움을 보면 차마 그냥 지나치지 못하는 정치를 하였다. 이런 마음으로 이런 정치를 하면 천하를 다스리는 것은 손바닥에 물건을 놓고 움직이는 것처럼 쉬울 것이다.

　　왕도를 행하는 가장 기초적인 일은 어진 정치를 베푸는 것인데, 선왕이 어진 왕이라는 말을 들었던 까닭은 바로 여기에서 비롯된다. 불인지심이 있으면 불인지심의 정치를 할 수 있어 올바른 정치가 쉽다는 말이다.

측은지심에는 바라는 것이 없다

소 이 위 인 개 유 불 인 인 지 심 자   금 인
所以謂人皆有不忍人之心者는 今人이

사 견 유 자 장 입 어 정　　개 유 출 척 측 은 지 심
乍見孺子將入於井하고 皆有怵惕惻隱之心하니,

비 소 이 납 교 어 유 자 지 부 모 야
非所以內交於孺子之父母也며,

비 소 이 요 예 어 향 당 붕 우 야　　비 오 기 성 이 연 야
非所以要譽於鄕黨朋友也며, 非惡其聲而然也니라.

사람들이 남의 어려움을 보면 차마 그냥 지나치지 못하는
어진 마음을 가지고 있다고 말하는 까닭은, 지금에 사람들
이 어린아이가 우물에 빠지려는 것을 보고는 모두 깜짝 놀
라고 측은한 마음을 가지게 되니, 이것은 어린아이의 부모
와 친하고자 해서가 아니며, 마을 사람이나 벗들에게 인자
하다는 명예를 구해서도 아니고, 울음소리가 싫어서도 아니
다.

유명한 측은지심의 고사이다. 성선설(性善說)을 이야기할 때 끌어다
쓰는 말이기도 하다. 어린아이가 우물가에서 놀다가 잘못하여 물에 빠
지려고 한다. 그것을 본 사람이 깜짝 놀라 그 어린아이를 구하려고 달려
든다. 아무도 그 어린아이를 모르지만 구하려고 달려든다. 그렇다면 그
는 왜 그 어린아이를 구하려고 했는가? 맹자는 이러한 행동이 인간의
마음 속에 자리잡고 있는 측은지심, 곧 남의 어려움을 보면 저도 모르게
가엾고 애처로운 마음에 동정심이 일어나기 때문이지 다른 뜻이나 계
산이 있기 때문은 아니라는 것이다.

🔖모든 사람은 측은지심을 가지고 있다

유 시 관 지   무 측 은 지 심   비 인 야
由是觀之컨대 無惻隱之心이면 非人也며,

무 수 오 지 심   비 인 야   무 사 양 지 심
無羞惡之心이면 非人也며, 無辭讓之心이면,

비 인 야   무 시 비 지 심   비 인 야
非人也며, 無是非之心이면 非人也니라.

이러한 사실로 보건대 측은하게 여기는 마음이 없으면 사람
이 아니며, 부끄러워하고 미워하는 마음이 없으면 사람이
아니며, 사양하는 마음이 없으면 사람이 아니며, 옳고 그름
을 따지는 마음이 없으면 사람이 아니다.

이렇게 볼 때 남의 어려움을 보고 구하고자 하는 동정심이 일어나지
않는 사람과 나쁜 행동을 보고 미워하는 마음이 생기지 않는 사람, 남
에게 양보하고자 하는 마음이 생기지 않는 사람, 옳고 그른 것을 가리
려고 하지 않는 사람은 사람다운 사람이 아니라는 말이다.

🔖측은지심은 인의 실마리이다

측 은 지 심   인 지 단 야   수 오 지 심   의 지 단 야
惻隱之心은 仁之端也요, 羞惡之心은 義之端也요,

사 양 지 심   예 지 단 야   시 비 지 심   지 지 단 야
辭讓之心은 禮之端也요, 是非之心은 智之端也니라.

남의 어려움을 보고 측은하게 여기는 마음은 인(仁)의 단서
가 되고, 나쁜 행동을 보고 부끄러워하거나 미워하는 마음

은 의(義)의 단서가 되며, 사양하는 마음은 예(禮)의 단서
가 되며, 옳고 그른 것을 가리는 마음은 지(智)의 단서가 된
다.

앞에서 말한 남의 어려움을 보고 동점심이 일어나는 것이 바로 인을
행할 수 있는 단서, 즉 실마리인 셈이고, 나쁜 행동을 보고 미워하는
마음이 일어나는 것은 의를 행하는 실마리가 되고, 사양하는 마음은
예를 행하는 실마리가 되며, 옳고 그름을 가리는 마음이 있는 것은 지
를 행할 수 있는 실마리가 되는 것이라고 말한다.

사람에게 있어서 인의예지는 몸의 사지와 같다

인 지 유 시 사 단 야   유 기 유 사 체 야
人之有是四端也는 猶其有四體也니,

유 시 사 단 이 자 위 불 능 자   자 적 자 야
有是四端而自謂不能者는 自賊者也요,

위 기 군 불 능 자   적 기 군 자 야
謂其君不能者는 賊其君者也니라.

사람이 이 사단을 가지고 있는 것은 사지를 가지고 있는 것과
같으니, 이러한 사단이 있는데도 스스로 인의를 행할 수 없다고
말하는 사람은 자기 스스로를 해치는 사람이요, 자기 왕이 인의
를 행할 수 없다고 말하는 사람은 자기 왕을 해치는 사람이다.

이러한 인의예지는 사람 몸에 사지, 즉 두 팔과 두 다리가 있듯이 마
음 속에 꼭 있어야 하는 것이라고 말한다. 그러므로 이것은 누구나 지

니고 있으니 적극적으로 행해야 하고, 할 수 없다고 미리 겁을 먹고 그만두는 사람은 자기 자신을 해치는 사람이라는 것이다.

█ 사단을 넓히고 보태어 충실하게 하면 온 세상을 가질 수 있다

범 유 사 단 어 아 자　지 개 확 이 충 지 의
凡有四端於我者를 知皆擴而充之矣면

약 화 지 시 연　　천 지 시 달　　구 능 충 지
若火之始然하며 泉之始達이니, 苟能充之면

족 이 보 사 해　　구 불 충 지　　부 족 이 사 부 모
足以保四海요, 苟不充之면 不足以事父母니라.

무릇 내게 있는 사단을 모두 넓히고 보태어 채울 줄 알면, 마치 불이 처음으로 타오르는 것 같고 샘물이 처음으로 나오는 것과 같을 것이니, 만일 이것을 채운다면 온 세상을 보호할 수 있고, 만일 채우지 못한다면 자기 부모도 섬기지 못할 것이다.

인의예지를 넓히고 보태면 그 기세가 막을 수 없을 정도로 기운차게 흐르는 물과 같이 되고, 끄지 못할 정도로 활활 타오르는 불과 같을 것이라고 말한다. 그런 까닭에 이런 사람은 천하를 보호할 수 있을 정도의 능력을 지니게 되는 것이고, 그렇지 못하면 자기 부모 형제도 제대로 보살피지 못할 것이라고 맹자는 말한다.

직업을 택할 때는 신중하게 하라

맹자왈시인　기불인어함인재　　시인
孟子曰 矢人이 豈不仁於函人哉리오마는, 矢人은

유공불상인　　함인　유공상인
惟恐不傷人하고 函人은 惟恐傷人하나니,

무장　역연　　고　술불가불신야
巫匠도 亦然하니, 故로 術不可不愼也니라.

맹자가 말했다. "화살을 만드는 사람이 어찌 갑옷을 만드는
사람보다 어질지 못하리오마는, 화살을 만드는 사람은 행여
나 사람을 상하지 못할까 두려워하고, 갑옷을 만드는 사람은
행여나 사람을 상할까 두려워 하니 (병을 고치는)무당과 (죽
은 자의)관을 만드는 목수도 또한 그러하다. 까닭에 기술을
선택함에 있어 신중하지 않으면 안 되는 것이다."

　　화살을 만드는 목적은 사람을 죽이거나 다치게 하기 위한 것이고, 갑
옷을 만드는 목적은 사람을 보호하기 위한 것이다. 따라서 직업을 택할
때에는 무턱대고 할 것이 아니라 조심성 있게 해야 한다고 말한다.

어질지 못하면 지혜롭지도 못한 것이다.

공자왈 이인위미　　택불처인　　언득지
孔子曰 里仁爲美하니 擇不處仁이면 焉得智리오.

부인천지존작야　　인지안택야
夫仁天之尊爵也며 人之安宅也어늘,

막 지 어 이 불 인　　시　부 지 야
莫之禦而不仁하니 是는 不智也니라.

공자께서 말씀하시기를, '인에 머무르는 것이 아름다우니
인에 머무르는 것을 택하지 않는다면 어찌 지혜를 얻겠는
가?' 라고 하셨으니, 무릇 인은 하늘의 높은 벼슬이며 사람
이 머물러야 할 편안한 집이다. 그러나 이것을 막는 사람이
없는데도 어질지 못한 것은 지혜롭지 못한 것이다.

인이라는 것은 사람이 머무르는 집과 같고, 하늘이 인간에게 내려
준 높고 귀한 벼슬과 같은 것이므로 소중히 지녀야 한다. 게다가 인이
라는 집은 사람이 들어가려고 마음만 먹으면 충분히 들어갈 수 있는
곳이다.

그러므로 가려고 하는 뜻만 정해진다면 즉시 얻을 수 있는 곳이다.
어진 사람이 지혜롭다는 것은 바로 이 때문이다. 자신이 머무를 곳을
제대로 알기 때문이다. 이와는 다르게 막는 사람이 하나도 없어 쉽게
들어 갈 수 있는데도 그 곳에 못들어가 어질지 못한 사람은 지혜롭지
못하기 때문이니, 어질지 못하면 지혜롭지도 못한 것이다.

지혜롭지 못하면 남에게 부림을 당한다

불 인 부 지　　무 례 무 의　　인 역 야　　인 역 이 치 위 역
不仁不智라, 無禮無義면 人役也니, 人役而恥爲役은

유 궁 인 이 치 위 궁　　시 인 이 치 위 시 야
由弓人而恥爲弓하며, 矢人而恥爲矢也니라.

어질지도 못하고 지혜롭지도 못하며 예의도 없고 의리도 없다면 남에게 부림을 당하게 되니, 남에게 부림을 당하면서 부림당하는 것을 부끄럽게 여기는 것은 마치 활을 만드는 사람이 활을 만들기를 부끄럽게 여기고 화살을 만드는 사람이 화살을 만드는 것을 부끄러워함과 같은 것이다.

어질지 못한 것과 지혜롭지 못한 것은 서로 관계가 있다. 그리고 어리석은 사람은 남의 부림을 당한다. 그러나 이를 부끄럽게 여기는 것을 활을 만드는 사람이 활을 만드는 것을 부끄럽게 여기는 것과 같다는 식의 비유를 들어 설명한다. 곧 자신의 직업을 부끄러워하면서 계속 직업을 지탱하는 것과 다를 바 없다는 것이다.

♞부림당하는 것을 부끄럽게 여긴다면 어진 행동을 하라

여 치 지　　막 여 위 인
如恥之인댄 **莫如爲仁**이니라.

만약 이것을 부끄러워하면 어진 행동을 하는 것만 못 하다.

남에게 부림을 당하는 부끄러운 처지에서 벗어나려면 인을 행하는 방법 외엔 없다. 인간이 나아가야 할 올바른 방향을 인으로 정하고 그것을 행할 때 인간다운 삶을 누릴 수 있다는 것이다.

어진 사람은 활을 쏘는 사람과 같다

> 인 자 여 사   사 자   정 기 이 후 발
> 仁者는 如射하니, 射者는 正己而後發하여
>
> 발 이 부 중   불 원 승 기 자   반 구 제 기 이 이 의
> 發而不中이라도 不怨勝己者요, 反求諸己而已矣이니라.
>
> 어진 사람은 활을 쏘는 사람과 같으니, 활을 쏘는 사람은 자
> 신을 바로잡은 후에야 활을 쏘고 화살이 명중하지 않아도 자
> 기를 이긴 사람을 원망하지 않고 자신에게서 돌이켜 찾을 뿐
> 이다.

인을 행하는 사람을 활쏘기 하는 사람에 비유하는 것은 알맞은 표현이라고 할 수 있다. 활을 쏘는 것은 예로부터 그 사람의 덕을 살피는 것으로 이용되었다.

《논어》에는 '활쏘기를 할 때 과녁의 가죽을 꿰뚫는 것을 으뜸으로 치는 것이 아니라 얼마나 정확하게 맞추었느냐를 중요하게 여긴다' 는 구절이 있는데 이것을 가리켜 하는 말이라고 할 수 있다. 그렇기에 활쏘기에서의 진 사람은 이긴 사람을 원망하지 않고 자신의 정신 집중이 잘 되지 않았음을 원망했던 것이다.

정치가 잘 베풀어지지 않을 때에도 진정한 덕을 지닌 왕은 자신을 잘 돕지 못하는 대신을 원망하거나, 백성이 말을 잘 듣지 않는다고 화를 내지 않고 오히려 자신의 덕이 모자라서 정치가 잘되지 않은 것이라고 뉘우쳤던 것이다.

그런 까닭에 흉년이 계속되면 자신의 덕이 모자람을 하늘이 노여워

하여 그렇게 했다고 하고 자신의 모든 행동을 잘 살폈으며, 천재 지변이 일어나는 데까지 이르면 왕위에서 물러나는 경우까지 있었던 것이다.

자로는 자신의 허물을 말해주면 기뻐했다

맹 자 왈 자 로   인   고 지 이 유 과 즉 희
孟子曰 子路는 人이 告之以有過則喜하니라.

맹자가 말했다. "자로는 남들이 자기에게 허물이 있음을 말해주면 기뻐했다."

자로는 공자의 제자인데 행동이 앞섰기 때문에 공자의 꾸지람을 듣기도 한 인물이다. 그는 남이 자신의 잘못을 가르쳐 주면 기쁘게 받아들여 올바른 쪽으로 고쳤다.

우는 선한 말을 들으면 절을 했다

우   문 선 언 즉 배
禹는 聞善言則拜러시다.

우는 착한 말을 들으면 절을 하였다.

중국의 전설상의 천자인 우는 어떤 사람이 자신에게 좋은 이야기를 말해 주면 그 사람에게 절을 했다고 한다.

ⓘ 순은 자신을 버리고 남에게 배워 선을 행하는 것을 좋아했다

대순 유대언 선여인동 사기종인
大舜은 有大焉하니 善與人同하사 舍己從人하시며,

낙취어인 이위선
樂取於人하여 以爲善이러시다.

대순은 이보다 더 위대함이 있었으니, 선을 남과 함께 하되 자신을 버리고 남을 따르며, 남들에게서 배워 선을 행함을 좋아했다.

중국 전설상의 제왕인 순왕 또한 그러하여 남이 훌륭한 일을 말하면 훌륭하다고 하면서 자신의 자존심을 버리고 남의 훌륭함을 기꺼이 따르고 받아들였다고 한다.

ⓘ 제왕이라도 취할 것이 있으면 취해야 한다

자경가도어 이지위제 무비취어인자
自耕稼陶漁로 以至爲帝히 無非取於人者러라.

(순임금은) 밭을 갈고 곡식을 심으며 질그릇을 굽고 고기잡이를 하던 때부터 황제가 되기까지 남들에게서 배우지 않은 것이 없었다.

낮은 위치에 있을 때부터 제왕의 자리에 오를 때까지 남들의 좋은 점을 받아들여 자기 것으로 만드는 데 머뭇거리지 않았다.

남에게 배워 선을 행함은 남이 선을 행하도록 도와주는 것이다

취 제 인 이 위 선　　시 여 인 위 선 자 야
取諸人以爲善이 是與人爲善者也라,

고　　군자　　막 대 호 여 인 위 선
故로 君子는 莫大乎與人爲善이니라.

남들에게서 배워 선을 행함은 남이 선을 행하도록 도와 주는 것이라, 그래서 군자에게 남이 선을 행하도록 도와 주는 것보다 더 훌륭함이 없는 것이다.

이 경우는 모두 다른 사람의 충고를 적극적으로 받아들여 착한 일을 하는 데 이용한 것이니, 이는 자신의 발전뿐만 아니라 착한 일을 권하는 습관을 심어 사회 전체가 착한 일을 하도록 하는 효과를 갖게 되는 것이다. 보통 사람은 남이 자신에게 잘못했다고 가르쳐 주는 것의 옳고 그름을 따지기에 앞서 자신의 잘못을 받아들이지 않으면서 남에게 지지 않으려고 한다. 하지만 그런 생각은 자신과 사회의 발전을 후퇴시키는 것이고 사회적으로도 나쁜 습관을 오래도록 계속시키는 결과를 빚게 된다.

착함을 받아들이고 악함을 고치려는 자세를 갖는다면 비록 개인만이 착하게 되는 것이 아니라 그 영향이 사회 전체에 미치게 되므로 이 때문에 착함을 받아들이는 사람의 행동을 높이 보는 것이다.

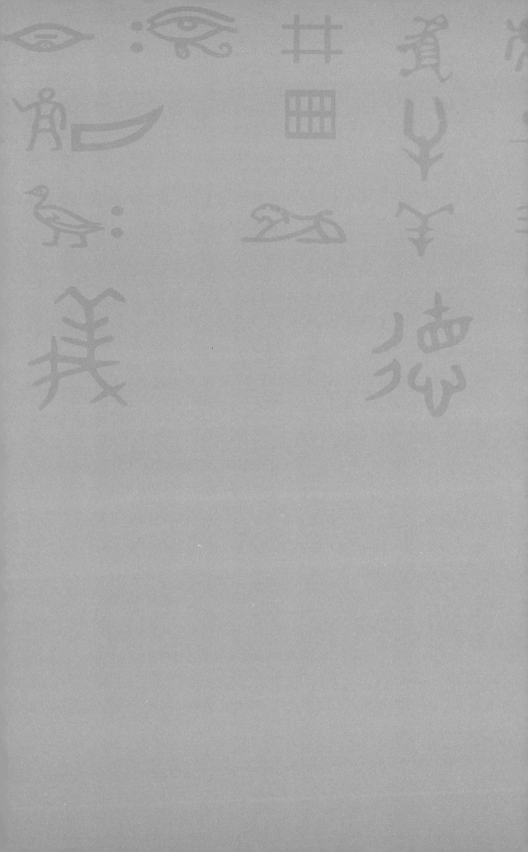

공손추장구

公孫丑章句

一하一

4

맹자는 천시나 지리보다 전쟁에서 가장 중요한 것은 인화라고 한다. 그런데 인화는 인의에 기반한 정치로부터 발생한다. 그러므로 인의의 정치를 하는 자는 전쟁에서도 천하무적이라는 결론에 도달하여 '인자무적'이라 주장한다. 이어서 인의에 의한 정치를 하지 않은 제나라가 연나라를 친 것은 반드시 화를 입을 것을 예언하고 이에 따른 충고를 한다.

▨ 전쟁에서 가장 중요한 것은 인화이다

> 맹 자 왈   천 시 불 여 지 리   지 리 불 여 인 화
> 孟子曰 天時不如地利요, 地利不如人和니라.
>
> 맹자가 말했다. "천시는 지리만 못 하고 지리는 인화만 못 하다."

아무리 좋은 조건을 가져도 한 마음으로 뭉치지 않으면 쓸모가 없이 되어 버린다는 것이다. 여기에서는 전쟁을 들어 말하고 있는데, 이 부분은 맹자의 전쟁론이기도 하다.

전쟁에서 천시가 지리만 못하다

삼 리 지 성   칠 리 지 곽   환 이 공 지 이 불 승
三里之城과 七里之郭을 環而功之而不勝하나니,

부 환 이 공 지   필 유 득 천 시 자 의
夫環而功之에 必有得天時者矣언마는,

연 이 불 승 자   시 천 시 불 여 지 리 야
然而不勝者는 是天時不如地利也니라.

사방으로 3리에 이어져 있는 내성과 사방 7리에 둘러쳐진
외성을 에워싸며 공격하는데 이기지 못하는 경우가 있으니,
에워싸고 공격하면 천시를 얻을 때가 있겠지만 그래도 이기
지 못하는 것은 천시가 지리만 못 하기 때문이다.

전쟁은 아무 때나 할 수 있는 것이 아니다. 장마철을 피하고 추위를
피해야 한다. 이런 것을 무시하고 싸우면 군사의 사기가 떨어지기 때
문이다. 장마비가 내리는데 속에서 전투를 하면 이를 반길 군사가 얼
마나 될 것이며, 영하 30~40도를 넘는 강추위에 맨손에 창을 들리고
싸우게 한다면, 과연 군사들의 사기가 오르겠는가? 그러나 좋은 시기
에 전쟁을 하여도 까마득히 높은 절벽을 올라가 함락시킬 수는 없고,
외딴 섬을 헤엄쳐 건너가 함락시킬 수도 없으니 시기보다는 지형의 유
리함을 택해야 하는 것이다.

📰 전쟁에서 지리는 인화만 못하다

_{성 비불고야 지비불심야 병혁}
城이 非不高也며, 池非不深也며, 兵革이

_{비불견리야 미속 비부다야 위이거지}
非不堅利也며 米粟이 非不多也로되 委而去之하나니,

_{시 지리불여인화야}
是는 地利不如人和也니라.

성이 높으며 못이 깊으며 갑옷이 튼튼하고 병기가 날카로
우며, 쌀과 곡식이 많은데도 이것을 버리고 떠나니, 이는 지
리가 인화만 못 한 것이다.

아무리 유리한 지형에서 진을 치고 있어도 그것을 막는 군사들이 한
데 뭉치지 않으면, 군사들이 사방으로 흩어져 적을 막는 군사가 없어질
것이기 때문에 아무 소용이 없게 된다. 그렇기 때문에 군사들이 한데 뭉
치는 것은 지형의 이로움을 뛰어넘는 전쟁의 필수 조건이 되는 것이다.

📰 도를 잃으면 친척도 배반하고 도를 얻으면 천
하가 따른다

_{고 왈역민 불이봉강지계 고국}
故로 曰域民하되 不以封疆之界하며, 固國하되

_{불이산계지험 위천하 불이병혁지리}
不以山谿之險하며, 威天下하되 不以兵革之利니,

_{득도자 다조 실도자 과조 과조지지}
得道者는 多助하고, 失道者는 寡助라, 寡助之至에는

親戚畔之하고, 多助之至에는 天下順之니라.

친척반지   다조지지   천하순지

그러므로 옛말에 이르기를 '백성을 나라에 머무르게 할 때 국경의 상엄함에 의지하지 않으며, 나라를 방어할 때 산과 강의 험난함에 의지하지 않으며, 천하를 두렵게 할 때 병기의 날카로움으로써 하지 않는다' 고 한 것이다. 도를 얻은 자는 도와 주는 사람이 많고, 도를 잃는 자는 도와 주는 사람이 적은 것이다. 도와 주는 사람이 적은 것이 극에 달하면 친척들도 배반하고, 도와 주는 사람이 많음이 극에 달하면 천하가 따르는 것이다.

　백성을 다른 나라로 떠나지 못하도록 붙잡아 두는 것은 일정한 경계를 그어 놓는 것으로 이루어지는 것이 아니라 백성들이 생업을 위해 마음 놓고 일할 수 있는 조건을 만드는 데 있는 것이다.

　지도자로서의 도리를 잃게 되면 아무리 친한 사람이라도 그를 믿고 따르지 않을 것이고, 도리를 잘 지키는 사람은 천하 백성이 그를 따르게 될 것이니, 어느 지도자가 천하 백성의 마음을 얻느냐 그렇지 못하느냐 하는 것은 그가 행하는 일이 도에 맞느냐에 달려있다는 것이다. 즉, 전쟁에서 가장 중요한 것은 시기와 지리 또는 군사력이 아니라 백성들이 얼마나 따르느냐에 달린 것인데 도에 맞는 정치를 한다면 천하의 백성들이 따를 것이라 한다.

✿ 군자는 전쟁을 하면 반드시 이긴다

> 이천하지소순   공친척지소반
> 以天下之所順으로 攻親戚之所畔이라,
>
> 고   군자유부전   전필승의
> 故로 君子有不戰이언정 戰必勝矣니라.
>
> '천하가 따르는 것으로 친척이 배반하는 것을 공격한다. 그런
> 까닭으로 군자는 싸우지 않을지언정 싸우면 반드시 이기는 것
> 이다'

맹자가 유세를 하던 그 때에 각국의 상황은 왕들이 올바른 도를 행
하지 않아 백성들이 고통 속에 허덕이고, 그로 말미암아 원망이 더할
수 없는 데까지 이르렀다. 그러므로 훌륭한 인물로 모두가 떠받드는
사람이 나타나 도덕이 땅에 떨어져 친척조차 도와 주지 않을 정도의
왕이 다스리는 나라를 쳐서 차지한다면 식은죽 먹기처럼 쉽게 뜻을 이
룰 수 있을 것이라고 하였다.

✿ 연나라를 칠 수 있겠습니까?

> 심동   이기사문왈   연가벌여   맹자왈   가
> 沈同이 以其私問曰 燕可伐與잇가. 孟子曰 可하니라.
>
> 자쾌   부득여인연   자지   부득수연어자쾌
> 子噲도 不得與人燕이며, 子之도 不得受燕於子噲니,
>
> 유사어차   이자열지
> 有仕於此어든 而子悅之하여,

불 고 어 왕 이 사 여 지 오 자 지 록 작　　부 사 야 역 무 왕
不告於王而私與之吾子之祿爵이어든 **夫士也亦無王**

명 이 사 수 지 어 자　즉 가 호　하 이 이 어 시
命而私受之於子면 **則可乎**아. **何以異於是**리오.

제나라의 신하인 심동이 개인적으로 물었다. '연나라를 칠
수 있겠습니까?' 하니, 맹자가 대답했다. '칠 수 있다. (연나
라 왕) 자쾌도 연나라를 남에게 줄 수 없으며, (연나라 신하)
자지도 연나라를 자쾌에게서 받을 수 없다. 여기에 벼슬하는
사람이 있는데 그대가 그를 좋아하여 왕에게 고하지도 않고
사사로이 그대의 관작과 녹봉을 그에게 주거든 그 선비 또한
왕명이 없이 사사로이 그대로부터 받는다면 가하겠는가? 어
찌 이와 다르겠는가?'

　제나라 대부인 심동이 연나라를 칠 수 있느냐는 질문을 맹자에게 하
자 맹자는 가능하다고 대답했다. 물론 심동의 해석은 맹자가 꾀한 것
과는 달랐으나 심동은 나름대로의 해석으로 정벌을 행한다. 맹자가
연나라를 칠 수 있다고 말한 것은, 내란 상태의 연나라가 왕위를 마치
자신들의 물건인 것처럼 멋대로 남에게 넘겨 주는 것을 본 후에 그에
대한 비판에서 나온 것이었다. 왕의 자리는 자신이 갖고 싶다고 하여
가질 수 있는 것이 아니라 백성의 마음을 얻어 그것을 천자가 마땅하
다고 여길 때에만 비로소 왕위에 오를 수 있는 것이다. 그러나 그 때의
연나라는 왕인 자쾌가 재상인 자지에게 마음대로 왕위를 물려주었던
것이다. 이것은 백성의 뜻을 저버린 행위였고 따라서 백성의 마음을
잃은 원인이 되었으므로 그런 나라는 칠 수 있다는 뜻이었다.

제나라가 연나라를 친 것은 맹자의 뜻인가?

제 인   벌 연   혹 문 왈   권 제 벌 연   유 저
齊人이 伐燕하니, 或問日 勸齊伐燕하니 有諸잇가.

제나라 사람이 연나라를 치자 어떤 사람이 묻기를 '제나라
에게 권하여 연나라를 치라고 했다는데 그런 일이 있었습니
까?' 하자

어쨌거나 제나라는 맹자의 본디 계획과는 관계가 없이 연나라를 쳤
고 그것을 맹자가 권한 것으로 잘못 생각한 사람이 있었기 때문에 그
에 대한 질문을 받게 된다.

누가 연나라를 칠 수 있겠습니까?

왈   미 야   심 동   문 연 가 벌 여   오 응 지 왈
日 未也라. 沈同이 問燕可伐與아 하여늘, 吾應之日

가   피 연 이 벌 지 야   피 여 왈 숙 가 이 벌 지
可라하니 彼然而伐之也로다. 彼如日 孰可以伐之하면

즉 장 응 지 왈   위 천 리 즉 가 이 벌 지
則將應之日 爲天吏則可以伐之라 하리라.

금   유 살 인 자   혹 문 지 왈   인 가 살 여
今에有殺人者어든 或問之日 人可殺與하면

즉 장 응 지 왈 가   피 여 왈 숙 가 이 살 지
則將應之日 可라 하리라. 彼如日 孰可以殺之오 하면,

즉 장 응 지 왈   위 사 사 즉 가 이 살 지
則將應之曰 爲士師則可以殺之라 하리라.

맹자가 말했다. '아니다. 심동이 연나라를 칠 수 있습니까?'
하고 묻기에 '내가 칠 수 있지요' 하고 대답하니, 저 사람이
내 말을 옳다고 여겨 쳤던 것이다. 저 사람이 만약 '어떤 사
람이라야 칠 수 있습니까?' 하고 묻는다면 '앞으로 천명을
받은 사람이라야 칠 수 있다'고 대답했을 것이다. 지금 여기
에 사람을 죽인 자가 있는데 어떤 사람이 '그 사람을 죽일
수 있겠습니까?' 하고 묻는다면 '그럴 수 있다'고 대답할 것
이다. 그가 만약 '누가 그 사람을 죽일 수 있겠습니까' 하고
묻는다면 '사사직(범죄를 다루는 재판관)이라면 죽일 수 있
다'고 대답할 것이다.

맹자가 심동의 물음에 대답했던 중요한 뜻은 연나라를 칠 수 있다는
것은 수양을 많이 쌓아 백성의 마음을 얻은 사람만이 가능하다는 뜻이
었는데 그것을 묻지 않았기에 미처 이야기할 틈이 없었을 뿐이요, 심
동에게 권한 사실은 없다고 한다. 연나라를 칠 수 있느냐는 질문과 내
가 연나라를 쳐도 되냐는 질문은 엄연히 다르다. 이를 살인자에 대한
질문에 비유하여 살인자를 죽이는 것도 자격이 있는 사람이 해야 된다
고 이야기 한다.

또 다른 연나라로 연나라를 치는 것은 불가하다

금   이 연 벌 연   하 위 권 지 재
今에 **以燕伐燕**이어니 **何爲勸之哉**리오.

맹자가 말했다. "지금은 연나라로써 연나라를 친 것이니 내 어찌 권했겠는가?"

지금 연나라를 친 것은 연나라 백성이 그들을 다스리는 자의 정치를 미워하기에 연나라를 칠 수 있다고 한 것이지만 지금은 마치 또 다른 연나라가 연나라를 친 것과 같은 것인데 내가 권했겠느냐고 반문한다.

맹자가 벼슬을 버리고 고향으로 돌아가자

맹 자 치 위 신 이 귀
孟子致爲臣而歸하실새

맹자가 신하의 자리를 내놓고 돌아갈 때

맹자가 제나라의 정치 고문으로 있다가 왕의 정치가 자신의 이상대로 행하기가 어렵게 되자 벼슬을 그만두고 고향으로 돌아가려고 하였다.

불감청이 고소원

왕   취 견 맹 자 왈 전 일   원 견 이 불 가 득
王이 就見孟子曰 前日에 願見而不可得이라가,

득 시   동 조 심 회   금 우 기 과 인 이 귀
得侍하야는 同朝甚喜러니 今又棄寡人而歸하시니,

불 식   가 이 계 차 이 득 견 호
不識케라 可以繼此而得見乎아.

대 왈 불 감 청 이　　고 소 원 야
對曰 不敢請耳언정 固所願也니이다.

왕이 맹자를 만나서 말했다. "이전에 선생을 뵙기를 바랐으나 못 뵙고 있다가 지금 모시게 되니 조정에 함께 있게 되어 매우 기뻐했습니다. 그런데 이제 또다시 과인을 버리고 떠나시니 알지 못하겠습니다만 이후로도 선생을 뵐 수 있겠습니까?" 맹자가 대답하기를 "감히 청하지는 못할지언정 진실로 원하는 바입니다"라고 하였다.

그러한 맹자의 태도를 왕이 알고 그에게 더 머물러 줄 것을 부탁한다. 이에 맹자는 '감히 그렇게 하고 싶다고 청할 수는 없지만, 진실로 그렇게 되기를 바랐습니다' 하고 말하는데 불감청(不敢請)이언정 고소원(固所願)이라는 말은 바로 여기에서 비롯된 것이다. 왕이 자신을 계속 머무르도록 요청하는 것을 맹자는 왕도 정치를 행하고자 하는 뜻이 남아 있는 것으로 이해하고 이런 식의 말을 한 것 같다.

▣왕은 맹자를 후하게 대하려고 했다

타 일　　왕 위 시 자 왈　아 욕 중 국 이 수 맹 자 실
他日에 王謂時子曰 我欲中國而授孟子室하고,

양 제 자 이 만 종　　사 제 대 부 국 인
養弟子以萬鍾하여 使諸大夫國人으로

개 유 소 긍 식　　자 합 위 아 언 지
皆有所矜式하노니 子盍爲我言之리오.

훗날에 왕이 시자에게 말했다. "과인이 도성 한가운데에 맹자의 집을 지어 주고, 제자들을 만 종의 녹봉으로 길러 여러 대부와 백성들로 하여금 모두 공경하고 본받는 바가 있게 하려고 하는데, 그대는 어찌 과인을 위하여 이 사실을 알려주지 않는가?"

그 후 왕은 신하인 시자에게 맹자를 위해 큰 집을 마련해 주고 매우 많은 녹봉을 주면서 제자들을 기르게 하여 그들이 맹자의 행실을 본받게 하고 싶다는 뜻을 내놓는다. 이렇게 한 것은 왕 자신이 어진 사람을 후하게 대접한다는 사실을 여러 제후국에 뽐내기 위해서라고 하겠다. 그 때에는 실제로 능력이 있는 학자를 정치 고문으로 둔 예가 매우 흔했다.

이 사실을 맹자에게 고하니

時子因陳子而以告孟子어늘, 陳子以時子之言으로 告孟子한대

시자가 진자를 통하여 이런 사실을 맹자에게 고하게 하니 진자가 시자의 말을 맹자에게 고하니,

이러한 사실을 시자는 맹자의 제자인 진자에게 말하자 진자는 이 말을 맹자에게 고한다.

▒ 내가 부자가 되려고 하는 것이겠는가?

맹 자 왈 연   부 시 자 오 지 기 불 가 야
孟子曰 然하다. 夫時子惡知其不可也리오.

여 사 여 욕 부   사 십 만 이 수 만   시 위 욕 부 호
如使子欲富인댄 辭十萬而受萬이 是爲欲富乎아.

맹자가 말했다. "그렇다. 무릇 시자가 어찌 그것이 가능하지 않음을 알겠는가? 만일 내가 부자가 되고 싶었다면 십만 종을 사양하고 만 종을 받는 것이, 이것이 내가 부자가 되려고 하는 것이겠는가?"

만약 자신이 부유함을 구하기 위한 뜻이었다면 이전에 십만 종의 매우 많은 녹봉을 거절하지 않았을 것이라고 하면서 자신이 꾀하는 것이 무엇인지를 되묻는다.

▒ 어찌 농단하려 하는가?

계 손 왈 이 재   자 숙 의   사 기 위 정   불 용 즉 역
季孫曰 異哉라 子叔疑여. 使己爲政하되 不用則亦

이 의   우 사 기 자 제 위 경   인 역 숙 불 욕 부 귀
已矣어늘, 又使其子弟爲卿하니 人亦孰不欲富貴리오마는

이 독 어 부 귀 지 중   유 사 농 단 언
而獨於富貴之中에 有私壟斷焉이라 하니라.

계손씨가 '자숙의여, 이상하구나 자기로 하여금 정치를 하게 했으나 쓰여지지 않으면 그만두어야 할 텐데, 또 그의 자식으

로 경을 삼게 했으니 사람들이 누군들 부귀하고 싶지 않겠는
가마는 홀로 부귀의 가운데에 농단을 하려하는구나'고 하였
다.

부는 인간이라면 누구나 구하고자 하는 것이다. 그러나 자신은 떳
떳하지 못한 수단을 쓰면서까지 부를 좇아 구하고 싶지 않다는 뜻을
나타낸다. 자숙의가 자신이 경의 벼슬을 못 하자 자식을 시켜서까지
경이 되게 한 것은 바로 떳떳하지 못하게 부유하려고 하는 인간의 욕
망의 한 면을 보인 것이라고 할 수 있다. 여기에서 농단이라는 것은
부를 가장 손쉽게 얻을 수 있는 유리한 곳을 뜻하고, 사유는 그러한
곳을 자기만이 독차지하는 것을 뜻한다. 하지만 그는 그러한 것을 부
정했다.

🔳농단하는 자 때문에 세금을 거두게 되었다

古之爲市者는 以其所有로 易其所無者어든,

有司者治之耳러니, 有賤丈夫焉하니, 必求壟斷

而登之하여 以左右望而罔市利어늘 人皆以爲賤이라,

故로 從而征之하니 征商이 自此賤丈夫始矣니라.

옛날에 시장에서 교역하는 자들이 자신이 가지고 있던 물건

을 가지고 자신에게 없는 물건과 바꾸면 유사(관리자)가, 세금을 거두지 않고 다툼만을 다스릴 뿐이었다. 그런데 매우 천한 사람이 있어 반드시 높은 곳(농단)을 찾아 올라가서 좌우를 살펴보고 시장에서의 이익을 독차지하거늘 사람들이 모두 천하게 여겼다. 그래서 세금을 그에게서 거두게 되었으니 상인들에게 세금을 거두는 것이 이 천한 장사꾼으로 말미암았던 것이다.

　시장이라는 것은 물건을 바꾸는 기능을 가진 것으로 본디는 이익을 얻는 것이 목적이라기보다는 모자란 것을 서로 바꾸어 채우는 뜻이 더욱 강했었다. 그 후 차차 이익을 목적으로 하는 장소로 변했고, 시장의 이익을 어느 한 사람이 독차지하는 데까지 이르게 된 것이다. 상인들이 그러한 이익을 독차지하는 것을 막기 위하여 나라가 세금을 매기기 시작했고, 이렇게 독차지 하는 사람을 매우 천하게 여겼다고 한다. 이 말을 한 이유는 왕도정치를 하지는 않고 벼슬이나 녹봉으로 자신을 머무르게 하는 것에 대한 불만임과 동시에 자신이 그것을 받아들인다면 자신도 천해진다는 말이기도 하다.

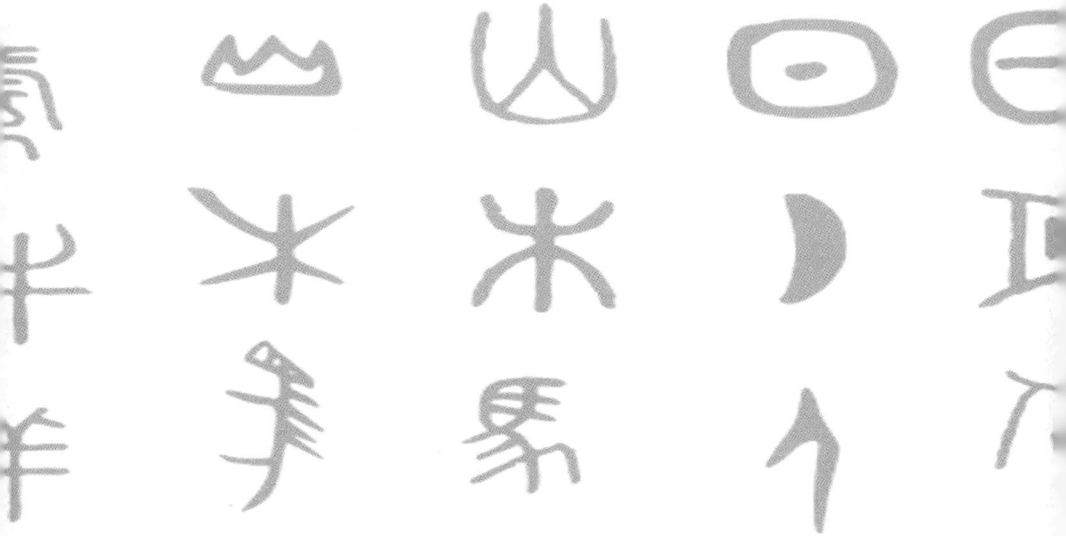

등문공장구

藤文公章句

〔상〕

등문공장구 _상_
藤文公章句 _상_

이 편에서는 등문공이 나라를 다스리는 방법에 대해 질문을 하자 맹자는 백성의 생활이 우선 안정되어야 한다며 이를 위해 필요한 정전법에 대한 고증과 상세한 설명을 한다. 이어서 전국시대의 급격한 변화에 따라 다양한 가치관이 등장하였음을 짐작하게 하는 허행과 진상형제에 관한 이야기가 나오는데 이에 대한 논쟁과 맹자의 반박이 이루어진다.

🐢 등문공이 나라를 다스리는 방법을 묻는다

> 등 문 공 문 위 국
> **藤文公**이 **問爲國**한대,
>
> 등문공이 나라를 다스리는 것에 대하여 물으니,

　　등문공이 나라를 다스리는 방법에 대하여 맹자에게 묻는데 등문공의 질문은 부국 강병일 것이고, 맹자의 대답은 자신이 이상적인 형태라고 여기고 있는 유가 이론에 근거를 둔 도덕 정치일 것이다.

📖 백성의 본업인 농사는 느슨히 할 수 없다

> 맹자왈 민사 불가완야 시운 주이우모
> 孟子曰 民事는 不可緩也니 詩云 晝爾于茅요
>
> 소이삭도 극기승옥 기시파백곡
> 宵爾索綯하여 亟其乘屋하고, 其始播百穀이라 하니이다.
>
> 맹자가 말했다 "농사는 느슨히 할 수가 없으니.《시경》에 이르기를 '낮이면 띠를 베어 오고, 밤이면 새끼를 꼬아서 빨리 지붕을 이어 놓아야 이듬해에 비로소 모든 곡식의 씨앗을 뿌릴 수 있는 것이다' 라고 했습니다."

　　《시경》의 구절을 끌어들여 유세하는 이야기의 중심은 백성들의 농업은 한시도 게으르게 할 수 없다는 것이다. 왜냐하면 기본 생활이 이루어지지 않으면 나라를 다스리는 위정자들의 요구가 백성들에게 통하지 않을 것이고, 그렇게 되면 서로 불만스러운 결과를 가져오게 될 것이기 때문이다. 《시경》은 농사철이 되기 전에 기본적인 일을 끝내야 농사에 힘을 쏟을 수 있게 됨을 말하고 있다.

📖 무항산이면 무항심이다

> 민지위도야 유항산자 유항심 무항산자
> 民之爲道也는, 有恒産者 有恒心하고, 無恒産者는
>
> 무항심 구무항심 방벽사치 무불위이
> 無恒心하니, 苟無恒心이면 放辟邪侈를 無不爲已하니,
>
> 급함호죄연후 종이형지 시 망민야
> 及陷乎罪然後에 從而刑之면 是는 罔民也이니,

연 유 인 인 재 위　　망 민　　이 가 위 야
焉有仁人在位하여 罔民을 而可爲也리오,

백성이 세상을 살아가는데 떳떳한 재산이 있는 사람은 떳떳
한 마음을 가지고, 떳떳한 재산이 없는 사람은 떳떳한 마음
이 없는 것이니, 만일 떳떳한 마음이 없으면 방탕하고 한쪽
으로 치우치고 간사하며 사치하여 못하는 짓이 없게 됩니다.
따라서 백성들이 이로 인해 죄를 지은 후에 이에 따라 형벌
을 준다면 이것은 백성을 그물질하는 것입니다. 그러므로 어
찌 어진 사람이 왕으로 있으면서 백성을 그물질하는 일이 어
디에 있겠습니까?

　　맹자의 이야기 중에서 그 어느 것보다 자주 나오는 것이 무항산 무
항심이다. 이는 먹고 사는 문제가 해결되지 못한다면 인간은 도덕적인
문제에 대하여 관심을 가질 수 없게 된다는 것이다. 일정한 벌이가 없
는 사람은 자신의 생활에 대하여 안정을 느끼지 못할 것이고 그렇게
된다면 도덕적인 삶을 바랄 수 없을 것이라고 보고 있다. 당장에 굶어
죽게 된 사람에게 예의를 차릴 것을 요구한다면 과연 예의에 맞는 행
위를 바랄 수가 있겠는가?

🏛백성들에게서 취함에 제한이있다

시 고　　　현 군　　필 공 검 예 하　　　취 어 민　　　유 제
是故로, 賢君은 必恭儉 禮下하며, 取於民이에 有制니이다.

이러한 까닭으로 현명한 왕이라면 반드시 공손하고 검소하여

아랫사람을 예의로 대하며, 백성들에게서 취함이 제한이 있
는 것입니다.

예로부터 어진 왕은 반드시 검소한 삶을 살았고, 아랫사람에게는
예의로 대했으며, 백성들에게 세금을 거둠에 있어서도 법도가 있었다
고 한다.

⛊부자가 되려는 자는 어질기 어렵다

양 호 왈 위 부   불 인 의   위 인   불 부 의
陽虎曰 爲富면 **不仁矣**요, **爲仁**이면 **不富矣**라 하니라.

양호가 말하기를 '부자가 되려면 어질지 못하고, 어진 행동을
하려면 부자가 되지 못할 것이다' 라고 하였습니다.

부자가 되려고 마음먹는다면 어진 행동을 하지 못할 것이요, 어진
행동을 하려고 한다면 부자가 되지 못할 것이다는 양호의 이야기는 일
깨워 주는 바가 크다. 오늘날에도 마음을 곱게 먹은 사람은 부자가 되
지 못한 채 가난하게 살고, 독하게 마음을 먹은 사람은 부자로 살 수
있다는 생각을 가진 사람이 많이 있다. 이 사람 저 사람의 사정을 모두
이해하면서 어느 겨를에 자기 잇속을 차리며, 눈앞의 이익에만 눈이
먼 사람이 남의 사정을 제대로 헤아리겠는가? 그런데 부유하려는 사
람이 정치를 하면 어떻게 되겠는가? 다른 사람의 이익을 위해 일한다

는 사람이 그들의 지위를 이용하여 자신의 이익만을 차린다면 정치는 시장이 될 것이고 농단하려는 자들로 들끓어 정치는 실종될 것이다.

🔖 공, 조, 철 시대마다 이름은 다르나 10분의 1만 세금으로 거두었다

하 후 씨　　오 십 이 공　　은 인　　칠 십 이 조
夏后氏는 五十而貢하고, 殷人은 七十而助하고,

주 인　　백 무 이 철　　기 실　　개 십 일 야
周人은 百畝而徹하니　其實은 皆什一也라.

철 자　　철 야　　조 자　　자 야
徹者는 徹也요 助者는 藉也니이다.

하후씨는 50무라는 땅을 준 후에 공이라는 세법을 썼고, 은나라 사람은 70무의 땅을 준 후에 조라는 세법을 썼으며, 주나라 사람은 백무의 땅을 준 후에 철이라는 세법을 썼으니, 이들 땅이나 세법은 서로 다르지만 모두 10분의 1을 거두는 것이었습니다. 철이라는 것은 거둔다는 뜻이요, 조라는 것은 빌린다는 뜻입니다.

옛날에 행한 세법은 시대마다 이름은 달랐으나 10분의 1을 거두었다. 조라는 것이 빌린다는 의미를 가지는 것은 백성의 노동력을 빌려 공전을 경작하기 때문이다.

공법보다는 조법이 좋다

^{용 자 왈} ^{치 지} ^{막 선 어 조} ^{막 불 선 어 공}
龍子曰 治地는 莫善於助요 莫不善於貢이니,

^{공 자} ^{교 수 세 지 중} ^{이 위 상} ^{낙 세}
貢者는 校數歲之中하여 以爲常하나니, 樂歲엔

^{입 미 낭 려} ^{다 취 지 이 불 위 학} ^{즉 과 취 지}
粒米狼戾하여 多取之而不爲虐이라도 則寡取之하고,

^{흉 년 분 기 전 이 부 족} ^{즉 필 취 영 언}
凶年糞其田而不足이라도 則必取盈焉하나니,

용자가 말하기를 '땅을 다스리는 것은 조법보다 좋은 것이 없
고 공법보다 나쁜 것이 없다고 했으니, 공이라는 것은 몇 년
의 중간치를 비교하여 일정한 수를 내도록 하는 것으로 풍년
이 들면 곡식이 어지러이 흩어질 정도로 많아 세금을 많이 거
두어도 포학함이 되지 않으나 적게 거두고, 흉년에는 그 땅에
줄 거름값도 모자라나 반드시 일정한 세금을 거두니,

공법이라는 것은 얼마의 기간 동안 수확을 살펴 그것의 표준을 정하
고 그에 맞추어 세금을 거두는 방법이다.

다시 말해 이미 정해진 과세 자료를 바탕으로 풍년과 흉년에 관계가
없이 백성에게 세금을 매기는 것이다. 그러나 농작물의 수확이란 사람
의 힘이 아닌 자연의 영향을 받는 것이므로 그에 알맞게 세금을 매겨
야 하는 것이다.

✿세금으로 고통받게 하면 백성의 부모라고 할 수 없다

위민부모　　사민혜혜연장종세근근
爲民父母하여 使民盼盼然將終歲勤動하여,

부득이양기부모　　우칭대이익지
不得以養其父母하고, 又稱貸而益之하여

사노치　　전호구학　　오재기위민부모야
使老稚로 轉乎溝壑이면, 惡在其爲民父母也리오.

백성의 부모가 되어 백성으로 하여금 한스럽게 여기게 하며 한 해 동안 일만 죽도록 시키고도 부모도 제대로 모시지 못하게 하고, 또 빚을 얻어야 겨우 세금을 낼 수 있도록 하여 늙은이와 어린이가 도랑과 계곡에서 굴러다니게 한다면 어디에 백성의 부모된 모습이 있겠습니까?'하였다.

　백성의 부모인 왕이 백성들이 한 해 동안 쉬지도 못하고 계속해서 일을 했는데도 자기 부모를 제대로 섬기기가 어려울 정도로 만들어 버려 늙은이와 어린이가 도랑과 계곡에 시체로 굴러 다니게 한다면 이것은 백성의 형편을 살피지 않고 세금을 무겁게 거두기 때문이라는 것이다. 그런 까닭에 백성의 부모가 되어 이렇게 백성을 고생시키니 어찌 백성의 부모라 할 수 있는가라고 되묻는다. 이렇게 가혹하게 세금을 매겨 백성들을 괴롭히는 것은 짐승만도 못 하다고 한다.

■관리들의 녹봉에 관한 법은 이미 시행하고 있다

부 세 록   등   고 행 지 의
夫世祿은 藤이 固行之矣니이다.

세록은 등나라가 이미 시행하고 있습니다.

세록이라는 것은 대대로 녹봉을 물려주어 나라에 대한 공로를 알아주는 것을 말하는데, 이것은 그들의 생활 정도를 일정하게 해주는 것을 뜻하기도 한다.

■《시경》을 살펴 볼때 주나라도 조법을 시행했다

시 운   우 아 공 전   수 급 아 사   유 조
詩云 雨我公田하여 遂及我私라 하니, 惟助에

위 유 공 전   유 차 관 지   수 주 역 조 야
爲有公田하니, 由此觀之컨대 雖周亦助也니이다.

《시경》에 이르기를 '우리의 공전에 비를 내려 마침내 우리의 사전에도 미친다'고 했으니 오직 조법이 있어야만 공전이 있으므로, 이것을 보면 주나라도 또한 조법을 시행한 것입니다.

《시경》의 구절을 통해 볼 때 주나라는 공법을 시행한 것이 아니라 조법을 시행한 것으로 볼 수 있다. 맹자는 정전법이 사라진 전국시대에 살았다. 그는 주나라에서 정전법이 시행됐음을 시경구절을 통해 논증한다.

세법이 안정된 후 교육을 실시하면 인륜이 밝아진다

설 위 상 서 학 교　　이 교 지　　상 자　　양 야
設爲庠序學校하여 以敎之하니 庠者는 養也요,

교 자　　교 야　　서 자　　사 야　　하 왈 교　　은 왈 서
校者는 敎也요 序者는 射也라, 夏曰校요 殷曰序요

주 왈 상　　　학 즉 삼 대 공 지　　개 소 이 명 인 륜 야
周曰庠이요 學則三代共之하니 皆所以明人倫也라,

인 륜　　명 어 상　　소 민　　친 어 하
人倫이 明於上이면 小民이 親於下니이다.

상·서·학·교를 베풀어 백성을 가르쳤으니, 상은 기른다는 뜻이요. 교는 가르친다는 뜻이고, 서는 활쏘기를 익힌다는 뜻입니다. 하나라에서는 교라고 불렸고, 은나라에서는 서라고 불렸으며, 주나라에서는 상이라고 불렸으며, 학은 세 나라 모두 이름을 함께 했으니, 이것은 모두 인륜을 밝히는 것이었습니다. 인륜이 위에서 밝아지면 소민들이 아래에서 서로 친해집니다.

백성이 일정한 생활을 지탱하며 살아가는 데 어려움이 없게 되면, 교육에 관심을 갖게 된다. 교육은 이를 통해 그 사회가 바라는 인간형을 만드는 것이므로 유가는 교육에 대하여 큰 관심을 쏟았다. 하나라 시대에는 교라는 이름의 교육 기관이 있었는데 교라는 것은 백성을 가르친다는 뜻을 지닌 것이다.

은나라에는 서라는 학교가 있었는데 활을 쏘는 것처럼 현명한 사람

을 존경하는 풍습을 지니도록 한다는 뜻이며 또는 실물교육을 뜻하는 진열하다라고 해석되기도 한다. 주나라는 상이라는 학교가 있었는데 그 뜻은 사람을 기른다는 것이었다. 한편 하·은·주 세 나라에 모두 학이라는 기관을 두었으니, 인륜을 밝히는 곳이었다. 이렇게 인륜이 밝아지면 그를 본받는 아랫사람들도 서로 화목하게 지낼 것이므로 그들이 바라는 이상적인 정치의 실현이 가능할 것이라고 한다.

천하를 다스리는 자는 반드시 이 법을 취할 것이다

> 유 왕 자 기   필 래 취 법   시 위 왕 자 사 야
> 有王者起면 必來取法하리니, 是爲王者師也니이다.
>
> 왕자가 나오면 반드시 여기에 와서 이 법을 모범으로 삼을 것이니 이는 왕자의 스승이 되는 것입니다.

왕자, 즉 왕도로 천하를 다스리는 사람이 나타나면 반드시 본받을 것이니 이것은 조법의 시행으로 백성들의 생활을 안정시키고 이후 교육을 실시하여 인륜을 밝혀 그 아래서 백성들이 서로 친하게 지내게 함을 말한다. 따라서 이것은 왕자의 스승이 된다고 한다.

나라가 오래되었어도 천명은 새롭다

> 시 운 주 수 구 방   기 명 유 신   문 왕 지 위 야
> 詩云 周雖舊邦이나 其命維新이라 하니 文王之謂也니

> 자　력행지　　역이신자지국
> 子가 力行之하시면 亦以新子之國하시리이다.
>
> 《시경》에 이르기를 '주나라가 비록 오래 되었으나 그 명은
> 새롭다'고 했으니 문왕을 말한 것입니다. 그대(등문공)가
> 힘써 그것을(조법과 교육) 행하신다면 또한 그대의 나라를
> 새롭게 할 수 있을 것입니다.

아무리 나라가 오래 되었다고 하더라도 항상 새로 시작하는 마음으로 도를 행함에 있어 적극적이고 부지런하다면 그 나라의 운명은 젊고 싱싱함을 간직하여 오래도록 발전을 거듭할 수 있으리라고 말하고 있다. 주나라처럼 오래된 나라도 그러하였는데 등문공도 할 수 있다고 말한다.

⬛어진 정치는 땅의 경계를 바로잡는 데서부터 비롯된다

> 사필전　　문정지　　맹자왈　자지군
> 使畢戰으로 問井地하신대, 孟子曰 子之君이
>
> 장행인정　　선택이사자　　자필면지
> 將行仁政하여 選擇而使子하시니 子必勉之어다.
>
> 부인정　필자경계시　경계부정　정지불균
> 夫仁政은 必自經界始니, 經界不正이면 井地不均하고
>
> 곡록불평　　시고　폭군오리　필만기경계
> 穀祿不平하니, 是故로 暴君汚吏는 必慢其經界하나니,
>
> 경계기정　분전제록　가좌이정야
> 經界旣正이면 分田制祿은 可坐而定也니라.

문공이 필전에게 정전법에 대하여 자세히 묻게 하자 맹자가 말했다. "그대의 왕이 앞으로 어진 정치를 베풀려고 특별히 선택하여 그대를 나에게 보냈으니 그대는 반드시 힘써야 합니다. 어진 정치는 땅의 경계를 다스리는 것으로부터 시작되니 땅의 경계를 바르게 다스리지 못하면 전지가 고르지 못하고 녹봉도 고르지 못하게 됩니다. 이 때문에 폭군이나 탐관오리는 반드시 경계를 바르게 다스리지 못하고 게으르게 했으니, 경계가 바르게 다스려지면 땅을 나누어 주고 녹봉을 정하는 것은 가만히 앉아서도 정할 수 있는 것입니다."

등나라 문왕은 자신의 신하를 보내 정전법을 행하는 것에 대하여 물어 보도록 하였다. 맹자는 이런 질문을 받고 대답하기를 '땅을 고르게 나누어 주면 그들에게 돌아가는 녹봉이 고르게 될 것이므로 백성들이 받는 은택이 공평하고 올바를 것이라 나라에 대한 불만의 소지가 사라질 것이니, 이것만 바르게 된다면 백성을 다스리는 문제는 상당히 쉬워질 것'이라고 대답한다. 거두어들이는 것이 떳떳하게 이루어지려면 땅을 나누는 과정이 공평하고 올바라야 한다는 것이다. 사실 공평하게 나누어지는 것으로 하여 생기는 다툼은 어느 시대에서나 사라지지 않았던 것으로 보인다.

그런 까닭에 어진 왕은 경계를 바로잡아 은택이 백성에게 고루 미치게 하였고, 폭군이나 탐관 오리는 기본적인 사업을 게으르게 하여 나쁜 정치가 되풀이되는 데까지 이르게 했다고 한다.

작은 나라에서도 군자와 야인이 나온다

부 등   양 지 편 소   장 위 군 자 언   장 위 야 인 언
夫滕이 壤地褊小하나 將爲君子焉이며 將爲野人焉이니,

무 군 자   막 치 야 인   무 야 인   막 양 군 자
無君子면 莫治野人이요 無野人이면 莫養君子니라.

등나라는 땅이 좁고 작으나 앞으로 군자가 될 사람이 있으며
야인이 될 사람도 있을 것이니, 군자가 없으면 야인을 다스릴
수 없으며, 야인이 없다면 군자를 봉양할 수 없을 것입니다.

나라가 아무리 작아도 저마다 일을 맡을 사람이 있을 것이니, 위아
래의 질서가 제대로 갖추어진다면 나라는 태평할 수 있을 것이고, 위
아래 질서가 무너지면 나라의 태평은 이루어질 수 없다고 한다. 정치
를 맡아야 할 사람은 정치를 잘하여 백성들의 불만이 없도록 해야 하
고, 농사를 짓는 사람은 농사에 충실하여 큰 수확을 거두어 세금을 잘
내야 한다. 이렇게 모든 것이 제대로 이루어지는 사회가 바로 이상 정
치를 할 수 있는 바탕을 갖춘 사회라는 것이다.

백성들이 세금을 스스로 내도록 하라

청 야   구 일 이 조   국 중   십 일   사 자 부
請野에 九一而助하고 國中에 什一하여 使自賦하라.

청컨대 교외에서는 9분의 1세법을 써서 조법을 실시하고, 도

성 안에서는 10분의 1세법을 써서 백성들이 스스로 세금을 내도록 합니다.

이를 위해 시골에서는 9분의 1을 세금으로 내도록 하고, 도성안에서는 10분의 1을 세금으로 내도록 하여 백성들이 스스로 세금을 낼 수 있게 해야 된다는 것이다. 이는 세금 제도를 고쳐 강제로 세금을 거두어들이지 않아도 나라를 위해 스스로 낼 수 있도록 충분한 뒷받침이 따라야 한다는 주장이다.

▋녹봉 이외에 규전을 더 주었다

경이하 필유규전 규전 오십무
卿以下는 必有圭田하니, 圭田은 五十畝니라.

경 이하의 벼슬아치에게는 반드시 규전이 있었야하니 규전은 50무씩 분배하고

규전은 수확물로 제사를 지내도록 하기 위해 따로 준 밭으로서 녹봉 외에 조상에 대한 자손된 도리를 다하도록 하기 위해 준 것이다.

▋미혼인 농부의 자제에게도 땅을 주었다

여부 이십오무
餘夫는 二十五畝니라.

또 여부에게는 25무를 줍니다.

여부란 식솔이 딸리지 않는 농부로써 나이 16세에 따로 25무의 땅을 받고, 그가 자라서 아내를 맞으면 다시 백무의 땅을 받는다.

✎백성들은 정전에서 같이 농사를 지으니 자연히 서로 도우며 친해진다

사사   무출향   향전동정   출입   상우
死徙에 無出鄕이니 鄕田同井이 出入에 相友하며,

수망   상조   질병   상부지   즉백성   친목
守望에 相助하며, 疾病에 相扶持하면 則百姓이 親睦하리라.

이렇게 하면 백성들은 죽거나 이사를 하여도 그 고을을 떠나지 않으니 향전에 정전의 농사를 같이하니 나가고 들어올 때에 서로 벗하며, 지키고 망을 볼 때에 서로 도우며, 질병이 있을 때에 서로 붙들어 주고 잡아 준다면 백성들이 친목하게 될 것입니다.

이렇게 생활 대책을 충실히 마련해 주면 백성들은 자신의 고을에 대하여 사랑하는 마음을 가질 것이고, 그 가운데 백성들끼리 화합하게 될 것이다. 왕도의 기초는 이러한 것으로 이루어진다고 말한다. 왜냐하면 백성이 있어야 그들을 다스리는 자들이 자신의 기반을 마련할 수 있기 때문이다. 아무튼 자신이 사는 곳에 대해 사랑하는 마음을 갖도록 하는 것은 백성을 다스리는 자의 처지에서는 매우 중요한 일이라고 할 수 있다.

🐾공전에서 농사짓는 것이 먼저였다

방 리 이 정　　　정　 구 백 무　　기 중　　위 공 전
方里而井이니 井이 九百畝니 其中에 爲公田이라

팔 가 개 사 백 무　　　동 양 공 전　　　공 사 필 연 후
八家皆私百畝하여 同養公田하여 公事畢然後에

감 치 사 사　　　소 이 별 야 인 야
敢治私事하니, 所以別野人也니라.

사방 1리가 정이니, 정은 9백무요 우물정자의 가운데가 공전
이다. 8가구가 모두 백무를 사전으로 받아서 공전을 함께 가
꾸어 일을 끝낸 다음에 사전을 가꾸니 이로서 야인(관리와
구별되는 농사짓는 야인)을 구별합니다.

　계속하여 맹자는 자신이 시행하고자 하는 정전법에 대한 자세한 방
법을 설명한다.

🐾정전법을 알맞게 하는 것은 왕에게 달려 있다

차 기 대 략 야　　약 부 윤 택 지　　즉 재 군 여 자 의
此其大略也니 若夫潤澤之는 則在君與子矣니라.

이것이 정전법에 관한 기본이니 이것을 윤택하게 하는 것은
왕과 그대에게 달려 있습니다.

　정전법의 실시에 따라 백성의 안정된 생활은 충분히 이루어질 수 있
으나 아무리 좋은 정책도 실시하지 않으면 소용이 없듯이 백성의 삶

을 넉넉하게 하려면 이것을 잘 실시해야 한다는 것을 강조하고 있다.

허행이 등나라의 백성이 되기를 원했다

유 위 신 농 지 언 자 허 행　자 초 지 등
有爲神農之言者許行이 自楚之滕하여

종 문 이 고 문 공 왈　원 방 지 인　　문 군 행 인 정
踵門而告文公曰 遠方之人이 聞君行仁政하고

원 수 일 전 이 위 맹　　　문 공　여 지 처
願受一廛而爲氓하노이다. 文公이 與之處하시니

기 도 수 십 인　개 의 갈　곤 구 직 석　　이 위 식
其徒數十人이 皆衣褐하고 捆屨織席하여 以爲食하더라.

신농씨의 말을 하는 허행이 초나라에서 등나라로 가서 궁궐
문에 이르러 문공에게 고하기를, '먼 지방 사람인데 왕이 어
진 정치를 베푸신다는 소문을 듣고 한 터전을 얻어 왕의 백성
이 되기를 원하며 찾아왔습니다' 하니, 문공이 그에게 머무
를 곳을 주었으므로 그의 무리 수십 명이 모두 갈옷을 입고
신을 두드려 만들고 자리를 짜서 그것을 팔아 먹고 살았다.

삼황 오제의 한 사람인 신농씨는 백성들에게 농기구를 만들어 주고
스스로 백성과 함께 농사를 지었던 전설적인 제왕이다. 농가는 그러한
이론을 따르는 학파이다. 이 구절에서 나오는 허행이라는 사람은 바로
신농씨의 가르침을 행하는 농가의 일원으로 자기가 쓸 물건은 손수 만
들고, 또 손수 만든 물건으로 모자란 것을 바꾸어 썼다.

중국은 본디 황하를 중심으로 한 중원 지방에 주로 살면서 자신들의

문화를 발전시켰는데, 상대적으로 문화가 뒤떨어진 곳을 오랑캐라 불렀다. 허행은 초나라에서 태어나 중국의 유교 문화에 대한 공부를 하지 못하여, 북으로 중원 지방에 와서 유학을 배웠다. 그런데 그는 유학의 가르침을 따르지 않고 생산 활동에 직접 뛰어들어 자신이 필요로 하는 물건을 만들어야 한다면서 이를 실천하려고 하였다.

📷 진상도 또한 아우와 함께 등나라로 갔다

> 진 량 지 도 진 상　　여 기 제 신
> 陳良之徒陳相이 與其弟辛으로
>
> 부 뇌 사 이 자 송 지 등　　왈　문 군 행 성 인 지 정
> 負耒耜而自宋之滕하여 曰 聞君行聖人之政하니,
>
> 시 역 성 인 야　　원 위 성 인 맹
> 是亦聖人也시니 願爲聖人氓하노이다.
>
> 진량의 제자 진상도 그의 아우 진신과 함께 쟁기를 등에 짊어지고 송나라에서 등나라로 가서 말했다. "왕께서 성인의 정치를 베푸신다는 말을 들었으니, 이 또한 성인이시니 저도 성인의 백성이 되기를 원합니다."

진량의 제자인 진상형제도 송나라를 떠나 등나라의 백성이 되기를 원했다.

進상은 맹자를 만나 허행이 한 말을 전했다

^{진 상   견 허 행 이 대 열   진 기 기 학 이 학 언}
陳相이 見許行而大悅하여 盡棄其學而學焉이러니,

^{진 상   견 맹 자   도 허 행 지 언 왈}
陳相이 見孟子하여 道許行之言曰

^{등 군 즉 성 현 군 야   수 연   미 문 도 야}
滕君則誠賢君也이어니와, 雖然이나 未聞道也로다.

^{현 자   여 민 병 경 이 식   옹 손 이 치}
賢者는 與民竝耕而食하며, 饔飧而治하나니,

^{금 야   등 유 창 름 부 고   즉 시}
今也에 滕有倉廩府庫하니 則是는

^{여 민 이 이 자 양 야   오 득 현}
厲民而以自養也니, 惡得賢이리오.

진상이 허행을 보자 크게 기뻐하여 배운 것을 모두 버리고 그에게서 배웠는데 진상이 맹자를 만나 허행이 한 말을 전했다. "등나라 왕은 진실로 현명한 왕이지만 아직 도를 알지 못합니다. 어진 사람은 백성들과 더불어 함께 밭을 갈고 밥을 지어먹으며 정치했으나, 오늘날 등나라에는 곡식과 재물 창고가 있으니, 이것은 곧 왕이 백성들을 힘들게 하여 자기를 부양하도록 하는 것이니 어찌 어질 수가 있겠습니까?"

진상은 진량에게 유학을 배웠으나 허행을 만난 후 그가 생산 활동에 직접 뛰어드는 것을 보고 이전에 자신이 공부한 유학을 버리고 그를 따른다. 그들은 나라를 다스리는 사람이라도 생산 활동에 직접 뛰어들어야 한다는 생각을 가지고 있었고, 학문을 닦는다는 것은 직업이 아니라고 하였다. 현명한 사람은 백성과 더불어 함께 밭을 갈며 생활하고, 밥을 짓고 정치를 하는데, 등나라에는 곡식 창고와 재물 창고가 있으니, 이것은 곧 왕이 백성을 힘들게 하여 자기를 부양하도록 하는 것이니, 현명한 왕의 모습이 아니라는 것이다.

맹자가 허자에 관한 것을 진상에게 물었다

> 맹자왈 허자 필종속이후 식호 왈 연
> 孟子曰 許子는 必種粟而後에 食乎아 曰 然하다.
>
> 허자 필직포이후 의호 왈 부 허자 의갈
> 許子는 必織布而後에 衣乎아 曰 否라. 許子는 衣褐이니.
>
> 허자 관호 왈 관 왈해관 왈 관소
> 許子는 冠乎아 曰 冠이니라. 曰奚冠고 曰 冠素니라.
>
> 왈 자직지여 왈 부 이속역지 왈 허자
> 曰 自織之與아 曰 否라. 以粟易之라. 曰 許子는
>
> 해위부자직 왈 해어경 왈 허자
> 奚爲不自織고 曰 害於耕이니라. 曰 許子는
>
> 이부증찬 이철경호 왈 연
> 以釜甑爨하며 以鐵耕乎아 曰 然하다.
>
> 자위지여 왈 부 이속역지
> 自爲之與아 曰 否라. 以粟易之니라.

맹자가 물었다. "허자는 반드시 곡식의 씨앗을 심은 후에야 그것을 거두어 먹는가?" 진상이 대답하기를 "그렇습니다" 하였다. "그렇다면 허자는 반드시 삼베를 짠 후에야 옷을 지어 입는가?" "아닙니다. 허자는 갈옷을 입습니다." "허자는 관을 쓰는가?" "관을 씁니다" "어떤 관인가?" "흰 비단으로 만든 관을 씁니다" "자신이 직접 짠 것인가?" "아닙니다. 곡

식과 바꾼 것입니다" "그렇다면 허자는 왜 스스로 짜지 않는
가?" "농사에 방해가 되기 때문입니다" "허자는 가마솥과 시
루로 밥을 지으며 쇠붙이로 밭을 가는가?" "그렇습니다" "본
인이 직접 만든 것인가?" "아닙니다. 곡식을 주고 바꿉니
다."

맹자가 허자(허행)에 관해서 진상에게 묻자 맹자의 물음에 대한 그의
대답이다. 허자는 곡식의 씨앗을 직접 뿌려 거두고 곡식으로써 생활한
다. 그러나 옷이나 관 등은 곡식과 바꾸어 쓰고 밥을 지을 때에도 시루
나 솥을 자신이 손수 만든 것이 아닌 곡식과 바꾼 것을 쓴다고 한다.

이것은 허행을 만나 농가의 학설을 따르게 된 진상에게 깨우침을 주
기 위한 문답이다.

██옹기장이도 밭을 갈지 않는데 유독 천하를 다 스리는 자만이 밭을 갈아야 하는가?

이 속 역 계 기 자 불 위 려 도 야 도 야 역 이 기 계 기 역 속 자
以粟易械器者, 不爲厲陶冶 陶冶亦以其械器易粟者,

기 위 려 농 부 재
豈爲厲農夫哉

차 허 자 하 불 위 도 야 사 개 취 저 기 궁 중 이 용 지
且許子何不爲陶冶 舍皆取諸其宮中而用之

하 위 분 분 연 여 백 공 교 역 하 허 자 지 불 탄 번
何爲紛紛然與百工交易 何許子之不憚煩

왈 백 공 지 사 고 불 가 경 차 위 야
日 百工之事, 固不可耕且爲也

연즉치천하　독가경차위여　유대인지사
然則治天下는 獨可耕且爲與아. 有大人之事하고

유소인지사　차일인지신이백공지소위비
有小人之事하며 且一人之身而百工之所爲備하니,

여필자위이후　용지　시　솔천하이로야
如必自爲而後에 用之면 是는 率天下而路也라.

"곡식을 주고 농기구와 솥, 시루를 바꾸어와 사용하는 것이
옹기장이와 대장장이를 착취하는 것이 아니다. 옹기장이와
대장장이 역시 그들이 만든 그릇과 기구를 주고 곡식을 바
꾸어 가는 것이 어찌 농부를 가혹하게 대하는 것이겠는가?
허행은 왜 옹기장이와 대장장이 일은 직접 하지 않고 버려
놓고는 그 집안에서 그런 기구와 그릇을 모두 취해 사용하
는 것인가? 왜 직접 만들지 않고 바삐 백공들과 교역하면서
그 번거로움을 싫어하지 않는 것인가?"
진상이 대답했다. "백공의 일은 진실로 밭을 갈면서 동시에
해내기는 불가능합니다."
맹자가 말했다. "그렇다면 유독 밭을 갈고 또 천하를 다스리
는 것은 할 수 있다는 말인가? 정치가가 할 일이 있고, 일반
백성이 할 일이 있으며, 또 한 사람의 몸에 백공의 하는 일
이 갖추어져 있으니, 만약 반드시 자기가 만든 후에야 쓴다
면 이것은 천하 백성을 거느려 길에 바쁘게 왕래하게 하는
것이다."

진상이 한 사람이 동시에 여러 일을 할 수는 없다는 변명을 하자 맹
자는 그런데 왜? 천하를 다스리는 일만 밭을 갈면서 할 수 있는지 반
문한다.

사람은 저마다의 맡은 일이 있어 남을 다스리는 직책을 맡은 대인이 있고, 남을 위해 일을 해야 할 소인도 있다는 것이다. 그리고 대인에게 는 남을 다스리기 위해 온갖 사람의 일에 대한 지식을 지녀야 하기 때 문에 농사를 짓거나 할 틈이 없다는 것이다. 또 한사람의 몸에도 여러 사람의 손길이 필요한데 모든 사람을 다 자기 스스로 만들게 한다면 이 것은 천하 백성을 길거리에 내몰아 고생시키는 일이 될 것이라고 한다.

🅣 마음을 수고롭게 하는 자와 힘을 수고롭게 하 는 자

> 고　왈혹노심　혹노력　노심자　치인
> 故로 曰或勞心하고 或勞力하니 勞心者는 治人하며,
>
> 노력자　치어인　치어인자　식인
> 勞力者는 治於人이니. 治於人者는 食人하고
>
> 치인자　식어인　천하지통의야
> 治人者는 食於人이 天下之通義也니라.
>
> 그런 까닭에 '혹은 마음을 수고롭게 하며, 혹은 힘을 수고롭 게 하니, 마음을 수고롭게 하는 사람은 남을 다스리고, 힘을 수고롭게 하는 사람은 남에게 다스림을 받는다'고 했으니, 남에게 다스림을 받는 사람은 남을 먹이고, 남을 다스리는 사람은 남에게 얻어먹는 것이 천하에 모두 통하는 의리이다.

직업에 귀하고 천함이 없다는 식의 이야기가 나온 것은 그리 오래 되지 않았다. 정신 노동과 육체 노동이 나뉘어져 분업이 강조되기는 하였으나, 이에 대한 가치가 똑같지는 않았다. 당시의 분업은 봉건적

인 신분의 차이에 따른 통치를 정당화하기 위한 것이었다. 그러므로 맹자는 생산 활동을 이끌어야 할 지위에 있는 지배층은 손수 농사를 지을 틈이 없다고 하였다. 왜냐하면 많은 수를 위한 계획을 세우다 보면 자신이 생산 활동에 직접 뛰어들 틈이 없기 때문이라는 것이다.

■ 요왕 때에는 천하가 아직 평온하지 못했다

당 요 지 시　　천 하 유 미 평　　홍 수 횡 류
當堯之時하여　天下猶未平하여　洪水橫流하여,

범 람 어 천 하　　초 목 창 무　　금 수 번 식
氾濫於天下하여　草木暢茂하며　禽獸繁殖이라,

오 곡 부 등　　금 수 핍 인　　수 제 조 적 지 도
五穀不登하며　禽獸偪人하여　獸蹄鳥跡之道가

교 어 중 국　　요 독 우 지　　거 순 이 부 치 언
交於中國이어늘, 堯獨憂之하사 擧舜而敷治焉이시어늘,

요왕 시대를 당하여, 천하가 아직도 평정되지 못해서 홍수가 멋대로 흘러 천하에 범람하여 초목이 번창하고 무성하며 짐승이 번식했던지라, 오곡이 자라지 못하며 짐승들이 사람을 핍박하여 짐승의 발자국과 새 발자국의 흔적이 온 나라에 교차하거늘, 요왕이 홀로 그것을 근심하셔서 순으로 하여금 다스리게 하시니,

중국의 문명 사회를 이룩한 여러 왕들의 업적을 말하면서 그들이 농사를 짓지 않으려고 한 것이 아니라 온 백성을 편안하게 하기 위하여 일을 하다가 농사지을 틈이 없었다는 식으로 이야기한다.

물길이 제대로 갖추어지지 않아 온 세상에 물이 넘쳐 흐르고, 짐승이 사람 사는 곳까지 들어와 새끼를 퍼뜨리고, 온갖 잡초가 곡식과 함께 섞여 자라서 곡식이 제대로 자라지 못하던 문명 이전의 어지럼 속에서 요왕은 자신의 정신 노동을 통하여 문명을 이룩했다. 일종의 황무지를 개척한 셈인데 이렇게 하느라 직접 농사에 뛰어들 수 없었다는 것이 맹자의 말이다.

🐾우왕은 강물의 막힌 곳을 뚫어 물이 제대로 흐르게 하였다

순　사익장화　　익　열산택이분지
舜이 使益掌火하신대 益이 烈山澤以焚之하여

금수도닉　　　우소구하　　약제탑이주저해
禽獸逃匿이어늘, 禹疏九河하며 蕅濟漯而注諸海하시며

결여한　　배회사이주지강　　연후
決汝漢하며 排淮泗而注之江하시니 然後에

중국　가득이식야　　당시시야　　우팔년어외
中國이 可得而食也하니, 當是時也하여 禹八年於外에

삼과기문이불입　　수욕경　　득호
三過其門而不入하시니, 雖欲耕이나 得乎아.

순이 익에게 불을 맡게 하니 익이 산이나 못 지대를 태우자 짐승들이 달아나 숨었다. 우왕은 아홉 강물의 막힌 데를 뚫어 제수와 탑수의 물줄기를 터서 바다로 흘러가도록 했으며, 여수와 한수를 트고 회수와 사수를 터서 양자강으로 흘러가게 한 후에야 중국이 곡식을 먹을 수가 있었다. 이 때를 당하여 우왕이 8년 동안 밖에 있으면서 자기 집 앞을 세 번이나

지나면서도 들어가지 못했으니, 비록 밭을 갈고자 하나 그
렇게 될 수 있었겠는가?

익도 순의 명령을 받아 산과 못 지대를 개간하느라 바빴고, 우왕은
물을 다스려 중원 지방 사람들이 안정된 생활을 하게 만들었다.

그러는 동안에 우왕은 자기 집 앞을 지나면서도 집 안으로 들어가지
않았으니 그것은 백성들을 위하여 물을 다스리기 위해 열중했기 때문
이었다.

이처럼 자기 가정도 돌보지 못할 정도로 바빴던 상태에서는 농사지
을 틈도 없었다는 것이다.

🦎 후직이 농사를 가르치고 설이 인륜을 가르치다

后稷이 敎民稼穡하여 樹藝五穀한대 五穀이

熟而民人育하니, 人之有道也에 飽食煖衣하여

逸居而無敎이면 則近於禽獸일새, 聖人이 有憂之하여

使契爲司徒하여 敎以人倫하시니, 父子有親하며

君臣有義하며 夫婦有別하며 長幼有序하며 朋友有信이니라.

후직이 백성들에게 밭 갈고 씨 뿌리는 것을 가르쳐서 오곡을
심고 가꾸게 하자 오곡이 자라면서 백성이 잘 길러졌다. 사람

에게는 도리가 있는데 배부르게 먹고 따뜻하게 입어서 편하게 살기만 하고 가르치지 않는다면 짐승과 가까워진다. 이 때문에 성인이 이것을 근심하셔서 설을 사도로 삼아 인륜을 가르치게 했으니 아버지와 아들 사이에는 서로 친함이 있으며, 왕과 신하 사이에는 의리가 있으며, 남편과 아내 사이에는 분별이 있으며, 어른과 어린아이 사이에는 순서가 있으며, 벗 사이에는 믿음이 있는 것이다.

후직은 백성들에게 씨 뿌리는 법을 가르쳐 수확을 늘렸고, 그로 인해 그들의 생활은 더욱 안정되었다. 그런 후에 설에게 사도라는 벼슬을 주어 백성들을 가르치게 하였다. 우리가 알고 있는 삼강 오륜의 오륜이 바로 그것이다. 오륜은 사람이 지켜야 할 다섯 가지의 도리를 말하는데, 아버지와 아들 사이의 친함, 왕과 신하 사이의 의리, 남편과 아내 사이의 분별, 어른과 어린아이 사이의 순서, 친구 사이의 믿음과 의리가 그것이다.

▓ 백성을 근심하느라 농사지을 틈이 없었다

放勳日 勞之來之하며 匡之直之하며 輔之翼之하여

使自得之하고 又從而振德之라 하시니.

聖人之憂民이 如此하니 而暇耕乎아.

방훈(요임금)이 말하기를 '위로하고 오게 하며 바로잡아 주고 펴 주며 도와주고 보좌하여 <u>스스로</u> 얻게하고 또 이에따라 덕을 구하라'고 하셨으니 성인이 백성을 근심하는 것이 이와 같으니 어느 겨를에 밭을 갈겠는가?

맹자는 방훈(요임금)이 피곤한 사람을 위로해 주고, 옳지 못한 사람을 바로잡아 주고 백성이 일을 잘할 수 있도록 조건을 마련해 주며 저마다 하늘이 준 착한 본성을 얻도록 도와 주는 일을 해야 한다고 가르치면서 자신도 그것을 몸소 실천했다. 백성의 삶에 대해 걱정하는 가운데 다른 일을 할 수 없었으니, 농사짓는 것 또한 할 수 없었음을 밝히고 있다.

▓하는 일에 따라 근심도 다르다

요　　이 부 득 순　　위 기 우
堯는 以不得舜으로 爲己憂하시고,

순　　이 부 득 우 고 요　　위 기 우
舜은 以不得禹皐陶로 爲己憂하시니,

부 이 백 무 지 불 이　　위 기 우 자　　농 부 야
夫以百畝之不易로 爲己憂者는 農夫也니라.

요는 순을 얻지 못 할 것을 자기의 근심거리로 삼았고, 순은 우와 고요를 얻지 못 할 것을 자기의 근심거리로 삼았으니, 백 무가 잘 다스려지지 못함을 자기의 근심거리로 삼는 사람은 농부이다.

저마다 자신의 맡은 일이 있으니, 요는 순과 같은 성인을 만나 정치를 돕도록 하지 못하는 것을 근심했고, 순은 우와 고요를 만나지 못한 것을 근심으로 삼았으며, 농부는 자신이 농사짓는 땅이 잘 다스려지지 않는 것을 근심했다고 한다.

천하 백성을 위해 인재를 얻는 것이 어렵다

> 분인이재   위지혜   교인이선   위지충
> **分人以財**를 **謂之惠**요, **敎人以善**을 **謂之忠**이요,
>
> 위천하득인자   위지인   시고   이천하여인
> **爲天下得人者**를 **謂之仁**이니, **是故**로 **以天下與人**은
>
> 이   위천하득인   난
> **易**요, **爲天下得人**은 **難**이니라.
>
> 남에게 자신의 재물을 나누어 주는 것을 혜라고 하고, 남에게 착한 일을 가르쳐 줌을 충이라 부르고, 천하 백성을 위하여 인재를 얻는 것을 인이라고 하니, 이런 까닭으로 천하를 남에게 주는 것은 쉽고, 천하 백성을 위하여 인재를 얻는 것은 어려운 것이다.

인이라는 말은 온 천하 백성을 위하여 인재를 얻는 것을 말한다. 그리고 남에게 물건을 갖는 방법을 가르쳐 주는 것이 남에게 물건을 주는 것보다 어렵듯이 천하를 위하여 인재를 구하여 쓰는 것이 천하를 주는 것 보다 더욱 어려운데, 옛날의 성인은 바로 그러한 걱정 때문에 농사지을 틈이 없었다는 것이다. 남에게 고기를 잡아 주는 것보다 고기 잡는 법을 가르쳐 주는 것이 더욱 이로울 것이다. 성인은 이렇게 올

바르게 사는 방법을 가르쳤다.

█요와 순은 밭을 가는 것보다 천하를 다스리는 데 마음을 썼다

공자왈 대재　요지위군　유천위대
孔子曰 大哉로다, 堯之爲君이여 惟天爲大시어늘,

유요칙지　탕탕호민무능명언　군재
惟堯則之하시니 蕩蕩乎民無能名焉이로다. 君哉라.

순야　외외호 유천하이불여언　요순지
舜也여. 巍巍乎 有天下而不與焉이라 하시니. 堯舜之

치천하　기무소용기심재　역불용어경이
治天下에 豈無所用其心哉리오마는 亦不用於耕耳시니라.

공자가 말했다. "위대하도다. 요의 왕 노릇을 하심이여. 오직 하늘이 위대하신대 요가 이것을 본받으셨으니, 그의 덕이 넓고도 커서 백성들이 덕을 나타낼 수가 없도다. 왕답구나, 순이여. 그 덕이 높고 커서 천하를 가지고도 누리지 않으셨으니 요와 순이 천하를 다스리심에 어찌 마음을 쓰신 바가 없으리오만 밭을 가는 데에는 마음을 쓰지 않으셨다."

요와 순은 공자가 따를 정도로 넓고 큰 덕을 지녔지만 그들이 직접 농사를 지은 것은 아니었다. 이것은 다시 말하여 농사를 짓는다고 하여 백성을 위하는 일의 전부라고 할 수 없다는 것이다.

진상형제가 배신을 하는구나

오 문 용 하 변 이 자　　미 문 변 어 이 자 야　　진 량
吾聞用夏變夷者요 未聞變於夷者也라. 陳良은

초 산 야　　열 주 공 중 니 지 도　　북 학 어 중 국
楚産也니 悅周公仲尼之道하여 北學於中國이어늘,

북 방 지 학 자　　미 능 혹 지 선 야　　피 소 위 호 걸 지
北方之學者가 未能或之先也하니 彼所謂豪傑之

사 야　　　자 지 형 제 사 지 수 십 년　　　사 사 이 수 배 지
士也라, 子之兄弟事之數十年이라가 師死而遂倍之온여.

나는 중화의 가르침을 써서 오랑캐를 변화시켰다는 말은 들었어도 오랑캐에게서 변화당했다는 말은 듣지 못했다. 진량은 초나라에서 태어난 사람이니 주공과 공자의 도를 좋아하여 북쪽으로 중국에 가서 공부했는데, 북쪽의 학자들이 혹시나 그보다 앞선 자가 없었으니 그는 이른바 호걸의 선비라는 것이다. 그대의 형제가 그를 섬기기를 수십 년 동안하다가 스승이 죽자 마침내는 배신하는구나.

진량은 문화가 뒤떨어진 초나라에 태어나서 중원을 와서 유학을 공부하여 당시 중원 지방에 살던 사람을 앞지를 정도의 학식을 쌓았다. 그러나 진상형제는 자기의 스승인 진량이 죽은 후 자기가 배운 학문을 포기하고 허행을 따랐으니 비판을 받기에 충분했던 것이다.

자공은 스승인 공자의 앞에서 3년을 지냈다

석 자 공 자 몰   삼 년 지 외   문 인
昔者에 孔子沒하시거늘, 三年之外에 門人이

치 임 장 귀   입 읍 어 자 공   상 향 이 곡
治任將歸할새 入揖於子貢하고, 相嚮而哭하여

개 실 성 연 후 귀   자 공   반   축 실 어 장
皆失聲然後歸어늘, 子貢은 反하여 築室於場하여,

독 거 삼 년 연 후 귀
獨居三年然後歸하니라.

옛날에 공자가 죽자 3년이 지난 다음에 문인들이 장차 짐을
챙겨 고향으로 돌아갈 때에 자공의 집에 들어가서 읍하고
서로를 향하여 곡하고, 모두 목이 쉰 다음에야 돌아갔거늘,
자공은 다시 돌아와서 묘 앞에 초막을 짓고 홀로 3년을 지
낸 뒤에 집으로 돌아갔다.

3년상이란 자신을 낳아 주고 길러 준 부모에 대한 사랑의 보답이다.
부모가 세상을 떠나면 장례를 치른 후에 무덤 옆에 움막을 짓고 3년
동안 무덤을 보살피는 것은 바로 이의 보답인 것이다. 진상형제가 스
승이 죽자마자 자기의 학문을 그만둔 것을 말하면서 공자 문인의 이야
기를 끌어들인 것은 자신을 길러 준 사람에 대한 기본 도리도 하지 않
은 행위임을 드러내기 위한 것이라고 할 수 있다.

📛증자는 스승에 대한 도리를 지켰다

타일   자하자장자유   이유약사성인
他日에 子夏子張子游가 以有若似聖人이라 하여

욕이소사공자   사지   강증자   증자왈불가
欲以所事孔子로 事之하여 彊曾子한대 曾子曰不可라,

강한이탁지   추양이폭지   호호호불가상이
江漢以濯之하며 秋陽以暴之라 皜皜乎不可尙已라 하시니라.

훗날에 자하·자장·자유가 유약이 공자와 닮았다고 하여 공
자를 섬기던 예로써 그를 섬기려고 하여 증자에게 강요하니,
증자는 '그렇게 할 수 없다. 스승의 인격은 양자강과 한수(漢
水)로써 씻고 가을의 햇볕으로 쬐는 것과 같아서 너무 희어서
무엇을 더할 수 없다'라고 하였다.

공자의 제자였던 유약이 공자와 모양이 닮았다고 하여 공자가 죽은
후에 공자의 다른 제자로부터 그와 비슷한 대우를 받게 되었다. 공자
의 제자들이 이러한 의론을 할 때 증자는 공자의 인격을 많은 물로 깨
끗하게 빤 하얀 베옷과 가을 햇살에 쬐어 말린 것에 비유하면서 공자
는 그 어떤 사람과도 닮을 수 없을 것이라고 하여 공자를 섬기던 예로
유약을 섬기자는 뜻을 거절한다.

그대는 증자와 다르다

금야　남만격설지인　비선왕지도
今也에 南蠻鴃舌之人이 非先王之道어늘,

자배자지사이학지　역이어증자의
子倍子之師而學之하니 亦異於曾子矣로다.

지금에 남만의 왜가리 소리를 내는 사람은 선왕의 도가 아니
거늘 그대가 스승을 배반하고 이를 배우니 또한 증자와는 다
르다.

격설이란 야만인이 알아들을 수 없이 지껄이는 말을 왜가리소리로
비하한 것인데 이를 허행에 비유하고 진상의 행위를 증자와 비교한다.
공자를 우러러 보았던 증자와 달리 유학을 쉽게 버리고 농가를 따랐던
진상의 행위는 맹자에게 비판받을 이유가 충분했다.

새는 밝은 곳에서 어두운 곳으로 날아가지 않는다

오문출어유곡　천우교목자　미문하교목
吾聞出於幽谷하여 遷于喬木者요, 未聞下喬木

이입어유곡자
而入於幽谷者로다.

나는 깊은 골짜기에서 나와 높은 나무로 옮겨 간다는 소리는
들었으나, 높은 나무에서 내려와 깊은 골짜기로 들어간다는
말은 듣지 못했다.

발전을 위해서 어떤 일을 꾀하는 경우는 있어도 후퇴를 위해 어떤 일을 꾀하는 경우는 없었다고 하면서 진량이 초나라에서 중원에 온 것은 자신의 발전을 위한 것인데, 지금 허행의 학문을 따르기 위해 이전에 배운 올바른 학문을 그만둔 진상의 행위는 문명인이 야만인으로 되고자 뒤로 물러나는 행위로, 이런 예는 아직 없었던 것이라고 하며 진상의 행위를 강하게 나무란다.

문명하지 못한 것에서 배움을 찾지 마라

노송왈　　융서시응　　　형서시징　　　주공
魯頌曰 戎狄是膺하고 荊舒是懲이라하니 周公이

방차응지　　　　자시지학　　　역위불선변의
方且膺之이어늘 子是之學하니 亦爲不善變矣로다.

《시경》「노송(魯頌)」에 이르기를 '융과 적을 치고 형과 서를 응징하라'라고 하니 주공도 바야흐로 이들을 응징했거늘, 그대는 이들을 배우니 또한 제대로 변화하지 못하는 것이다.

주공을 중국 문명을 대표하는 인물로 야만을 응징하였다. 그런데 진상은 거꾸로 문명하지 못한 것을 배운다고 나무란다.

허자에 따르면 한 종류의 물건에 가격이 두 가지가 될 수 없다

종허자지도 즉시가불이 국중 무위
從許子之道면 則市賈不貳하여 國中이 無爲하여

수사오척지동 적시 막지혹기 포백장단동
雖使五尺之童 適市라도 莫之或欺니, 布帛長短同이면

즉가상약 마루사서경중 동 즉가상약
則賈相若하며, 麻縷絲絮輕重으로 同이면 則賈相若하며,

오곡다과동 즉가상약 구대소동 즉가상약
五穀多寡同이면 則賈相若하며, 屨大小同이면 則賈相若이니라.

진상이 말했다. "허자의 도를 따르면 시장의 물건 가격이 두 가지가 아니어서 나라 안에 거짓이 없게 되어, 비록 오척 동자가 시장에 물건을 사러 가더라도 혹시라도 그 아이를 속이는 자는 없을 것입니다. 비단의 길이가 같다면 가격이 같을 것이며 삼실과 생사와 솜의 무게가 같다면 가격이 서로 같으며, 오곡의 양이 같다면 가격이 서로 같으며, 신발이 크기가 같으면 값이 서로 같습니다."

허자는 모든 사물은 가치가 같은 것이므로 시장 가격을 같게 정한다면 손님을 속이는 일이 없어질 것이니 사회가 안정될 것이라고 한다. 이것을 달리 말한다면 모든 노동의 가치가 그 일의 능숙한 정도나 기술의 정도에 관계가 없이 일정하다는 식의 풀이가 가능하다.

물건의 값을 똑같게 매기려고 하는 것은 천하를 어지럽히는 일이다

왈 부물지부제 물지정야 혹상배사
曰 夫物之不齊는 物之情也니 或相倍徙하며,

혹상십백 혹상천만 자비이동지
或相什百하며 或相千萬이어늘 子比而同之하니

시란천하야 거구소구동가 인기위지재
是亂天下也로다. 巨屨小屨同賈이면 人豈爲之哉리오.

종 허 자 지 도 상 솔 이 위 위 자 야 오 능 치 국 가
從許子之道면 相率而爲僞者也니 惡能治國家리오.

맹자가 말했다. "물건이 똑같지 않는 것은 물건의 성질이니 값의 차이가 배가 되고 혹은 10배가 되고 백 배가 되며, 혹은 천 배가 되고 만 배가 되거늘 그대가 이것을 나란히 하여 똑같이 하려고 하니, 이것은 천하를 어지럽게 하는 것이다. 만일 큰 신발과 작은 신발의 값이 같다면 사람들이 왜 큰 신발을 만들겠는가? 허자의 도를 따른다면 서로 이끌고서 거짓된 곳으로 몰고 가는 것이니 어떻게 나라를 다스릴 수 있겠는가?"

맹자는, 물건의 값이 다를 수밖에 없는데 그 값을 똑같이 매기려고 하는 것은 오히려 사회를 어지럽히는 일이라고 한다. 어려운 일을 하는 사람에게 많은 재물이 주어지는 것은 당연한 것이다. 따라서 농사를 짓는 일이 나라를 다스리는 일만큼 어렵지 않으므로 어려운 일을 하는 벼슬아치는 그에 알맞은 녹봉을 받을 권리가 있는 것이고, 그러한 녹봉을 받는 것은 결코 탐욕스러운 일이 아니라는 주장과도 통하게 된다.

등문공장구

藤文公章句

一 하 一

6

06 등문공장구 -하-
藤文公公章句

법도에 맞지 않더라도 일단 현실정치에 뛰어들 것을 권하는 진대에게 맹자는 반드시 지켜야 할 절개에 관해 사냥터 관리인과 말몰이꾼의 이야기를 하며 자기를 굽히어 남을 곧게 피게 하는 것은 불가능하다고 주장한다. 이와 반대로 이룰 수 없는 절개에 대한 이야기로 진중자에 대한 이야기도 소개된다.

🐾한 자를 굽혀 여덟 자를 편다

진대왈 불견제후   의약소연
陳代日 不見諸侯가 宜若小然하니이다.

금일견지   대즉이왕   소즉이패   차지
今一見之하시면 大則以王이요 小則以覇이다. 且志에

왈 왕척이직심   의약가위야
日 枉尺而直尋이라 하니 宜若可爲也이로소이다.

진대가 말했다. "선생님께서 제후를 만나지 않으시는 것은 작은 일에 구애되는 것 같습니다. 이제 한 번 만나 보신다면 크게는 왕도를 이루고, 작게는 패자를 이룰 것입니다. 또 옛 기록에 '한 자를 굽혀 여덟 자를 편다'고 했으니 선생님께서 제후를 만나실 만한 일인 것 같습니다."

진대는 도에 맞지 않는 부름에 응하지 않는 맹자에게 큰 것을 위해 작은 것을 버릴 수 있지 않겠느냐고 하면서 제후를 도와 정치를 할 것을 권한다.

공자는 마땅한 부름이 아니면 가지 않았다

맹자왈 석제경공   전   초우인이정
孟子曰 昔齊景公이 田할세 招虞人以旌한대

부지   장살지   지사   불망재구학
不至어늘 將殺之러니, 志士는 不忘在溝壑하고,

용사   불망상기원   공자   해취언   취비기초불왕야
勇士는 不忘喪其元이니, 孔子는 奚取焉고, 取非其招不往也시니

여부대기초이왕   하재
如不待其招而往에는 何哉리오.

맹자가 말했다. "옛날에 제나라 경공이 사냥 할 때 우인(사냥터 관리인)을 깃발로 불렀는데 오지 않거늘 앞으로 그를 죽이려고 했었다. 이에 공자는 '지사는 도랑에 버려지는 것을 잊지 않고 용사는 자기 머리를 잃는 것을 잊지 않는다' 고 했으니 공자는 그(우인)에게서 어떤 점을 취하셨는가? 예법에 맞지 않는 부름이 아니라면 가지 않았던 것을 옳게 여기신 것이니 만일 내가 예법에 맞는 부름을 기다리지 않고 간다면 어떠하겠는가?'

맹자가 그 때 제후를 도와 정치를 하지 않은 것은 공자의 정치관에 따른 것이었다. 그는 벼슬할 만하면 벼슬하되 그렇지 못하면 벼슬길에 나아가지 않는 것이 바람직하다고 믿고 있었다. 그러한 맹자에게

전국 시대 때의 정치 상황은 도의가 행해지지 않는 것으로 그가 바라는 세계가 아니었다. 아울러 그 때의 제후들이 자신을 올바른 도로 부르지 않고 있기에 그는 벼슬길에 나아가지 않았던 것이다.

♣큰 것을 버리고 작은 것을 취할 수도 있는가?

차 부 왕 척 이 직 심 자   이 리 언 야
且夫枉尺而直尋者는 **以利言也**이니,

여 이 리   즉 왕 심 직 척 이 리   역 가 위 여
如以利면 **則枉尋直尺而利**라도 **亦可爲與**아.

또 한 자를 굽혀 한 길을 편다는 것은 이익을 말한 것인데, 만약 이익을 말한다면 한 길을 굽혀 한 자를 펴서 이로움이 있더라도 또한 하겠는가?

맹자는 대를 위해 소를 희생할 수도 있다는 진대의 말이 이익을 내세울 때에나 가능하다고 하면서 이익을 목적으로 한다면 소를 위해서 대를 희생할 수도 있느냐는 반대 의견을 내놓는다.

♣말을 모는 사람도 법도에 맞지 않으면 부끄러워 했다

석 자   조 간 자 사 왕 량   여 폐 해 승
昔者에 **趙簡子使王良**으로 **與嬖奚乘**한대,

종 일 이 불 획 일 금   폐 해 반 명 왈   천 하 지 천 공 야
終日而不獲一禽하니, **嬖奚反命曰 天下之賤工也**러이다.

^{혹 이 고 왕 량}　　^{양 왈 청 부 지}　　　^{강 이 후　　가}
或以告王良하니 良曰請復之하리라. 彊而後에 可하거늘

^{일 조 이 획 십 금}　　^{폐 해 반 명 왈　천 하 지 양 공 야}
一朝而獲十禽하고 嬖奚反命曰 天下之良工也이니이다.

^{간 자 왈　아 사 장 여 녀 승}　　　^{위 왕 량}
簡子曰 我使掌與女乘하리라 하고 謂王良한대.

옛날에 조간자가 왕량에게 자기가 아끼는 신하인 해와 함께 수레를 타고 사냥하도록 했는데 하루 종일 한 마리의 짐승도 잡지 못하고 해가 돌아와 보고하기를 '천하에 값어치가 없는 말몰이꾼이었습니다' 라고 했다. 어떤 사람이 이 사실을 왕량에게 알리자 왕량이 다시 하자고 청했으나, 승낙하지 않다가 후에야 다시 승낙했다. 이번에는 아침 나절에만 열 마리의 짐승을 잡고는 해가 보고하기를 '천하에 훌륭한 말몰이꾼입니다' 라고 하니 조간자가 말하기를 '내가 그를 너와 함께 수레를 타게 하겠다' 하고 왕량에게 이 말을 일렀다.

이 이야기를 통해 맹자는 그 때의 상황을 비웃는다. 정상적인 방법으로 말을 모는 왕량과 수레에 탄 조간자의 신하는 왕도 정치를 행하고자 하는 맹자와 패도 정치를 행하려고 하는 전국의 제후로 비유될 수 있다. 정상적인 방법을 통해 하루 종일 사냥을 해도 한 마리의 짐승도 잡지 못했다는 것은 그때 정치권의 편법이 함부로 행해지고 있음을 드러내는 것이라 할 수 있다.

🐾자기 몸을 굽혀 남을 곧게 펴는 경우는 없다

양불가 왈 오위지범아치구 종일불획 일위지궤우 일조이획십

良不可 日 吾爲之範我馳驅 終日不獲 一爲之詭遇 一朝而獲十

시 운 불실기치 사시여파 아불관여소인승 청사

詩云 不失其馳 舍矢如破 我不貫與小人乘, 請辭

어 자 차 수 여 사 자 비 비 이 득 금 수

御者도 且羞與射者比하여 **比而得禽獸**가

수 약 구 릉 불 위 야 여 왕 도 이 종 피 하 야

雖若丘陵이나 **弗爲也**하니 **如枉道而從彼**엔 **何也**오

차 자 과 의 왕 기 자 미 유 능 직 인 자 야

且子過矣로다 **枉己者**가 **未有能直人者也**니라.

수레몰이꾼 왕량이 불가하다고 하면서 말했다. 제가 그를 위해 수레를 법도에 맞게 모니 종일토록 한 마리도 잡지 못했습니다. 그러나 한번 그를 위해 속임수로 수레를 몰아 사냥거리를 만나게 해주니 하루 아침에 열 마리를 잡았습니다.

시경에 말하기를 '수레몰이가 법도에 어긋나지 않으니 화살을 쏘는 것이 격파하는 듯하다' 했습니다. 저는 소인과 함께 타는 법도를 익히지 못했으니 함께 타는 것을 사양하기를 청합니다.

말을 모는 사람도 활을 쏘는 사람과 법도에 어긋나게 하는 것을 부끄러워하여 짐승을 비록 구릉처럼 많이 잡더라도 그렇게 하지 않았으니, 선비가 도를 굽혀 따른다면 어떠하겠는가? 또한 그대가 지나치도다. 자기 몸을 굽혀 남을 곧게 펴는 경우는 아직 없었다.

맹자가 이 이야기한 것은 말을 모는 사람도 자신의 도를 지키는데

자신은 말할 것도 없지 않느냐는 것을 깨우쳐 주기 위함이며, 아울러 자신이 바르고 난 다음에야 남을 바르게 이끌 수 있다는 보통의 진리를 새삼 강조하기 위한 것이다.

🈁 진중자는 옳지 않은 것은 절대로 손을 대지 않았다

> 광장왈 진중자 기불성염사재 거오릉
> 匡章曰 陳仲子는 豈不誠廉士哉리오. 居於陵할새
>
> 삼일불식 이무문 목무견야
> 三日不食하여 耳無聞하며 目無見也이니,
>
> 정상유리 조식실자과반의 포복왕장식지
> 井上有李 螬食實者過半矣어늘, 匍匐往將食之하여,
>
> 삼인연후 이유문 목유견
> 三咽然後에야 耳有聞하고 目有見하니라.
>
> 광장이 말했다. "진중자는 어찌 청렴한 선비가 아니겠습니까? 오릉땅에 거처할 때에 3일 동안 아무것도 먹지 못해 귀에는 아무것도 들리지 않고 눈에는 아무것도 보이지 않더니 우물가에 벌레가 반이 넘게 먹은 오얏이 있거늘 엉금엉금 기어가 그것을 집어먹고 세 차례나 삼킨 후에야 귀에 들리는 것이 있었고, 눈에 보이는 것이 있었습니다."

광장이 하는 이야기는 진중자의 결백함이다. 오릉이라는 곳은 그가 세상의 옳지 못한 것을 벗어나기 위해 옮겨 간 곳이다. 그 곳에서 3일 동안 아무것도 먹지 않았다는 것은 재물에 대한 아무런 욕심도 없었다는 것을 드러내기 위한 것이다. 자신의 의식을 잃을 정도로 막다른 상태에까지 이르렀음에도 진중자는 옳지 않다고 여겨지는 음식에는 손을 대지 않았다는 것을 말하고 있다.

진중자의 지조는 불가능하다

<blockquote>

맹자왈　어제국지사　오필이중자　　위거벽언
孟子曰　於齊國之士에 吾必以仲子로　爲巨擘焉이어니와,

수연　　　중자오능렴
雖然이나 仲子惡能廉이리오.

충중자지조　　즉인이후　　가자야
充仲子之操면　則蚓而後에　可者也니라.

맹자가 말했다. "제나라의 선비 가운데 나는 반드시 중자를 으뜸으로 여기나 그가 어찌 청렴하다고 할 수 있겠는가. 중자의 지조를 채우려면 지렁이가 된 후에야 가능할 것이다."

</blockquote>

맹자가 하고자 하는 말은 광장과 다른 것이다. 그는 진중자가 훌륭한 선비이지만 진중자가 생각하는 지조를 충족하는 것은 불가능 하고 이야기 한다.

피하는 것만으로 지조를 채울 수 없다

<blockquote>

부인　　상식고양　　하음황천　　중자소거지실
夫蚓은 上食槁壤하고 下飮黃泉하니,仲子所居之室은

백이지소축여　　　억역도척지소축여　　　소식지속
伯夷之所築與아　抑亦盜跖之所築與아. 所食之粟은

</blockquote>

백 이 지 소 수 여   억 역 도 척 지 소 수 여   시 미 가 지 야

伯夷之所樹與아 抑亦盜跖之所樹與아. 是未可知也로다.

지렁이는 위로는 마른 흙을 먹고 아래로는 누런 물을 마시
니 중자가 거처하는 집은 백이가 지은 것인가 아니면 도척
이 지은 것인가? 그가 먹는 곡식은 백이가 심은 것인가 아
니면 도척이 심은 것인가? 이것을 알 수 없구나.

맹자는 중자가 오릉으로 숨어 들어가 살고 있지만 어차피 그가 머무
르는 곳이나 그가 먹는 음식은 이 세상을 벗어날 수 없다고 말한다. 청
렴하다는 백이가 지은 것인지 악하다는 도척이 지은 집인지 알 수 없
다. 즉, 오릉이라도 인간의 테두리를 벗어나지 못한다는 것이다.

☗진중자는 스스로 만들어 생활하였다

왈   시 하 상 재   피 신 직 구   처 벽 로   이 역 지 야

日 是何傷哉리오, 彼身織屨하고 妻辟纑하여 以易之也니라.

광장이 말했다. "이것이 어찌 나쁠 것이 있겠습니까? 그는
몸소 신발을 만들고 아내가 길쌈을 하고 삼을 마련하여 곡식
을 바꾸어 먹습니다."

광장은 그러한 맹자의 이야기에 그 곳에서 자신이 장만하여 살고 있
으므로 해가 되지 않는다고 말한다. 이 부분은 광장의 생각과 맹자의
생각에 차이가 드러나는 곳이기도 하다.

진중자는 옳지 못하다고 형과 어머니도 피하였다

왈 중자 제지세가야 형대합록 만종 이형지록
日 仲子는 齊之世家也라, 兄戴 蓋祿이 萬鐘이러니, 以兄之祿으로

위불의지록이불식야 이형지실 위불의지실이불거야
爲不義之祿而不食也하며, 以兄之室로 爲不義之室而不居也하고,

피형 이모 처어오릉
辟兄이 離母하여 處於於陵이러니,

맹자가 말했다. "중자는 제나라의 권세 있는 집안 사람이다. 그의 형 대가 합이란 곳에서 받는 녹봉이 만 종이나 되었는데 형의 녹봉을 의롭지 못한 것이라고 하여 먹지 않았으며, 형의 집을 의롭지 못한 곳이라고 하여 살지 않고 형과 어머니를 피하여 떠나 오릉에서 살았는데,

진중자는 제나라의 권세 있는 집안의 자손으로 적지 않은 기반을 누리고 있었다. 그러나 형의 벼슬이 떳떳하지 못한 것이라고 하여 부모 형제를 떠나 오릉이라는 곳으로 숨었다. 이것을 맹자는 청렴하다고 칭찬하지 않는다. 왜 맹자는 진중자를 칭찬하지 않는가? 맹자에게 있어 자기를 수양하고 청렴하게 사는 이유는 자기를 통해 사회를 더욱 도덕적으로 만들기 위해서이다. 그런데 청렴 그 자체에만 몰입하게 되면 사회적으로 의미 없는 자기만족적인 행위가 되고 만다. 이는 사회적으로도 의미가 없고 자신에게도 진정한 수양이 아니라 마음의 조장이 되고 만다. 이렇게 의미 없는 청렴에 몰입하는 것은 청렴이 아니라 결벽증일 뿐이다.

진중자와 같은 지조는 지렁이가 된 후에야 채울 수 있다

타 일 귀   즉 유 궤 기 형 생 아 자
他日歸하니 則有饋其兄生鵝者어늘,

기 빈 축 왈   오 용 시 예 예 자 위 재
己頻顣曰 惡用是鶃鶃者爲哉리오,

타 일   기 모 살 시 아 야   여 지 식 지   기 형
他日에 其母殺是鵝也하여 與之食之러니, 其兄이

자 외 지 왈   시 예 예 지 육 야   출 이 와 지
自外至曰 是鶃鶃之肉也라 하니 出而哇之하니라.

이 모 즉 불 식 .   이 처 즉 식 지   이 형 지 실 즉 불 거
以母則不食하고 以妻則食之하며 以兄之室則弗居하고,

이 로 릉 즉 거 지
以於陵則居之하니라

시 상 위 능 충 기 류 야 호
是尚爲能充其類也乎아?

약 중 자 자   인 이 후 충 기 조 자 야
若仲子者는, 蚓而後充其操者也니라.

훗날에 집에 돌아오니 그의 형에게 산 거위를 선물한 사람이 있자 그는 이마를 찌푸리며 말하기를 '꽥꽥거리는 것을 어디에 쓰겠는가' 라고 하였다. 훗날에 그의 어머니가 이 거위를 잡아서 함께 먹었는데, 그의 형이 밖에서 돌아와서 이것이 바로 꽥꽥거리는 것의 고기라고 말하니 밖에 나가서 토해 버렸다."

어머니가 해준 음식은 먹지 않고 처가 해준 음식은 먹었다. 형의 집은 거주하지 않았고 오릉에서는 거주하였다.

이렇게 함으로써 오히려 그런 이상한 종류의 지조를 채운다는 말인가? 그렇다면 진중자와 같은 사람은 지렁이가 된 이후라야 비로소 그 지조라는 것을 채울 수 있을 뿐이오.

세상이 더러운데 자기만 홀로 깨끗해질 수는 없다. 세상을 깨끗하게 하려는 노력 없이 오직 자기 몸만 깨끗이 하려는 것은 부질없는 짓이다. 이 구절은 청렴의 본래 의미를 상실하고 청렴과 결벽증을 혼동한 후대 선비들에게 경종을 알리는 글이기도 한다.

이루장구

離婁章句

— 상 —

7

도를 수행하는데 필요한 자세는 무엇인가 ? '물이 맑
거든 갓끈을 빨고 물이 흐리면 발을 씻는다.' 이것은
물이 스스로 취하는 것이다. 물이 깨끗하기 때문에
갓끈을 빨게 된 것이다. 즉, 모든 결과는 자기 스스로
에서 발생하는 것이라는 이 은유는 도를 수행하는 데
필요한 자세에 관한 것이다. 이어 예의와 권도를 구
별하고 천하를 구하는 방법은 오직 정도이지 권도로
는 불가능함을 주장한다.

남이 잘 다스려지지 않거든 자기의 지혜로움에 대하여 반성하라

맹자왈 애인불친   반기인   치인불치
孟子曰 愛人不親이어든 反其仁하고, 治人不治어든

반기지   예인부답   반기경
反其智하고, 禮人不答이어든 反其敬이니라.

맹자가 말했다. "남을 사랑해도 친하게 되지 않거든 인을 돌
이켜보고, 남을 다스려도 잘 다스려지지 않으면 지혜를 돌
이켜보고, 남에게 예를 해도 답례가 없으면 자기의 공경함
을 돌이켜보아야 한다."

모든 일이란 원인이 있어야 결과가 있는 것이고, 그 원인은 자기로

부터 비롯되는 것이 많다. '반구제기(反求諸己)'란 어떤 일의 결과는 그
원인이 자신으로부터 말미암는 것이므로 자신에게서 그 원인을 찾아
야 한다는 말이다. 자신은 남에게 잘했다고 생각하지만 남이 자신에게
대하는 태도가 여전히 친절하지 않다면 남을 탓하기 전에 자신을 되돌
아보아야 한다. 정치를 하는 자가 성심 성의껏 했다고 생각하지만 결
과가 그리 마음에 들지 않는 것은 다스림을 당하는 자의 마음에 들지
않기 때문이다. 모름지기 사람들은 이런 것을 잘 알아야 하는 것이다.

❀자신이 올바르다면 모든 사람이 따를 것이다

행 유 부 득 자　　개 반 구 저 기　　기 신 정 이 천 하 귀 지
行有不得者어든 皆反求諸己니, 其身正而天下歸之니라.

"행하고 얻지 못하거든 모두 자신에게 돌이켜서 찾아야 하
니, 자신의 몸이 바르게 되면 천하가 돌아오는 것이다"

　자신을 돌아보아 몸가짐을 올바르게 했다면 천하 백성들이 그의 올
바름을 인정하여 따를 것이라고 한다. 상대가 올바른데 잘못했다고 나
무랄 사람은 없지 않은가?

❀천명을 따라야 행복하다

시 운　영 언 배 명　　자 구 다 복
詩云 永言配命이 自求多福이라 하니라.

《시경》에 이르기를 '영원히 천명을 따르는 것이 스스로 많은 복을 구하는 길이다'라고 하였다

《시경》의 시는 이러한 사례를 보여 주는 것이다. 천도에 짝하는 사람은 그가 취한 방식이 이미 올바르기 때문에 저절로 복을 누리게 된다는 것이다. 시작이 올바른 사람은 결과도 항상 좋을 수밖에 없는 것이기 때문이다.

❀ 어질지 못한 사람과는 이야기할 수 없다

맹 자 왈 불 인 자　　가 여 언 재　　안 기 위 이 리 기 치
孟子曰 不仁者는 可與言哉아. 安其危而利其菑하여

낙 기 소 이 망 자　　　불 인 이 가 여 언　　　즉 하 망 국 패 가 지 유
樂其所以亡者하나니, 不仁而可與言이면　則何亡國敗家之有
리오.

맹자가 말했다. "어질지 못한 사람과 함께 이야기할 수 있겠는가. 위험스러운 것도 편안히 여기고 재앙을 이롭게 여겨 망하는 짓을 좋아한다. 어질지 못한 사람과도 더불어 이야기할 수 있다면 어찌 나라를 망하게 하고 집안을 패하게 하는 일이 있겠는가?"

어질다는 것은 맹자에게 여러 가지 뜻으로 사용되고 있다. 이들은 서로 다르나 대체로 도덕적으로 잘 갖추어져 있는 상태를 가리키는 것이라 할 수 있다. 여기에서 말하는 불인자는 도덕성을 그만둔 사람을

가리킨다. 도덕성을 그만둔 사람은 다른 사람이 대화를 통하여 올바른 길로 이끌 수 없는 사람이다. 그들은 무엇이 가치 있는 삶인지에 대한 판단을 잃어버렸기 때문에 올바른 도리를 말해도 받아들이지 않는 사람이다.

▨맑은 물에는 갓끈을 빨고 흐린 물에는 발을 씻는다

유 유 자 가 왈　창 랑 지 수 청 혜　　가 이 탁 아 영
有孺子歌曰 滄浪之水淸兮어든 可以濯我纓이요.

창 랑 지 수 탁 혜　　가 이 탁 아 족
滄浪之水濁兮어든 可以濯我足이라 하거늘,

어린아이가 노래하기를 '창랑의 물이 맑거든 내 갓끈을 빨 것이요, 창랑의 물이 흐리거든 내 발을 씻겠다'고 하거늘

사물은 자기가 지니고 있는 성질에 따라 취하는 방식이 달라진다. 다시 말하면 사물을 어떻게 받아들일지는 사물에 의해 결정되는 것이지 사람에 의해 결정되는 것이 아니다. 물은 같은 물인데 맑고 흐림에 따라 취하는 방식이 다른 것은 그 물의 성질에 차이가 있기 때문이다.

▨물이 맑고 흐린 것은 스스로가 취한 것이다

공 자 왈　소 자　　청 지　　　청 사 탁 영
孔子曰 小子야 聽之하라. 淸斯濯纓이요

탁 사 탁 족 의　　자 취 지 야
濁斯濯足矣로소니 自取之也라 하시니라.

공자가 말했다. "아이들아 저 노래를 들어 보아라. 물이 맑으면 갓끈을 빨고 물이 흐리면 발을 씻는것이니, 이것은 물이 스스로 취하는 것이다."

이것을 공자는 물 스스로가 상대를 선택한 셈이라고 설명한다. 다시 말해서 사람이 갓끈을 씻지 않고 발을 씻은 것은 갓끈을 씻을 정도로 깨끗하지 못했기 때문이다. 즉, 갓끈을 씻을지 발을 씻을 지는 사람이 아닌 물에 의해 정해지는 것이다.

◾세상의 모든 일은 자신에게서 비롯된다

부인　필자모연후　인모지　　가필자훼이후
夫人은 必自侮然後에 人侮之하고, 家必自毁而後에

인훼지　　국필자벌이후　인벌지
人毁之하고, 國必自伐而後에 人伐之하니라.

사람은 반드시 스스로 업신여긴 후에야 남들이 그를 업신여기며, 집안도 스스로가 훼손시킨 후에야 남들이 훼손시키며, 나라도 반드시 스스로 공격한 후에야 남들이 공격하는 것이다.

내가 먼저 나를 무시했으므로 남들도 나를 무시하는 것이고, 집안도 내 스스로 못쓰게 만들어야 남들이 따라서 못쓰게 만든다는 것이다. 나라 사이의 문제도 마찬가지이다. 자기 나라가 어떤 이유로 어지럽게 되면 다른 나라가 이를 틈타 침략을 꾀한다는 것이다. 자기 나라를 튼

튼하게 지키고 있으면 다른 나라가 아무런 이유도 없이 공격할 수가
없는 것이다.

✿스스로 불러들인 재앙은 피할 수 없다

태 갑 왈 천 작 얼   유 가 위   자 작 얼   불 가 활   차 지 위 야
太甲曰 天作孽은 猶可違어니와, 自作孽은 不可活이니 此之謂也
니라.

《태갑편(太甲)》에 이르기를 '하늘이 내린 재앙은 오히려 피
할 수 있지만 자신이 만든 재앙은 피하여 살 수 없다'고 했으
니 이것을 이르는 말이다.

   하늘이 내린 재앙이란 자연 재해를 말하는 것으로서 이것은 이겨 낼
수 있는 것이다. 그러나 자신이 만들어 낸 재앙은 이겨 낼 수가 없는데
그것은 자신의 마음 속에 있는 모순이 스스로 재앙을 만들었기 때문에
자신의 힘으로는 이겨 낼 수가 없는 상태에 이르렀음을 뜻하고 있다.

✿자포자기한 자와는 말하거나 함께 일할 수가 없다

맹 자 왈   자 포 자   불 가 여 유 언 야   자 기 자
孟子曰 自暴者는 不可與有言也요, 自棄者는

불 가 여 유 위 야   언 비 예 의   위 지 자 포 야
不可與有爲也니, 言非禮義를 謂之自暴也요,

오 신 불 능 거 인 유 의   위 지 자 기 야
吾身不能居仁由義를 謂之自棄也니라.

맹자가 말했다. "자신을 스스로 해치는 사람과는 더불어 이야기할 수 없고, 자신을 스스로 버리는 사람과도 함께 어떤 일을 할 수 없으니 말할 때에 예의를 비난하는 것을 자포라 이르고, 자신은 인에 머물거나 의를 따를 수 없다고 하는 것을 자기라고 한다."

자포는 예와 의를 비방하는 사람으로 스스로를 해치는 사람이고 자기는 인과 의를 따르지 않는 사람으로 스스로를 버리는 사람이다. 이런 사람과는 대화하거나 무엇을 같이 할 수 없다고 한다.

인은 집이고 의는 길이다

인   인 지 안 택 야   의   인 지 정 로 야
仁은 人之安宅也요 義는 人之正路也라.

인은 사람들의 편안한 집이고, 의는 사람들의 바른길이다.

인의에 대한 설명을 통해 인간이 좇아서 구해야 할 것이 무엇인지 말하고 있다. 사람이면 누구나 편히 쉴 집이 필요하다. 그리고 길을 가려면 가야 할 길과 그렇지 않은 길이 있다. 인의를 우리 일상 문제로 비유할 경우에 이렇다는 것이다. 인간에게는 누구에게나 편한 쉼터가 있어야 하고, 걸어가야 할 길이 있어야 하듯이 인의는 인간에게 가장 편안하고 바른 것이라고 말한다.

☯ 편안한 집을 비우고 바른길을 버리니 안타깝다

광안택이불거　　　사정로이불유　　애재
曠安宅而拂居하고 舍正路而不由하니 哀哉라.

편안한 집을 비워 놓고 머무르지 않으며 바른길을 버리고 가지 않으니 애처롭다.

인의를 버리고 다른 방향으로 행동하는 사람들을 제 집을 두고 머무르지 않는 사람과 바른길을 가지 않는 사람으로 비유하고 있다.

☯ 예의와 권도

순우곤왈 남녀수수불친　　예여
淳于髡日 男女授受不親이 禮與잇가.

맹자왈예야　　왈 수익　　　즉원지이수호
孟子曰禮也라. 日 嫂溺이어든 則援之以手乎잇가.

왈 수익불원　　시　시랑야
日 嫂溺不援이면 是는 豺狼也니,

남녀수수불친　예야　수익　　　원지이수자　권야
男女授受不親은 禮也요 嫂溺이어든, 援之以手者는 權也니라.

순우곤이 말했다. "남녀간에 친히 손으로 주고 받지 않는 것이 예의입니까?" 맹자가 말했다. "예의이다." "형수가 물에 빠지면 손을 잡아 구해야 합니까?" "형수가 물에 빠졌는데도 구하지 않는다면 이는 승냥이니 남녀간에 주고받기를 친히 손으로 주고 받지 않는 것은 예의이고, 물에 빠진 제수를 손으로 구하는 것은 권도 이다.”

예와 권은 그것에 대한 구별이 있어야 할 것으로 보인다. 예라는 것은 때와 장소를 가리지 않고 언제나 지켜져야 하는 도리이다. 한편, 권이라는 것은 권도(權道), 즉 때에 따라서 임기 응변으로 일을 처리하는 방법과 도리를 말하는데 본디 예에 맞는 것은 아니나 급한 때에는 받아들일 수도 있다. 그 당시에 남녀가 직접 손을 잡는 것은 옳지 않은 일이다. 그러나 손을 잡지 않으면 목숨을 잃게 되는 급한 상태에서는 옳지 않더라도 손을 잡아야 하는데 이것은 사람의 목숨을 살리는 일이 더욱 중요하기 때문이다. 순우곤의 말은 맹자가 당시 제후들이 왕도를 행하도록 권하는 일에 적극적으로 나서지 않는 것을 꼬집기 위해 한 말이다.

권도로 천하를 구할 수는 없다

왈 금 천 하 익 의　　　부 자 지 불 원　　하 야
曰 今天下溺矣인대 夫子之不援은 何也잇고.

왈 천 하 닉　　원 지 이 도　수 닉　원 지 이 수　자 욕 수 원 천 하 호
曰 天下溺 援之以道 嫂溺 援之以手 子欲手援天下乎?

순우곤이 말했다. “지금 천하가 물에 빠진 것과 같은데 선생께서 이들을 구하지 않는 것은 어찌 된 것입니까?”
맹자 말하기를 “천하가 도탄에 빠지면 도로써 구해야 한다. 형수가 물에 빠지면 손으로 구해야 한다. 그대는 손으로 천

　그런 까닭에 순우곤은 맹자가 이전에 한 말을 근거로 하여 이야기를 펼친다. 그가 내세우는 왕도는 온 백성을 가장 가치 있는 삶으로 나아가게 하고자 하는 것인데 그것을 실천할 수 없다면, 패도를 실행해서라도 고통에 허덕이는 백성을 구해야 옳은 것이 아닌가? 가장 좋은 방법을 쓸 수 없다면 그 다음 방법이라도 써야 한다는 것이 순우곤의 주장이다.

　이에 맹자는 천하를 구하는 방법은 오직 정도일 뿐 권도로는 불가능함을 이야기 한다. 즉, 패도를 통하여 왕도를 실천할 수 없음을 이야기 한 것이다.

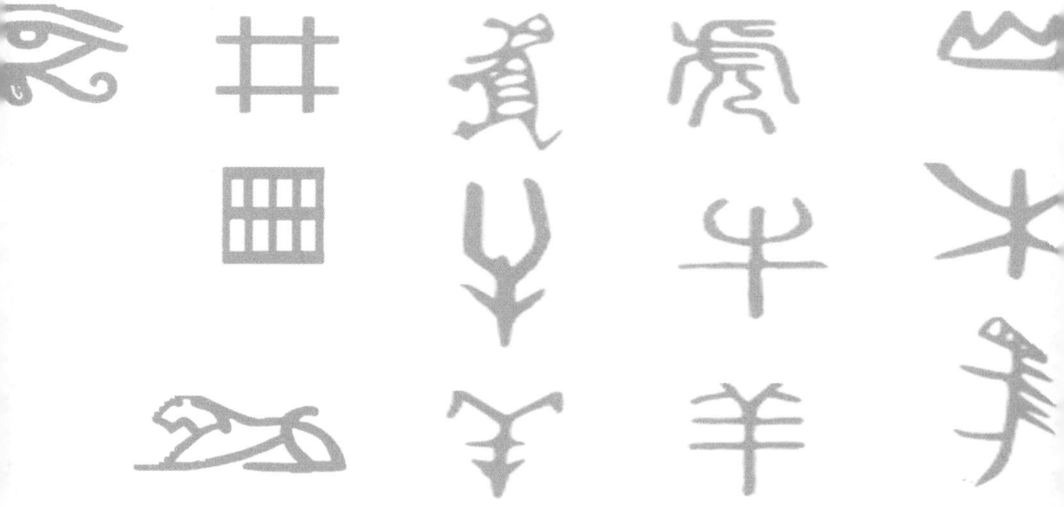

8

이루장구
離婁章句

—하—

맹자는 군주와 신하의 관계를 일방적인 충성의 관계로 보지 않는다. 맹자는 군주도 신하에 대해 지켜야 할 도리가 있으며 이러한 도리를 지키지 않는 군주에게 충성할 신하는 없다고 주장한다. 이어서 지혜는 순리에 맞게 사용되어야만 사랑받고 사람들로부터 받아들여짐을 이야기하고, 또 부끄러운 줄 모르고 부귀영화를 쫓는 사람들에 통렬한 비판을 한다.

🐾 왕이 신하를 손발처럼 여기면 신하는 왕을 자기의 심장처럼 여길 것이다

^{맹 자 고 제 선 왕 왈 군 지 시 신   여 수 족}
孟子告齊宣王曰 君之視臣이 如手足이면,

^{즉 신 시 군   여 복 심   군 지 시 신   여 견 마}
則臣視君을 如腹心하고, 君之視臣이 如犬馬면

^{즉 신 시 군   여 국 인   군 지 시 신   여 토 개}
則臣視君을 如國人하고, 君之視臣이 如土芥면

^{즉 신 시 군   여 구 수}
則臣視君을 如寇讐니이다

맹자가 제나라 선왕에게 말했다. "왕께서 신하 보기를 자기의 수족처럼 소중히 여긴다면 신하들이 왕을 마치 자기 심장같이 여기고, 왕께서 신하를 개나 말처럼 여긴다면 신하들도

왕을 길 가는 사람같이 여기고, 왕께서 신하를 흙이나 풀처
럼 여긴다면 신하들도 왕을 원수처럼 여길 것입니다."

이 구절은 맹자가 제나라의 선왕에게 왕이 신하를 어떻게 대해야 하
는가를 말한 것이다. 왕이 신하를 자기의 손이나 발처럼 소중하게 여
기면 신하는 그 이상으로 왕을 소중하게 여길 것이고, 그와는 반대로
왕이 신하를 천하게 여긴다면 신하도 또한 그 이상으로 왕을 하찮게
여길 것이라고 하였다. 다시 말해서 왕이 신하들에게 제대로 대접을
받으려면 자신이 먼저 그들에게 알맞은 대접을 해주어야 한다는 것이
다.

▒ 옛 왕을 위해 상복 입는 방법을 물었다

王曰 禮에 爲舊君有服하니 何如라야 斯可爲服矣니잇고.

왕이 말했다. "예법에 옛 왕을 위한 상복이 있으니 어떻게 해
야 상복을 입겠습니까?"

맹자의 말에 선왕은 《의례》의 말을 이끌어다가 신하들이 왕을 위해
하던 예에 관하여 묻는다. 이미 그 곁을 떠난 신하가 전에 섬기던 군주
를 위해 상복을 입었는데 이는 보상을 바라지 않는 진심어린 행위하
고 볼 수 있다. 이처럼 신하의 진심어린 충성을 어떻게 해야 얻을 수
있는지를 묻는다.

맹자가 옛 왕을 위해 상복 입는 법을 말했다

왈 간행언청   고택   하어민   유고이거
曰 諫行言聽하여 膏澤이 下於民이요, 有故而去어든

즉군   사인도지출강   우선어기소왕
則君이 使人導之出疆하고 又先於其所往하며,

거삼년불반연후   수기전리
去三年不反然後에 收其田里하나니,

차지위삼유예언   여차즉위지복의
此之謂三有禮焉이니 如此則爲之服矣니이다.

맹자가 말했다. "간언이 행해지고 말이 받아들여져서 그 은 혜와 덕택이 백성에게 미치고 어떤 일이 있어 떠나면 왕이 곧 사람을 보내 그가 국경을 넘어갈 때까지 인도하게 하고, 또 그가 가는 곳에 먼저 기별을 하며, 떠난 지 3년이 지나도 돌아오지 않으면 그 후에야 비로소 토지와 주택을 거두어들 이니, 이것을 일러 세가지 예가 있다고 하는 것이니, 이와 같 이 하면 그 왕을 위해 상복을 입어 줍니다.

신하에 대한 예의를 어떻게 차리는가에 따라 왕에 대한 신하의 태도 가 달라질 수 있다는 것이다.

과거에 왕은 자신을 충심으로 돕는 신하가 어떤 뜻하지 않은 일로 벼슬에서 물러나게 될 때, 신하에게 왕이 베풀 수 있는 최선의 도리를 다하여 비록 벼슬에서 떠나 있더라도 생활에 어려움이 없도록 얼마 동 안 보살폈다. 그런 까닭에 그 신하는 자신의 일을 마무리하고 다시 왕 을 위해 일할 수 있게 되었다.

신하를 괴롭히는 왕을 위해서는 상복을 입지 않는다

今也_{에는} 爲臣_{하여} 諫則不行_{하고}, 言則不聽_{하여},

膏澤_이 不下於民_{이요}, 有故而去_{어든} 則君_이

搏執之_{하고} 又極之於其所往_{하며}, 去之日_에

遂收其田里_{하나니}, 此之謂寇讐_니 寇讐_에 何服之有_{리잇고}.

오늘날에는 신하가 되어 간해도 행하지 않고 말을 해도 들어 주지 않으니 은혜와 덕택이 백성들에게 내려지지 못하고, 어떤 일이 있어 떠나면 왕이 곧 붙잡아 가지 못하게 하며, 그가 가는 곳에 그를 괴롭히려 가고, 떠나는 날에 곧바로 그의 전리를 거두어 버리니 이를 일러 원수라고 하는 것이니, 무엇 때문에 원수를 위해 상복을 입겠습니까?"

왕에게 간언을 하는 경우에도 옛날에는 받아들여졌으나 이제는 그렇지 않으며, 일이 있어 벼슬을 떠나게 되면 자신의 뜻을 펴도록 도와 주는 것이 아니라 오히려 붙잡거나 괴롭히니, 간언도 받아 주지 않고 자신의 뜻을 펴도록 그냥 두는 것도 아니라서, 신하로서는 자기의 뜻을 가로막는 원수로만 여기는 데까지 이르게 되니 왕을 위하여 어떤 일을 하겠느냐는 것이다.

덕 있는 사람과 재주 있는 사람이 그렇지 못한 사람을 길러야 한다

맹자왈 중야양부중   재야양부재   고
孟子曰 中也養不中하며 才也養不才라, 故로

인락유현부형야   여중야기부중   재야기부재
人樂有賢父兄也니 如中也棄不中하며, 才也棄不才면

즉현불초지상거   기간   불능이촌
則賢不肖之相去가 其間이 不能以寸이니라.

맹자가 말했다. "중용을 달성한 사람이 중용을 달성하지 못한 사람을 길러 주며, 재주가 있는 사람이 재주가 없는 사람을 길러 준다. 그런 까닭에 사람들이 어진 부형이 있는 것을 좋아하는 것이다. 만약 도에 맞는 사람이 도에 맞지 않는 사람을 버리고, 재주 있는 사람이 재주 없는 사람을 버린다면, 현명한 사람과 그것을 닮지 못한 사람의 거리는 그 간격이 한 치도 못 될 것이다."

이 글에서 나오는 중이라는 표현은 《중용(中庸)》에서 말하는 무과불급지칭(無過不及之稱), 즉 지나치거나 모자람이 없이 가장 알맞은 상태의 뜻이라 하겠다. 이것은 잘 어우러진 하나의 인격체를 가리키는 말로 볼 수도 있는데, 봉건적 신분 사회에 성실히 봉사할 수 있는 도덕적 교양을 기름을 뜻하는 것이기도 하다. 일정한 수준에 이른 사람이 그렇지 못한 사람을 가르쳐 모두가 알맞은 수준에 이르도록 하는 것이 맹자의 바람이기도 하다. 그런데 보다 나은 사람이 부족한 사람을 기르지 않으면 보다 나은 사람도 부족한 사람과 차이가 없을 정도로 부족하게 되는 것이니 반드시 보다 나은 사람이 가르쳐야 함을 역설한다.

공자가 물을 칭찬한 까닭은?

서자왈 중니 극 칭 어 수 왈   수 재 수 재   하 취 어 수 야
徐子曰 仲尼亟稱於水曰 水哉水哉여 하시니 何取於水也시니잇고.

서자가 말했다. "공자께서 자주 물을 칭찬하시어 '물이여, 물이여'라고 하셨으니, 물에서 무엇을 취하셨습니까?"

공자는 물을 군자의 덕에 비유했다. 서자는 공자가 무슨 이유로 물을 군자의 덕에 비유했는지를 묻고 있다.

물은 구덩이를 채운 후에야 나아간다

맹자왈 원천   혼혼   불사주야   영 과 이 후 진
孟子曰 原泉이 混混하여 不舍晝夜라, 盈科而後進하여

방호사해   유본자여시   시지취이
放乎四海하나니 有本者如是라, 是之取爾시니라.

맹자가 말했다. "근원이 좋은 물이 용솟음쳐 흘러 밤낮을 그치지 않고 구덩이가 가득 찬 후에 흘러가서 사해에 이르니, 근본이 있는 것은 이와 같은 것이라, 이것을 취하신 것이다.

도덕적으로 수양이 많은 군자는 자신의 도덕적인 근본 자세가 굳게 서 있어 주위의 유혹에도 불구하고 결코 쉽게 흔들리지 않는다. 이것

은 근원이 깊은 물이 웬만한 가뭄에도 쉬 마르지 않는 이치와 같은 것이다. 또 물의 속성이 순서를 뛰어넘거나 하는 일이 없이 차례차례 단계를 밟아 가니, 만약 물웅덩이가 있으면 그것을 채우고야 흐르는 것처럼 어느 단계로 나아가는데 그 이전의 것이 채워지지 않으면 반드시 그것을 채우고 나서야 간다. 이러한 것들이 군자가 덕을 닦는 과정과 비슷하게 여겨져 비유로 든 것이다.

▓ 근원이 얕은 물은 빨리 마른다

苟爲無本이면 七八月之間에 雨集하여 溝澮가
구 위 무 본   칠 팔 월 지 간   우 집   구 회

皆盈이나, 其涸也는 可立而待也라 故로
개 영   기 학 야   가 립 이 대 야   고

聲聞過情을 君子恥之니라.
성 문 과 정   군 자 치 지

만일 근본이 없다면 7, 8월 사이에 빗물이 모여서 도랑이 모두 가득하나 그 마르는 것은 서서도 기다릴 수 있다. 그러므로 명성이 실제보다 지나치는 것을 군자는 부끄러워하는 것이다."

근원이 깊지 않은 물이 가뭄을 만나면 물줄기가 말라 버려 사라지듯이 수양이 깊지 않은 사람이 어려움을 만나면 자신의 덕성을 잃어버리게 되는 것은 정한 이치이다. 따라서 실제보다 명성이 높은 것을 군자는 부끄러워한다.

⚬순리에 맞게 지혜를 사용한다

> 맹자왈 천하지언성야   즉고이이의   고자   이리위본
> 孟子曰 天下之言性也는, 則故而已矣니, 故者는 以利爲本이니라.
>
> 소오어지자   위기착야   여지자   약우지행수야
> 所惡於智者는 爲其鑿也니, 如智者 若禹之行水也면
>
> 즉무오어지의   우지행수야   행기소무사야
> 則無惡於智矣리라. 禹之行水也는 行其所無事也시니,
>
> 여지자   역행기소무사   즉지역대의
> 如智者 亦行其所無事면 則智亦大矣리라.
>
> 맹자가 말했다. "천하에 성을 말하는 것은 고(故)일 뿐이니,
> 고라는 것은 순리를 근본으로 한다." 지혜를 미워하는 까닭
> 은 깊이 파고 들어가기 때문이니, 만약 지혜로운 우왕이 물
> 을 흘러가게 하듯이 한다면 지혜를 미워할 까닭이 없을 것이
> 다. 우왕이 물을 흘러가게 한 것은 무사한 바(순리를 따른
> 것)를 행한 것이니, 만약 지혜로운 사람이 또한 무사한 바를
> 행한다면 그 지혜는 크게 될 것이다.

　모든 것의 본성을 연구하는 것은 그것의 본래적인 것을 연구하는
것인데 본래적인 것은 순리를 근본으로 한다. 사람들이 지혜에 대해
거부감을 가지는 것은 그것을 억지로 집착하기 때문이다. 우왕이 하
였듯이 순리대로 지혜를 사용한다면 지혜로움은 사랑을 받고 더 크게
될 것이다.

⚑지혜를 순리대로 사용하면 무엇이든지 알 수 있다

> 천지고야   성신지원야   구구기고
> 天之高也와 星辰之遠也나 苟求其故면
>
> 천세지일지   가좌이치야
> 千歲之日至를 可坐而致也니라.
>
> 하늘이 높이 있으며 별이 아득히 멀리 있으나 만일 이미 지난 고를
> 찾는다면 천년 후의 동지(冬至)도 가만히 앉아서도 알 수 있다.

　순리를 따라 본래적인 것을 연구한다면 아무리 하늘이 높고 별이
멀리있어도 천년후의 동지도 알 수 있다.

⚑부끄러운 줄 모르는 제나라 사람의 이야기

> 제인   유일처일첩이처실자   기양인   출
> 齊人이 有一妻一妾而處室者러니, 其良人이 出이면
>
> 즉필염주육이후   반   기처문소여음식자
> 則必饜酒肉而後에 反이어늘, 其妻問所與飮食者하니
>
> 즉진부귀야   기처고기첩왈 양인출   즉필염
> 則盡富貴也러라. 其妻告其妾曰 良人出이면 則必饜
>
> 주육이후   반   문기여음식자   진부귀야
> 酒肉而後 反할새, 問其與飮食者하니 盡富貴也로되,
>
> 이미상유현자래   오장간양인지소지야
> 而未嘗有顯者來하니 吾將瞷良人之所之也라 하고,
>
> 조기   이종양인지소지
> 蚤起하여 施從良人之所之하니,

편국중　　　무여립담자　　졸지동곽번간지제자
徧國中하되 無與立談者러니 卒之東郭墦間之祭者하여

걸기여　　　부족　　　우고이지타
乞其餘하고, 不足이어든 又顧而之他하니,

차기위염족지도야　　　기처귀고기첩왈 양인자
此其謂饜足之道也라. 其妻歸告其妾曰 良人者는

소앙망이종신야　　　금약차　　　여기첩
所仰望而終身也어늘, 今若此라 하고 與其妾으로

산기양인이상읍어중정
訕其良人而相泣於中庭이어늘,

이양인　　미지지야　　　시시종외래　　교기처첩
而良人이 未之知也하여 施施從外來하여 驕其妻妾하더라.

제나라 사람 중에 처첩을 한 명씩 거느리고 사는 자가 있었
는데 남편이 외출을 하면 반드시 술과 고기를 배불리 먹은
다음에야 집으로 돌아오거늘 그의 처가 남편에게 누구와
함께 음식을 먹었느냐고 물으면 모두가 부귀한 사람이었
다. 그의 처가 첩에게 말하기를 '바깥 양반이 외출을 하면
반드시 술과 고기를 배불리 드신 후에 돌아오는데 함께 먹
은 사람을 물으면 모두가 부귀한 사람이었다. 그러나 아직
까지 이 집에는 현달한 사람이 찾아온 적이 없으니 내 장차
남편이 가는 곳을 엿보고 오겠다' 하고 아침 일찍 일어나
서 남편이 가는 곳을 몰래 따라가 보니,
온 장안을 돌아다녀도 더불어 이야기하는 사람이 하나도
없었다. 그는 마침내 동쪽 성곽의 북망산이 있는 무덤 사이
에서 제사지내는 사람에게 가서 남은 음식을 구걸해서 먹
고, 모자라면 또 돌아보고 다른 곳으로 가니 이것이 술과
고기를 배불리 얻어먹는 방법이었다. 그의 아내가 돌아와
서 첩에게 말하기를 '남편은 우리가 우러러보면서 평생을

함께 하는 사람이거늘 지금 하는 짓이 이 모양이더라' 하고
첩과 함께 남편을 원망하면서 뜰 한가운데에서 울고 있는데
남편은 그러한 사실을 알지 못하고 의기 양양하게 밖에서 들
어와서 자기 처첩에게 교만하게 굴었다.

구걸해서 배불리 먹고 이를 숨기며 자랑스러워하는 사람의 이야기이
다. 배만 부른다면 구걸하는 것이 부끄럽지 않은가? 맹자는 부귀영화를
위해 부끄러운 것도 서슴지 않는 자들을 비판하기 위해 이 이야기를 한
다.

오늘날 부귀 공명을 좇는 사람도 이렇게 부끄 러운 줄을 모른다

유 군 자 관 지　　　즉 인 지 소 이 구 부 귀 리 달 자
由君子觀之컨대　則人之所以求富貴利達者는

기 처 첩　　불 수 야 이 불 상 읍 자　　기 희 의
其妻妾이　不羞也而不相泣者가　幾希矣리라.

군자의 입장에서 본다면, 오늘날 부귀 영달을 구하는 자들은
그들의 처첩이 그 모습을 본다면 부끄러워하거나 울지 않을
자가 별로 없을 것이다.

이 사실을 통하여 맹자는 도의에 나아가지 않고 부귀와 입신 출세를
꾀하는 사람은 자신의 아내까지도 그를 부끄럽게 여긴다고 하면서 속
물적인 어리석음을 꾸짖었다.

만장장구

萬章章句

—상—

하늘과 백성의 관계에 대해 맹자는 하늘은 그 뜻을 백성을 통하여 드러낸다고 한다. 따라서 백성을 중심으로 정치를 하지 않는 자는 하늘의 뜻을 거스르는 자가 되고 만다. 이 역시 맹자의 백성중심의 민본사상이 잘 드러나고 있다.

🐾순은 부모에게 알리지 않고 장가를 갔다

_{만장문왈 시운 취처여지하 필고부모}
萬章問日 詩云 娶妻如之何오 必告父母라 하니,

_{신사언야 의막여순 순지불고이취 하야}
信斯言也인댄 宜莫如舜하니 舜之不告而娶는 何也잇고.

_{맹자왈 고즉부득취 남녀거실}
孟子日 告則不得娶하시리니, 男女居室은

_{인지대륜야 여고즉폐인지대륜}
人之大倫也이니 如告則廢人之大倫하여,

_{이대부모 시이 불고야}
以懟父母라 是以로 不告也이시니라.

만장이 맹자에게 물었다. "《시경》에 이르기를 '장가를 가려면 어떻게 해야 하는가? 반드시 부모에게 알려야 한다'고 했

> 으니 진실로 이 말대로라면 순처럼 하지 말아야 할 듯합니
> 다. 순이 부모에게 알리지 않고 장가를 간 것은 무슨 까닭
> 입니까?" 맹자가 말했다. "부모에게 알렸다면 장가를 갈 수
> 가 없었을 것이다. 남녀가 한 방에 거처하는 것은 사람의
> 큰 윤리이니 만일 부모에게 알렸다면 사람의 큰 윤리를 없
> 애 부모를 원망했을 것이니 이런 까닭에 알리지 않았던 것
> 이다."

유가의 주요 사상으로 효가 있다. 효는 인간으로서 기본적으로 해야
할 일이고 인륜에 관한 문제인 것이다. 효행이 백행의 근본이 된다고
말하고 있듯이 이것을 제대로 하지 못한다면 다른 것을 아무리 잘 해
도 인정받지 못했다. 후대 왕들을 비롯하여 유가의 학문을 공부한 사
람에게 요와 순은 그들이 본받아야 할 가장 이상적인 인물이었다. 특
히 순은 효도로 가장 먼저 꼽히는 인물이었다.

만장은 순이 부친인 고수에게 결혼 승낙을 받지 않고 결혼한 사실에 대
하여 《시경》의 구절을 이용하면서 효자로 알려진 것에 대해 사리에 맞는
가 틀린가를 따진다. 맹자는 이에 대하여 '인간의 도리를 다하기 위해서
결혼이 무엇보다 중요한데 부모의 허락이 없다고 하여 인륜을 저버릴 수
없었기에 부득이 알리지 않고 결혼했다'고 하면서 이를 옳게 받아들인다.
그 때의 결혼이라는 것은 자식을 낳아 부모가 죽은 후에도 부모의 제사를
받들게 하고 혈통을 잇는다는 뜻에서 매우 중요한 일로 여겨졌다. 사실
효를 중요하게 여긴 것은 정도의 차이는 있을지언정 동서고금이 한결같
다.

요는 사돈에게 알리지 않고 딸을 시집보냈다

만 장 왈 순 지 불 고 이 취   즉 오 기 득 문 명 의
萬章日 舜之不告而娶는 則吾旣得聞命矣어니와,

제 지 처 순 이 불 고   하 야
帝之妻舜而不告는 何也오.

왈   제 역 지 고 언   즉 부 득 처 야
日 帝亦知告焉이면 則不得妻也시니라.

　만장이 말했다. "순이 부모에게 알리지 않고 장가를 간 것은
제가 이미 가르침을 들었거니와, 요가 딸을 순에게 시집 보
내면서 사돈에게 알리지 않은 것은 무슨 까닭입니까?" 맹자
가 말했다. "요 또한 알리면 딸을 시집 보낼 수 없음을 알았
기 때문이었다."

　만장은 다시 의문을 내놓는다. 순왕은 자식된 도리를 하기 위하여
부모의 승낙을 받지 않았다고 하지만 자신의 딸을 시집보내는 요왕은
상대편의 부모에게 이 사실을 알려야 했을 텐데 어찌하여 알리지 않았
느냐고 묻는다. 이에 대한 맹자의 대답은 요왕 또한 순왕과 마찬가지
로 딸의 시부모가 될 사람에게 알리면 그들의 반대로 딸을 시집보낼
수가 없을 것을 알았기 때문이라고 한다.

🔒 순의 아버지와 배다른 아우가 순을 죽이려고 하였다

만 장 왈　부 모 사 순　　완 름 연 계　　고 수 분 름
萬章曰 父母使舜으로 完廩捐階하고 瞽瞍焚廩하여,

사 준 정　　출　　　종 이 엄 지　　　상 왈　모 개 도 군
使浚井하여 出커시늘 從而揜之하고, 象曰 謨蓋都君은

함 아 적　　우 양 부 모　　창 름 부 모　　간 과 짐
咸我績이니 牛羊父母요 倉廩父母요 干戈朕이요

금 짐　　저 짐　　이 수　　사 치 짐 서　　　상　　왕 입 순 궁
琴朕이요 弤朕이요 二嫂는 使治朕棲하리라 하고, 象이 往入舜宮한
대,

만장이 말했다. "순의 부모가 순으로 하여금 창고 지붕을 고
치게 하고, 사다리를 치운 다음 순의 아버지 고수가 창고에
불을 질렀으며, 순으로 하여금 우물을 파게 하고는 우물 안
에서 (순임금이)나왔지만 (이를 모르고)흙을 덮어 생매장하
려 하였습니다. 상(순의 이복동생)이 말하기를 '도군(순)을
생매장하자고 꾀한 것은 모두 나의 공로이니 소와 양은 부모
의 것이요, 곳집도 부모의 것이고, 창과 방패는 나의 것이고,
거문고도 나의 것이고, 활도 나의 것이고 두 형수는 나의 잠
자리를 돌보게 하겠다'고 했습니다. 상이 순의 궁궐에 들어
가자,

순의 부모와 이복 형제에게 순이 고난을 당한 것을 이야기한다. 순
의 이복 동생인 상은 순을 죽이기로 아버지와 함께 계획하고, 순에게
우물을 파게 한 후에 흙을 덮어 그를 생매장한다. 그 후 상은 순이 죽

었다고 생각하여 공을 나누고, 순이 쓰던 창과 방패 거문고를 자신이 갖고, 형수를 첩으로 삼는다. 그 후 상은 순이 죽었다는 사실을 알리기 위해 궁궐로 들어가는데,

상대가 도를 내세우면 의심하지 않고 받아 들 인다

순 재 상 금　상 왈　울 도 사 군 이　뉴 니
舜在床琴 象曰 鬱陶思君爾 忸怩

순 왈　유 자 신 서　여 기 우 여 치
舜曰 惟玆臣庶 汝其于予治

불 식 순 부 지 상 지 장 살 기 여
不識舜不知象之將殺己與

왈　해 이 부 지 야　상 우 역 우　상 희 역 회
曰 奚而不知也 象憂亦憂 象喜亦喜

왈　연 즉 순　위 희 자 여
曰 然則舜은 僞喜者與잇가.

왈 부　　석 자　유 궤 생 어 어 정 자 산
曰否라, 昔者에 有饋生魚於鄭子産이어늘,

자 산　사 교 인 휵 지 지　교 인　팽 지
子産이 使校人畜之池한대 校人이 烹之하고

반 명 왈 시 사 지　어 어 언　소 즉 양 양 언　유 연 이 서
反命曰 始舍之하니 圉圉焉이니, 少則洋洋焉하여 攸然而逝하더이다.

자 산 왈　득 기 소 재　　득 기 소 재
子産曰 得其所哉인저, 得其所哉인저 하여늘.

교 인 출　왈　숙 위 자 산 지 여 기 팽 이 식 지　왈 득 기 소 재 득 기 소 재
校人出, 曰 孰謂子産智 予旣烹而食之, 曰 得其所哉 得其所哉

고　군자　가사이기방　　　　난망이비기도
故로 君子는 可舍以其方이어니와 難罔以非其道니

피이애형지도래　고　성신이희지　　해위언
彼以愛兄之道來라 故로 誠信而喜之시니 奚僞焉이시리오

죽은 줄 알았던 순임금은 상에 앉아 거문고를 타고 있었다.
상이 부끄러워하며 말하기를 근심걱정으로 당신을 생각하
고 있었습니다.라하자 순임금은 너는 나에게 와서 이 많은
신하들을 다스리도록 하라고 했습니다. 모르겠습니다. 순
임금은 동생 상이 자기를 죽이려 했다는 것을 모르고 있었
습니까?" 맹자 말하기를 "어찌 몰랐다 하겠나? 동생 상이
우울하면 형제의 정으로 자기도 우울해하고 상이 기뻐하
면 자기도 기뻐한 것이지."

만장이 말했다. "그렇다면 순은 거짓으로 기뻐했던 것입니
까?" 맹자가 말했다. "아니다. 옛날에 산 물고기를 정나라
자산에게 선물한 사람이 있었는데 자산이 교인에게 물고
기를 연못에 놓아 기르라고 했으나 교인이 그것을 삶아 먹
고는 보고하기를 '물고기를 놓아 주니 어릿어릿 헤엄을 잘
치지 못하다가 조금 지나자 쌩쌩하게 헤엄치며 유유히 갔
습니다' 라고 하니 자산이 말하기를 '살 곳을 얻었구나, 살
곳을 얻었구나.' 하였다. 그 관리가 나와서 말하기를 '누가
정자산이 지혜롭다고 말했어? 내가 고기 다 삶아 먹었는데
정자산은 제자리를 얻었구나. 제자리를 얻었어라고 할 뿐
인데.' 그러므로 군자는 도로써 속일 수는 있으나 도가 아
닌 것으로 속이기는 어려운 것이다. 저 상이 형인 순을 사
랑하는 도리로 왔으므로 순이 진실로 믿고 기뻐했으니 어
찌하여 거짓이었겠는가?"

궁궐에 들어가서 순이 거문고를 타고 있는 것을 보고 자신이 애타게 순을 보고 싶었다고 둘러댄다. 이 말을 들은 순은 상에게 신하들을 감독하는 역할을 맡긴다. 이런 이야기를 통하여 만장은 이른바 성인이라는 사람의 행동에 대하여 의문을 갖지 않을 수 없었다. 이에 맹자는 정자산이 그의 교인과 주고받은 이야기를 통해서 그 의문을 풀어 보려고 한다. 자산은 어떤 사람이 자신에게 물고기를 보내자 교인에게 그것을 연못에 넣어 기르라고 한다. 그러나 교인은 물고기를 연못에 넣지 않고 삶아 먹어 버렸다. 그리고 나서 자산에게는 거짓으로 보고를 했다. 이에 자산은 교인이 도리에 맞게 행한 것이라 생각하고 새 생명을 얻게 된 물고기의 모습을 떠올리며 좋아한다.

이 이야기들에서 맹자는 군자의 도를 이야기하고 있다. 군자는 상대가 올바른 도를 내세우면 의심하지 않고 받아들이는 마음가짐을 갖고 있음을 이야기 한다. 그것은 어리석어서가 아니라 도를 이루는 정도이기 때문이다.

◼︎순이 요로부터 권력을 강탈한 것이 아닌가?

함구몽문왈　어운　성덕지사　군부득이신
咸丘蒙問日　語云　盛德之士는　君不得而臣하며

부부득이자　순　남면이립　　요솔제후
父不得而子라, 舜이　南面而立이어시늘　堯帥諸侯하여

북면이조지　　　　고수역북면이조지　　순견
北面而朝之하시고, 瞽瞍亦北面而朝之어늘　舜見

고수　　　기용　유축　　　공자왈　어사시야
瞽瞍하시고, 其容이　有蹙이라 하여늘　孔子日　於斯時也에

천하태재급급호   불식   차어성연호재
天下殆哉岌岌乎인저 하시니, 不識케라 此語誠然乎哉잇가.

함구몽이 물었다. "옛말에 이르기를 '덕이 많은 선비는 왕
이 그를 신하로 삼을 수 없고 아비가 그를 아들로 삼지 못
한다. 순이 남면하고 서 있는데 요가 제후들을 이끌고 와
서 북면하여 조회했고 고수 또한 북면하여 조회하자 순이
고수를 보니 그 얼굴이 불안해 보였다.'고 했는데, 공자가
말하기를 '이 때에 천하가 매우 위태로웠다'고 했으니 알
지 못하겠습니다만 이 말이 사실입니까?"

맹자의 제자인 함구몽은 순이 왕위에 올랐을 때 일어났었다는 상황
이 사실인가 아닌가를 묻는다. 요왕은 순왕의 장인이면서 이전의 왕인
데 순이 왕위에 오르자 제후를 이끌고 와서 신하의 예를 갖추어 조회
했다고 하고, 순왕의 아버지인 고수가 아버지이면서도 신하된 도리를
했다고 하는데, 이는 순이 권력을 강탈한 것은 아닌지 공자의 말을 빌
려 물어본다.

순은 섭정을 한 것이다

맹자왈 부   차비군자지언   제동야인지어야
孟子曰 否라. 此非君子之言이요 齊東野人之語也라.

요로이순섭야   요전왈 이십유팔재 방훈
堯老而舜攝也러시니, 堯典曰 二十有八載에 放勳이

내조락   백성   여상고비삼년
乃徂落커늘 百姓은 如喪考妣三年하고,

四海는 <ruby>遏密八音<rt>알밀팔음</rt></ruby>이라 하며, <ruby>孔子曰<rt>공자왈</rt></ruby> <ruby>天無二日<rt>천무이일</rt></ruby>이요

<ruby>民無二王<rt>민무이왕</rt></ruby>이라 하시니, <ruby>舜<rt>순</rt></ruby>이 <ruby>旣爲天子矣<rt>기위천자의</rt></ruby>요

<ruby>又帥天下諸侯<rt>우솔천하제후</rt></ruby>하여, <ruby>以爲堯三年喪<rt>이위요삼년상</rt></ruby>이면 <ruby>是<rt>시</rt></ruby>는 <ruby>二天子矣<rt>이천자의</rt></ruby>니라

맹자가 말했다. "아니다. 이것은 군자의 말이 아니라 제나라 동쪽 야인의 말이다. 요가 늙어서 순이 섭정을 한 것이니 《요전(堯典)》에 말하기를 '순이 섭정한 지 28년 만에 요가 세상을 떠나니 백성들은 마치 자기 부모를 잃은 듯이 삼년상을 치렀고 사해는 팔음을 연주하는 것을 그쳤'고 했으며, 공자가 말하기를 '하늘에 두 개의 해가 있을 수 없고 백성에게는 두 왕이 있을 수 없다'고 했으니 순이 이미 천자가 되고 또 천하의 제후를 거느리고 요를 위해 삼년상을 치렀다면 이는 천자가 둘이 되는 것이다."

이에 대하여 맹자는 요순과 같은 성천자가 다스린 이상적인 상황에서 함구몽의 말과 같은 왕위찬탈이 이루어졌을 리 없다고 하며, 그의 이야기를 군자가 할 말이 아닌 비천한 사람의 말일 뿐이라고 한다. 그때에는 왕위를 받아들여 물려받는 것이 아니고, 어질고 덕이 있는 자가 물려받았다. 또한 천자는 하늘의 해와 같은 존재로 여겼으므로 천자가 둘이라는 것은 하늘에 해가 둘이라는 것과 같은 것으로 여겨졌다. 하늘에 해가 둘이라는 것은 결코 있을 수 없는 일이었기에 왕 또한 절대로 둘일 수가 없었다. 따라서 요가 죽은 후의 상황을 보면 순은 대리하여 섭정한 것이지 강탈한 것이 아니라고 주장한다.

고수가 아들인 순왕의 신하가 되지 않음은 어째서인가?

함 구 몽 왈　순 지 불 신 요　　즉 오 기 득 문 명 의　　　시 운
咸丘蒙曰 舜之不臣堯는 則吾旣得聞命矣어니와, 詩云

보 천 지 하　막 비 왕 토　　솔 토 지 빈　　막 비 왕 신
普天之下 莫非王土며, 率土之濱이 莫非王臣이라 하니,

이 순　기 위 천 자 의　　　감 문 고 수 지 비 신　　여 하
而舜이 旣爲天子矣시니, 敢問瞽瞍之非臣은 如何잇고.

함구몽이 물었다. "순이 요를 신하로 삼지 않은 것은 제가 들어서 알겠습니다만 《시경》에 이르기를 '온 하늘 아래에 왕의 땅이 아닌 것이 없으며 온 천하에 왕의 신하 아닌 사람이 없다'고 했으니 순이 이미 천자가 되었으니 감히 여쭙겠습니다. 아버지인 고수를 신하로 삼지 않은 것은 어째서입니까?"

함구몽은 순이 요를 대리하여 섭정한 것일뿐 요가 순의 신하가 아님을 이제 알겠지만 고수(순의 아버지)가 신하가 아님은 어찌 된 일인지 《시경》에 '온 하늘 아래에 왕의 땅이 아닌 것이 없으며 온 천하에 왕의 신하가 아닌 사람이 없다'는 구절을 들어 물어본다.

글자로 뜻을 해치지 말라

왈　시시야　　비시지위야　　　노어왕사이부득양
曰 是詩也는 非是之謂也라. 勞於王事而不得養

부모야　　　　왈　차막비왕사
父母也라 하여 曰 此莫非王事어늘,

아독현로야　　　　고　설시자　　불이문해사
我獨賢勞也라 하니 故로 說詩者는 不以文害辭하며,

불이사해지　이의역지　　시위득지
不以辭害志요 以意逆志라야 是爲得之니,

맹자가 말했다. "이 시는 그런 뜻으로 말한 것이 아니다. 이 시를 지은 사람이 나랏일을 하느라 부모를 섬길 수가 없어서 말하기를 '세상에 왕의 것이 아닌 것이 없지만 나만이 홀로 수고롭구나' 라고 한 것이다. 그러므로 시를 설명하는 사람은 글자로 말을 해치지 말며 말로 본디의 뜻을 해치지 말고, 보는 사람의 뜻으로 지은 사람의 뜻을 추측해야 시를 알게 되는 것이니,

맹자는 이 부분에서 해명을 할 수밖에 없었다. 그것은 시를 풀이하는 방법에 관한 것이다. 즉 시를 풀이하는 데 있어서 시 한 구절의 뜻에 매달려서 그 구절의 글자 뜻 때문에 전체의 뜻을 잃게 되어서는 안 된다는 것이다. 어떻게 사물을 바라보는가에 따라 똑같은 사물이라도 모습을 다르게 할 수 있기 때문에 바람직한 방식이 무엇인지를 고민하고 그러한 방향으로 사물을 풀이해야 한다는 것이다.

똑같은 글자라도 풀이하기에 따라서 뜻이 달라진다

여 이 사 이 이 의　　운 한 지 시 왈　주 여 여 민
如以辭而已矣인댄 雲漢之詩日 周餘黎民이

미 유 혈 유　　　신 사 언 야　　시　주 무 유 민 야
靡有孑遺라 하니 信斯言也인댄 是는 周無遺民也니라.

만일 말만 가지고 볼 뿐이라면 운한(雲漢)의 시에 이르기를 '주나라의 난리 후에 남은 백성이 단 한 사람도 없다'고 했으니, 진실로 이 말을 그대로 믿는다면 이는 주나라에 남은 백성이 하나도 없는 것이다."

이를 위해 시를 풀이하는 문제에서 예를 든다. '주나라의 난리 후에 남은 백성이 단 한 사람도 없다' 라는 구절은 유민이 적게 남은 것을 강조하기 위한 수법이라는 것을 알 것이다. 그러나 글귀에 정신을 쏟다 보면 정말로 단 하나의 유민도 없는 것처럼 풀이될 수 있으니, 이 구절도 이러한 방식을 참고로 풀이한다면 함구몽이 내놓은 의문은 없어질 것이라고 맹자는 말하고 있다.

지극한 것으로 어버이를 높인다

효 자 지 지　　막 대 호 존 친　　　존 친 지 지
孝子之至는 莫大乎尊親이요, 尊親之至는

막 대 호 이 천 하 양　　　위 천 자 부　　존 지 지 야
莫大乎以天下養이니, 爲天子父하니 尊之至也요,

이 천 하 양　　　양 지 지 야　　　시 왈　영 언 효 사
以天下養하시니 養之至也라. 詩曰 永言孝思라

효 사 유 칙　　　　차 지 위 야
孝思維則이라 하니 此之謂也니라.

효자의 지극함 중에 어버이를 높이는 것보다 더 큰 것이 없
고, 어버이를 높이는 지극함 중에 천하를 가지고 어버이를
섬기는 것보다 더 큰 것이 없다. 고수는 천자의 아버지가 되
었으니 높이는 것이 지극하고, 순은 온 천하로 섬겼으니 섬
기는 것이 지극한 것이다.《시경》에 이르기를 '항상 효도하
는 마음을 생각하니 효도하는 마음이 법칙이 되었다.'고 했
으니 이것을 이르는 것이다.

　자식이 자식된 도리를 다하는 것이 효도인 셈이다. 그리고 효도 중
에 가장 큰 것은 자신의 부모를 영광스럽게 하는 것이다. 다시 말하여
세상 사람들이 누구나 '저 사람의 아들은 참 잘되었어!' 라는 식의 생
각을 갖도록 하는 것이다. 맹자는 왕 노릇을 하는 것이 효도 중 으뜸이
라고 여겼다. 그런데 이렇게 왕 노릇을 하여 천하 백성의 아버지가 되
는 것은 자신의 아버지 위에 서기 위한 것이 아니라, 그를 높이기 위한
것이라고 한다. 맹자가 말한《시경》의 구절도 바로 그러한 뜻을 강조
하기 위한 것이다.

🦁아버지라도 자식을 마음대로 할 수 없다

<blockquote>

서 왈　　지재견고수　　　　기 기 제 율
書曰 祗載見瞽瞍하시되, 夔夔齊栗하신대,

고 수 역 윤 약　　　　　시 위 부 부 득 이 자 야
瞽瞍亦允若이라 하니 是爲父不得而子也니라.

《서경》에 이르기를 '순이 공경히 섬겨 고수를 볼 때에 공경하
고 두려워하자 고수도 또한 이를 믿고 따랐다' 고 했으니, 이
것이 아버지가 그를 아들로 삼지 못한다는 것이다.

</blockquote>

　비록 부모라도 자식의 덕이 높으면 함부로 할 수 없다. 순은 자신이
비록 왕의 지위에 있었지만 지극한 효성으로 아버지에게는 여전히 자
식처럼 행동했지만 고수는 아들을 함부로 할 수 없었다. 이것을 맹자
는 부자가 서로를 존중하여 인륜을 지키는 모범적인 예라고 생각했다.

🦁천자라도 천하를 함부로 다룰 수 없다

<blockquote>

만 장 왈　요 이 천 하 여 순　　　　유 저
萬章曰 堯以天下與舜이라 하니 有諸잇가.

맹 자 왈　부　　천 자 불 능 이 천 하 여 인
孟子曰 否라. 天子不能以天下與人이니라.

만장이 물었다. "요가 천하를 순에게 주었다 하니 그것이 사
실입니까?" 맹자가 말했다. "아니다. 천자라도 천하를 남에
게 줄 수는 없다."

</blockquote>

천명 사상과 민본 사상을 관련시키는 구절이다. 먼저 중국인이 하늘, 즉 천(天)이라는 것을 어떻게 생각하고 있었는지 간단히 살펴보기로 하자. 《중용》에 나오는 '천명지위성(天命之謂性)'을 보면, 이 때의 하늘은 우주 만물의 생성·성장·소멸을 다루는 존재로 나타나고 있다. 동양은 이렇게 우주의 만물을 다루는 신과 같은 존재로 하늘 이외에도 매우 많은 것들을 인정해 왔다. 다만 하늘은 그 중에서 최고의 지위를 가진 것일 뿐이다. 이에 비하여 서양은 유일신 사상을 지니고 있다. 그들이 우상 숭배를 금지하는 것은 자신이 섬기는 유일신의 지위를 다치게 하지 않으려는 뜻에서 비롯된 것이다. 하늘이 다루는 만물 중에 인간이 있다. 그리고 그러한 인간 중에 가장 덕이 뛰어난 사람에게 하늘은 자신의 임무를 대신할 권한을 준다. 최고의 통치자에게 천자라는 표현을 쓰는 것은 이러한 이유에서이다.

뛰어난 왕이 다스리는 세상에서는 어질고 덕이 있는 사람만이 천자가 될 수 있었으므로 문제가 없었으나, 그 후 춘추 전국 시대에 이르러 침략 전쟁이 일어나고 강력한 경제력과 군사력을 지닌 자가 왕이 되면서부터 천자라는 말은 잘 쓰지 않게 되었다. 만장은 맹자에게 요가 순에게 천자의 자리를 양보했다는 것이 사실인가를 묻자 그에 대한 맹자의 대답은 '아니다'이다. 왜냐하면 천자는 하늘의 명을 받은 사람이고, 천하는 천자의 것이 아니므로 마음대로 할 수 없는 것이라고 한다. 다시 말해 천하를 순에게 준 것은 하늘의 뜻이라는 것이다.

▓순에게 천하를 준 것은 하늘이다

연 즉 순 유 천 하 야　　숙 여 지　　　왈　천 여 지
然則舜有天下也는 **孰與之**잇고. **曰 天與之**시니라.

만장이 물었다. "그렇다면 순이 천하를 가진 것은 누가 준 것
입니까?" 맹자가 대답했다. "하늘이 주신 것이다."

　만장은 이에 누가 순에게 천하를 주었느냐고 묻자 맹자는 하늘이 주
었다고 대답한다. 한편, 이 때 말하는 하늘은 만물이 각자의 본성을 스
스로 이루도록 무의지·무목적인 상태에서 있는 것이라기보다 그것이
각자에게 알맞은 상태로 있도록 실현시키는 뜻을 가진 것이라고 하겠
다. 그리고 이러한 일은 인격을 지니고 있는 자가 명령하고 백성들의
뜻에 의해 이루어지는 것이므로 하늘이 왕위를 준 셈이다.

▓하늘은 자세히 가르쳐주는가?

천 여 지 자　　순 순 연 명 지 호
天與之者는 **諄諄然命之乎**잇가.

만장이 물었다. "하늘이 줄 때 자세히 명한 것입니까?"

　하늘이 특별히 정한 사람에게 천하를 줄 때 이러저러하라고 친절히
가르쳐 주었느냐고 묻는다.

🌐 하늘은 말로 가르쳐 주지 않는다

왈 부 천불언 이행여사 시지이이의
曰 否라 天不言이라, 以行與事로 示之而已矣시니라.

맹자가 대답했다. "아니다. 하늘은 말을 하지 않고 행실과 일
로써 보여 줄 뿐이니라."

그러나 그것을 일일이 가르쳐 준 후에 명하는 것은 아니라고 한다.
그것은 경험을 통해 느낄 뿐이다. 우리가 봄이 왔다는 것을 확인하는
것은 포근해진 날씨와 아울러 새순이 돋아나는 등의 주위 환경의 변화
를 통해 느끼는 것이지, 하늘이 봄이 되었다고 자세하게 우리에게 가
르쳐 주는 것은 아니다. 순에 대한 일도 그랬다. 순의 행실이 천자가
되기에 충분하다는 것을 보임으로써 천자의 지위를 물려준 것이지 순
에게 천자를 물려주라고 친히 말한 것은 아니었다.

🌐 천자가 하늘에게 천하를 주라고 할 수는 없다

왈 이행여사 시지자 여지하 왈 천자능
曰 以行與事로 示之者는 如之何잇고. 曰 天子能

천인어천 불능사천 여지천하
薦人於天이언정 不能使天으로 與之天下며,

제후능천인어천자 불능사천자 여지제후
諸侯能薦人於天子언정 不能使天子로 與之諸侯며,

대부능천인어제후 불능사제 후여지대부
大夫能薦人於諸侯언정 不能使諸로 侯與之大夫니,

만장이 물었다. "행동과 일로써 보여 주었다는 것은 어떻게 하는 것입니까?" 맹자가 대답했다. "천자는 사람을 하늘에 추천 할 수는 있지만 하늘로 하여금 그에게 천하를 주게 할 수는 없으며, 제후는 천자에게 사람을 추천할 수는 있지만 천자로 하여금 그에게 제후를 주게 할 수는 없고, 대부는 제후에게 사람을 추천할 수는 있지만 제후로 하여금 그에게 대부를 주게 할 수는 없다.

요가 순에게 자기 마음대로 천자를 물려준 것이 아니라 하늘에 천거한 후에야 그렇게 되었다는 것이다. 천자의 명령을 받았다고 천자가 되는 것은 아니다. 천자가 되려면 현재의 천자에게 인정받는 것이 아니라 하늘로부터 인정을 받아야 한다.

▓백성들이 순을 받아들이자 비로소 천자가 되었다

석 자 　요 천 순 어 천 이 천 수 지
昔者에 堯薦舜於天而天受之하시고,

폭 지 어 민 이 민 수 지　　고　왈 천 불 언
暴之於民而民受之하니, 故로 日天不言이라,

이 행 여 사　　시 지 이 이 의
以行與事로 示之而已矣라 하노라.

옛날에 요가 순을 하늘에 천거하자 하늘이 이를 받아들였고, 순을 백성들 앞에 내놓자 백성들이 이를 받아들였다. 그런 까닭에 '하늘은 말하지않고 행실과 하는 일로써 보여 줄 뿐이다' 라고 한 것이다."

하늘로부터 인정을 받아야만 백성들이 이를 받아들인다. 그러므로 백성의 뜻으로부터 하늘의 뜻을 알 수 있게 되는 것이다.

천하는 천자가 아니라 하늘이 주고 백성이 받 아들이는 것이다

왈 감문천지어천이천수지
日 敢問薦之於天而天受之

폭지어민이민수지 여하
暴之於民而民受之는 如何잇고.

왈 사지주제이백신 향지 시 천수지
日 使之主祭而百神이 享之하니 是는 天受之요,

사지주사이사치 백성 안지 시 민수지야
使之主事而事治하여 百姓이 安之하니 是는 民受之也라.

천여지 인여지 고 왈천자불능이천하여인
天與之하며 人與之라, 故로 日天子不能以天下與人이라 하니,

만장이 말했다. "감히 묻겠습니다. 순을 하늘에 천거했더니 하늘이 받아 주었고 백성들 앞에 내놓으니 백성들이 그를 받아 주었다는 것은 어떻게 한 것입니까?" 맹자가 말했다. "순에게 제사를 맡겼더니 모든 신들이 와서 제물을 받아 먹었으니 이것은 하늘이 이를 받아준 것이고, 그에게 일을 맡기니 일이 잘 다스려져 백성들이 편안해졌으니 이는 백성들이 받아 준 것이다. 하늘이 주고 백성이 주었기 때문에 '천자가 천하를 남에게 줄 수 없다'고 말하는 것이다."

만장은 하늘이 받아들이고 백성이 받아들인다는 것이 어떤 것인지를 구

체적으로 묻는다. 맹자는 이에 대한 대답을 순이 제사를 맡으면서 있었던 일과 순이 주관한 일들로 설명한다. 제사와 주관한 일이 모두 막힘없이 잘 된 것이 바로 하늘과 백성이 받아들인 것 이라 한다. 그런 까닭에 순이 요 로부터 천자의 자리를 물려받은 것은 하늘과 백성의 뜻이지 권력자의 뜻 이 아닌 것이다.

■ 요가 죽자 백성들이 요의 아들을 따르지 않고 오직 순을 따랐다

舜相堯二十有八載, 非人之所能爲也, 天也

堯崩, 三年之喪畢, 舜避堯之子於南河之南이어시늘,

天下諸侯朝覲者가 不之堯之子而之舜하며,

訟獄者가 不之堯之子而之舜하며,

謳歌者가 不謳歌堯之子而謳歌舜하니, 故로 曰天也라.

순이 요를 28년이나 도왔으니 이는 한 사람의 능력으로 할 수 있는 것이 아니라 하늘의 뜻이었다. 요가 세상을 떠나자 삼년상을 다 마치고 순이 요의 아들을 피하여 남하의 남쪽으 로 갔는데 천하의 제후로서 천자에게 조회하러 오는 자들이 요의 아들에게 가지 않고 순에게 갔으며, 옥사로 소송하는 자들이 요의 아들에게 가지 않고 순에게 갔으며, 덕을 노래 하는 자들도 요의 아들을 노래하지 않고 순을 노래했으니 그런 까닭에 하늘의 뜻이라고 말하는 것이다.

천자의 자리는 핏줄로 이어지는 것이 아니라 어질고 덕이 있는 사람에게 전해졌다. 이 때 천자의 자리를 잇게 하는 것이 만물을 다스리는 하늘이다. 그리고 이것은 백성들에 의해 그 뜻이 드러난다. 요가 죽자 순은 요의 아들을 위하여 초야에 숨었다. 그러나 백성들의 마음은 덕이 있는 순에게 기울었으며 하늘이 인정한 것은 바로 이 점 때문이라는 것이다. 맹자가 백성들의 마음을 여러 번 들먹이는 것은 그 때의 제후들이 백성에 대해 관심을 두지 않는 것을 깨우치기 위한 뜻이 있었기 때문이다. 맹자의 생각에도 순이 천자의 자리에 앉는 것이 당연했던 것이다.

요의 아들을 괴롭혔다면 천자가 될 수 없었을 것이다

부 연 후　지 중 국　천 천 자 위 언
夫然後에 之中國하사 踐天子位焉하시니,

이 거 요 지 궁　핍 요 지 자　시 찬 야　비 천 여 야
而居堯之宮하여 逼堯之子면 是는簒也요 非天與也니라.

그런 후에야 서울로 가서 천자의 자리에 나아갔으니, 그렇지 않고 요의 궁궐에 머무르면서 요의 아들을 괴롭혔다면 이는 천자의 자리를 빼앗은 것이지 하늘이 주신 것이 아니다.

이러한 순서를 거친 다음에 순이 천자의 자리에 나아갔으므로 비록 왕의 아들은 아니지만 왕위를 빼앗은 것이 아니며, 요가 머무르던 궁궐을 사용하더라도 빼앗았다고 말하지 않고, 다만 순이 덕이 있다고 생각하여 하늘이 그에게 물려준 것이라고 한다.

📕 하늘이 보고 듣는 것은 백성들에게서 비롯된다

太誓曰 天視 自我民視하며, 天聽이 自我民聽이라 하니 此之謂也라.

그런 까닭에 《태서(太誓)》에서 이르기를 '하늘이 보는 것은 우리 백성들이 보는 것에서 비롯되고, 하늘이 듣는 것은 우리 백성들이 듣는 것에서 비롯된다'고 했으니 이것을 일컫는 것이다.

이 부분은 백성들의 뜻이 하늘의 뜻임을 보여 주는 구절이다. 이는 진심장(盡心章)에서 '민위귀 사직차지(民爲貴社稷次之)'라는 구절과 함께 맹자의 민본 사상을 가장 뚜렷하게 드러내 보이는 구절이다. 하늘이 어떤 일을 처리할 때 개인의 뜻으로 결정하는 것이 아니라 인간의 공통된 생각을 바탕으로 그 방향을 결정한다는 것이다.

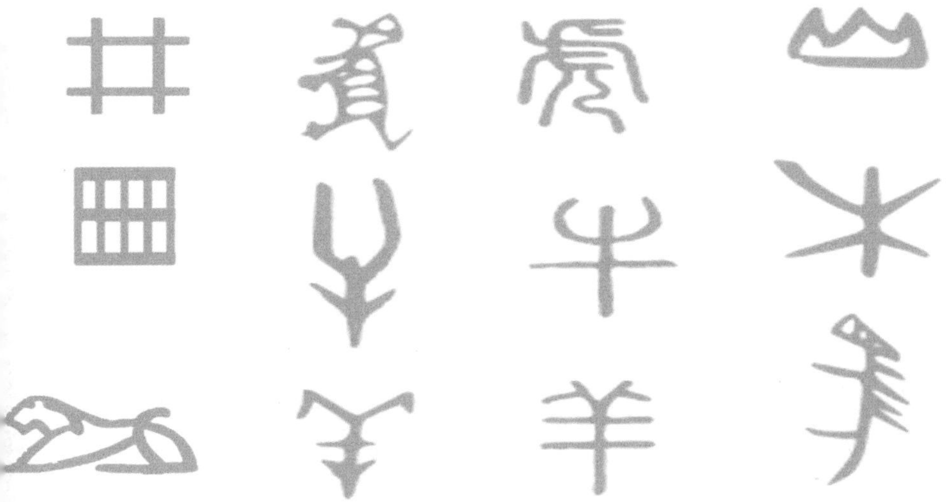

만장장구
萬章章句

— 하 —

만장장구 萬章章句 ─하─

이 편에서는 백이, 이윤, 유하혜 그리고 공자를 통하여 올바르게 세상을 살아간 성인들에 대한 소개와 맹자의 분석과 평가로 시작한다. 그리고 공자를 통하여 가장 이상적인 성인상에 대한 맹자의 주장이 있다.

백이는 나라가 어지러우면 물러나 스스로를 깨끗이 했다

맹자왈 백이　　목불시악색　　이불청악성
孟子曰 伯夷는 目不視惡色하며 耳不聽惡聲하고,

비기군불사　　비기민불사　　치즉진
非其君不事하며 非其民不使하여 治則進하고,

난즉퇴　　횡정지소출과　횡민지소지　불인거야
亂則退하여 橫政之所出과 橫民之所止에 不忍居也하며,

사여향인처　　여이조의조관　　좌어도탄야
思與鄉人處하되, 如以朝衣朝冠으로 坐於塗炭也러니,

맹자가 말했다. "백이는 눈으로는 나쁜 색을 보지 않고, 귀로는 나쁜 소리를 듣지 않았으며, 섬길 만한 왕이 아니면 섬기지 않았으며, 부릴 만한 사람이 아니면 부리지 않아 나라가 잘 다스려지면 나갔고, 나라가 어지러우면 물러나서 나쁜 정치가 나오는 곳과 나쁜 사람들이 사는 곳에는 차마 살지 못했으며, 속된 사람들과 사는 것을 마치 조복과 조관을 하고 숯불 위에 앉아 있는 것처럼 생각했는데,

백이와 숙제는 마음이 맑고 깨끗하며 재물을 탐내지 않은 사람의 대명사로 불린다. 이들이 그렇게 된 것은 공자가 그의 덕을 높이 여긴 것도 적지 않은 영향을 끼쳤다. 그들은 자신이 판단할 때 옳지 않다고 여기면 절대로 하지 않았으며, 덕망이 있는 사람도 아니면서 왕위에 올라 나라를 제대로 다스리지 못하는 사람이라면 왕으로 섬기지 않았으며, 예의 범절을 알지 못하는 백성들은 부릴 생각도 하지 않았다. 또한, 나라가 잘 다스려져야만 벼슬길에 나아가고, 잘 다스려지지 않으면 벼슬길에 나아가지 않았다. 이렇게 살아야 옳지 않은 것으로부터 유혹당하지 않게 하는 것이라 생각했던 것이다.

백이에 의해 사람들은 깨끗해졌다

당 주 지 시   거 북 해 지 빈   이 대 천 하 지 청 야
當紂之時하여 居北海之濱하여 以待天下之淸也하니,

고   문 백 이 지 풍 자   완 부 염   나 부 유 립 지
故로 聞伯夷之風者는 頑夫廉하며 懦夫有立志하니라.

폭군인 주가 다스리던 때를 당하여 북해의 바닷가에 살면서 천하가 깨끗해지기를 기다렸다. 그 때문에 백이의 풍도를 들은 사람들은 완악한 자가 깨끗해지고 나약한 자가 뜻을 세우게 된다.

그 결과 백이의 행동을 본받은 사람들이 생겨났고 완악, 즉 성질이 모질고 악독한 사람은 청렴해지고, 뜻이 굳세지 못하고 약한 사람은 굳세어지게 만드는 등의 역할을 하였다. 그러나 소극적인 그들의 행동은 사회악을 부추기는 무리들을 억누르는 역할을 할 수는 없었다.

이윤은 나라가 어지러워도 나아가 백성을 깨우치려 했다

伊尹日 何事非君이며 何使非民이리오 하여

治亦進하고 亂亦進하여, 日 天之生斯民也는 使先知로

覺後知하며, 使先覺으로 覺後覺이시니, 予는

天民之先覺者也로니 予將以此道로 覺此民也라 하며,

思天下之民이 匹夫匹婦가 有不與被堯舜之澤者어든

若己推而內之溝中하니 其自任以天下之重也니라.

이윤이 말하기를 '누구를 섬긴들 나의 왕이 아니며 누구를 부린들 백성이 아니겠는가?' 하여 나라가 잘 다스려져도 나가며 나라가 어지러워져도 나가서 말하기를 '하늘이 이 백성을 낸 것은 먼저 안 사람으로 하여금 나중에 아는 사람을 깨우쳐 주도록 하고, 먼저 깨달은 사람으로 하여금 나중에 깨닫는 사람을 깨우치게 하려는 것이니, 나는 하늘이 낸 백성

중에서 먼저 깨달은 사람이니 내가 앞으로 이 도로 백성들을 깨우치겠노라'고 했으며 천하의 백성 중에 필부(匹夫)와 필부(匹婦)라도 요순의 혜택을 입는 데 끼지 못한 사람이 있다면 마치 자기가 그를 밀어 도랑으로 빠지게 한 것처럼 여겼으니 이는 천하의 중임을 자기가 맡은 것이다.

이윤은 백이와 정반대의 생각을 지녔었다. 그리하여 이윤은 누구를 섬긴들 자기가 섬길 만한 왕이 아니겠으며, 누구를 부린들 자기가 부릴 만한 백성이 아니겠는가라고 하며 적극적으로 벼슬자리에 나아갈 것을 택했다. 이윤은 나라가 어지러워도 숨지 않고 벼슬자리에 나아가 나라를 구하려고 노력하는 것이 옳다고 보았다. 자신이 세상의 이치를 먼저 깨달았으니 이것을 아직 깨닫지 못한 사람을 깨우치는 데 사용하며, 백성 중에 요와 순의 도에 은혜를 받지 못한 사람이 하나라도 있으면 그들을 깨우쳐 요와 순의 도의 은혜와 덕택을 받도록 노력하겠다는 식의 사고 방식이다. 이는 세상이 어지럽다고 피하지 말고 오히려 세상을 개혁하려는 적극적인 자세를 가져야 함을 말한다.

유하혜는 오직 자신의 도를 실천하였다

유 하 혜　불 수 오 군　　불 사 소 관　　진 불 은 현
柳下惠는 不羞汚君하며 不辭小官하며 進不隱賢하여,

필 이 기 도　　유 일 이 불 원　　액 궁 이 불 민
必以其道하며 遺佚而不怨하며 阨窮而不憫하며

여 향 인 처　　　유 유 연 불 인 거 야　　이 위 이
與鄕人處하되, 由由然不忍去也하여 爾爲爾요

我爲我니, 雖袒裼裸裎於我側인들 爾焉能浼我哉리오 하니,

故로 聞柳下惠之風者는 鄙夫寬하며 薄夫敦하니라.

유하혜는 더러운 왕을 섬기는 것을 부끄럽게 여기지 않았으며, 작은 벼슬도 사양하지 않았으며, 나가면 어진 것을 숨기지 않아 반드시 올바른 도리대로 하며, 벼슬길에 버림을 받아도 원망하지 않고, 곤궁함을 당해도 걱정하지 않았으며, 속된 사람들과 함께 머무르되 유유하게 피하지 아니하고 말하기를 '너는 너고 나는 나니 네가 비록 내 옆에서 옷을 벗는다 한들 네가 어찌 나를 더럽힐 수 있겠는가'라고 했다. 그래서 유하혜의 풍도를 들은 사람들은 비루한 자가 너그러워지며 야박한자의 인심이 후해진다.

이들과 또 다른 방식으로 살아간 사람으로는 유하혜가 있다. 그는 세상 사람들의 평을 뛰어넘어 자신의 판단이 옳다고 생각하면 그 행동이 쉽든 어렵든 적극적으로 밀고 나가는 인물이다. 그리하여 도덕적으로 타락한 왕이라도 섬기는 것을 부끄럽게 여기지 않았고, 한번 벼슬자리에 나아가면 아무리 작은 벼슬이라도 부끄럽게 여기지 않았으며, 자신이 생각하여 옳다고 여기는 대로 행동하여 벼슬자리에서 쫓겨나더라도 남을 원망하는 일이 없었다. '너는 너고, 나는 나니 네가 나를 어떻게 더럽힐 수 있느냐'라는 그의 말은 자신의 존재에 대한 굳은 믿음에서 비롯된 것으로 뒷날 그의 기풍을 배웠던 사람으로 마음이 좁던 사람은 너그러워지게 되었던 것이다.

📖 공자는 그 때에 따라 알맞게 행동했다

^{공 자 지 거 제} ^{접 석 이 행}   ^{거 노 왈 지 지}
孔子之去齊에 接淅而行하시고, 去魯에 曰 遲遲라,

^{오 행 야}   ^{거 부 모 국 지 도 야}   ^{가 이 속 이 속}
吾行也여 하시니 去父母國之道也라, 可以速而速하며

^{가 이 구 이 구}   ^{가 이 처 이 처}   ^{가 이 사 이 사} ^{공 자 야}
可以久而久하며 可以處而處하며 可以仕而仕는 孔子也니라.

공자가 제나라를 떠나갈 때는 밥을 지으려고 담가 두었던 쌀
을 건져서 떠났고, 노나라를 떠날 때는 '천천히 천천히 가자'
라고 말하니, 이는 부모의 나라를 떠나는 도리이다. 빨리 떠
날 만하면 빨리 떠나고, 오래 머무를 만하면 오래 머무르며,
숨을 만하면 숨고, 벼슬할 만하면 벼슬한 분이 공자이다."

앞의 세 사람이 각각 자기가 정한 방식에 치우쳤다면 공자는 변하는
상황에 따라 알맞게 행동한 인물이라고 할 수 있다. 공자는 벼슬을 할
만한 상황이면 벼슬을 하고 모든 상황이 나빠져 벼슬을 하는 것이 전
혀 도움이 되지 않는다고 판단될 때에는 벼슬을 하지 않고 자신의 몸
을 수양하면서 자신이 옳다고 여기는 것을 지켰다. 물론 이것은 상황
에 따라서 자신의 벼슬길에 대한 올바른 판단을 내릴 수 있는 인물이
었기 때문에 가능한 것이었다.

🦉공자는 때에 따라 덕을 알맞게 베풀었다

> 맹자왈 백이 성지청자야 이윤 성지임자야
> 孟子曰 伯夷는 聖之淸者也요, 伊尹은 聖之任者也요,
>
> 유하혜 성지화자야 공자 성지시자야
> 柳下惠는 聖之和者也요, 孔子는 聖之時者也니라.
>
> 맹자가 말했다. "백이는 성인 중에서 청렴한 사람이요, 이윤은 성인 중에서 천하를 자기의 책임으로 삼았던 사람이고, 유하혜는 성인 중에서 온화한 사람이고, 공자는 성인 중에서 때에 맞도록 덕을 알맞게 베푼 사람이다."

백이는 청렴한 덕을 높이 받들 만하고, 이윤은 사회 정의를 실천하기 위해 적극적으로 노력한 것을 칭찬할 만하고, 유하혜는 굳은 자기 생각을 가지고 어느 누구의 방해가 있더라도 상관없이 굳굳하게 행동했다.

이에 비하여 공자는 자신이 나아갈 바와 외부 세계와의 어울림을 마음에 두고 시대 상황에 맞추어 알맞게 행동했다. 그런 까닭에 맹자는 공자의 태도를 가장 높이 평가한 것이다.

🦉공자는 성인의 훌륭함을 집대성했다

> 공자지위집대성 집대성야자 금성이옥진지야
> 孔子之謂集大成이니 集大成也者는 金聲而玉振之也라.
>
> 금성야자 시조리야 옥진지야자 종조리야
> 金聲也者는 始條理也요 玉振之也者는 終條理也니,

시 조 리 자　　지 지 사 야　　　종 조 리 자　　성 지 사 야
始條理者는, 智之事也요　終條理者는, 聖之事也니라.

공자를 집대성한 사람이라고 하니 집대성이란 음악을 연주할 때에 금으로 소리를 내고 옥으로 그것을 거두어들이는 것이다. 금으로 소리를 퍼뜨리는 것은 조리를 시작한다는 것이요, 옥으로 거두는 것은 조리를 끝내는 것이니, 조리를 시작한다는 것은 지의 일이요, 조리를 끝내는것은 성인의 일인 것이다.

이것을 음악에 비유하면, 음악을 시작할 때 종이 울려 소리가 알맞게 어울리도록 한다. 그리고 연주가 끝날 무렵이면 경이라는 돌로 만든 타악기를 쳐서 음악을 정리한다.

도를 행함에도 음악처럼 시작과 거둠이 있으니 시작은 지혜의 일이고 거둠은 성인의 일이다.

지성과 활쏘기

지　　비 즉 교 야　　　성　비 즉 력 야　　　유 사 어 백 보 지 외 야
智를 譬則巧也요　聖을 譬則力也니, 由射於百步之外也하니

기 지　　　이 력 야　　　　기 중　　비 이 력 야
其至는 爾力也어니와,　其中은 非爾力也니라.

지를 비유하면 기교요, 성을 비유하면 힘이니, 백 보 밖에서 활을 쏘는 것과 같으며 과녁에 이르는 것은 너의 힘이거니와 과녁에 맞는 것은 너의 힘이 아니다.(기교이다)

활쏘기에 비유해도 마찬가지이다. 과녁에 명중시키는 것은 높은 기술을 필요로 하지만 아무리 뛰어난 솜씨를 지니고 있어도 과녁에 이를 정도의 힘을 지니지 못했다면 소용이 없다. 힘과 기술이 함께 어울림과 동시에 조화롭게 갖추어져야 소기의 목적을 이룰 수 있는 것이다. 나라를 다스리는 것도 마찬가지여서 지와 성을 함께 지니고 있어야 한다는 것이다.

고자장구

告子章句

一상一

이 편에서는 인간본성에 관한 논쟁이 나온다. 특히 인간의 본성은 실체가 없다는 고자의 주장에 대해 맹자는 인간의 본성은 선하다고 반박을 한다. 인간의 본성이 선하거나 선한 정도가 차이가 나는 것은 단지 환경의 차이와 선한 본성을 지키려는 노력의 차이에서 발생한 것이다. 따라서 선한 본성을 가진 우리 모두는 성인이 될 수 있다고 주장한다.

■ 고자, 인간의 본성은 본디에 구분이 없다

고자왈 성 유단수야 결제동방 즉동류
告子曰 性은 猶湍水也라. 決諸東方이면 則東流하고,

결제서방 즉서류 인성지무분어선불선야
決諸西方이면 則西流하나니, 人性之無分於善不善也는

유수지무분어동서야
猶水之無分於東西也니라.

고자가 말했다. "인간의 본성은 여울물과 같다. 물의 방향을 동쪽으로 터 놓으면 동쪽으로 흐르고 서쪽으로 터 놓으면 서쪽으로 흐르니, 인간의 본성이 선하고 선하지 않고 하는 구분이 없는 것은 마치 물이 동서의 구분이 없는 것과 같다."

동양에서는 인간도 자연의 일부라고 생각했기 때문에 자연 법칙을 인간의 법칙에 비유한 경우가 많았다. 그런 자연물 중에서 자주 이용되는 것은 산과 물이다. 여기에서는 인간의 본성을 설명하기 위해 물을 이용하고 있다. 고자는 물을 동쪽으로 이끌면 동쪽으로 흘러가고, 서쪽으로 이끌면 서쪽으로 흘러가듯이 인간의 본성도 어떤 방향으로 이끄는가에 따라서 결정되는 것이지 미리 선과 악이 정해진 것은 아님을 말하고 있다.

맹자, 인간의 본성은 본디부터 선하다

맹 자 왈   수 신 무 분 어 동 서   무 분 어 상 하 호
孟子曰 水信無分於東西어니와 無分於上下乎아.

인 성 지 선 야   유 수 지 취 하 야   인 무 유 불 선   수 무 유 불 하
人性之善也는 猶水之就下也니 人無有不善하며 水無有不下니라.

맹자가 말했다. "물은 진실로 동서의 분별이 없지만 위와 아래도 분별이 없는가? 인성의 선함은 물이 아래로 흐르는 것과 같으니, 선하지 않은 사람이 없으며, 아래로 흘러가지 않는 물이 없다.

물이 동서로 흐르는 것이 정해지지 않았듯이 선과 악도 미리 정해지지 않았다는 고자의 말에 대하여 맹자는 다른 방법을 들어 자신의 생각을 말한다. 즉 물의 흐름이 동서의 구분이 정해진 것은 아니지만 위아래의 구별이 뚜렷하듯이, 인간의 본성도 선악의 구별이 이미 정해져 있다고 한다. 다시 말해, 물이란 위에서 아래로 흐르는 것이 정한 이치이듯이 본성이 착한 것도 정한 이치라는 것이다. 성선설의 근거가 여

기에서도 드러난 것이다. 이는 고자와는 다른 관점에서 말하는 것으로 이들의 말로 옳고 그름을 판단할 것은 아니다.

🌊물이 튀거나 급하게 흐르는 것은 본성이 아니라 기세 때문이다

금 부 수　박 이 약 지　　가 사 과 상　　　격 이 행 지
今夫水를 搏而躍之면 可使過顙이며, 激而行之면

가 사 재 산　　　시 기 수 지 성 재
可使在山이어니와 是豈水之性哉리오,

기 세 즉 연 야　　인 지 가 사 위 불 선　　기 성　　역 유 시 야
其勢則然也니 人之可使爲不善이 其性이 亦猶是也니라.

지금 저 물을 탁 쳐서 튀어 오르게 하면 이마 위에까지 올라가게 할 수 있으며, 급하게 흐르도록 하면 산에 있게 할 수 있지만 이것이 어찌 물의 본성이겠는가? 그 기세가 그렇게 만든것이니, 사람이 선하지 않게 함은 또한 이와 같은 것이다."

물이 위에서 아래로 흘러가는 것은 본성에서 비롯되는 것이다. 그러나 어쩌다가 거꾸로 흐를 수도 있다.

이 경우는 본성에 의한 것이 아니라 외부의 힘이 물의 성질을 바꾸었기 때문이다.

이것을 통해 사람이 나쁜 행동을 하게 되는 것은 사람이 물을 거꾸로 흐르게 하는 것처럼 환경이나 기세에서 비롯된 것이라고 설명한다.

🐾 인간의 본성은 처음부터 정해진 것이 없다는 주장

> 공 도 자 왈 고 자 왈 성 무 선 무 불 선 야
> 公都子曰, 告子曰 性은 無善無不善也라 하고,
>
> 공도자가 말했다. "고자가 말하기를 '인간의 본성은 본디부터 선한 것도 선하지 않은 것도 없다'고 말했고,

공도자는 맹자의 제자 중의 한 사람이다. 그는 인간의 본성이 착하다는 맹자의 주장에 대하여 고자를 비롯한 여러 사람이 내놓은 인간의 본성에 관한 생각을 늘어놓으면서 질문을 한다.

먼저 고자가 말한 인간의 본성은 물이 어디로 흐르게 하느냐에 따라 방향이 달라지듯이, 인간의 본성도 환경에 따라 변할 수 있다는 것이다.

🐾 인간의 성품은 선한 면과 악한 면을 동시에 가진다는 주장

> 혹 왈 성 가 이 위 선   가 이 위 불 선   시 고
> 或曰 性은 可以爲善이며 可以爲不善이니, 是故로
>
> 문 무 흥   즉 민 호 선   유 여 흥   즉 민 호 포
> 文武興이면 則民好善하고, 幽厲興이면 則民好暴라 하고,
>
> 어떤 사람은 말하기를 '성은 선할 수도 있고 선하지 않을 수도 있다. 이런 까닭에 문왕과 무왕이 나타나면 백성들은 선을 좋아하고, 유왕과 여왕이 나타나면 백성은 포악한 일을 좋아한다'고 하고,

다음으로는 인간의 본성은 선한 것과 악한 것이 동시에 존재한다는 주장이다. 선한 본성을 키우면 선해지고 악한 본성을 키우면 악해진다.

본성이 선한 사람과 본성이 악한 사람이 있다는 주장

혹왈 유성선　유성불선　시고
或曰 有性善하고 有性不善하니 是故로

이요위군이유상　이고수위부이유순
以堯爲君而有象하며 以瞽瞍爲父而有舜하며

이주위형지자　차이위군　이유미자계 왕자 비간
以紂爲兄之子요 且以爲君이로되, 而有微子啓 王子 比干이라 하니,

어떤 사람은 말하기를 '성이 선한 사람도 있고 선하지 않은 사람도 있으니, 그러므로 요를 왕으로 섬기는 상이 있었으며, 고수를 아버지로 섬기는 순이 있었으며, 조카인 주왕을 왕으로 삼은, 미자 계와 왕자인 비간이 있었다' 고 하니

본성은 시대나 환경의 영향을 받지 않고 본디부터 착한 사람과 악한 사람이 있다고 말하기도 한다. 예컨대 요와 같은 성스러운 왕이 다스리던 때에도 상처럼 악한 사람이 있었고, 주와 같은 폭군이 다스리던 때에도 현명한 신하가 있었으니, 본래부터 선한사람과 본래부터 악한 사람이 있다는 것이다. 이는 맹자가 말하는 모두가 착하다는 것과는 차이가 난다.

ꅼ그래도 인간의 본성은 선한 것이다

금 왈 성 선   연 즉 피 개 비 여   맹 자 왈
今日 性善이라 하시니 **然則彼皆非與**잇가. **孟子日**

내 약 기 정 즉 가 이 위 선 의   내 소 위 선 야
乃若其情則可以爲善矣니 **乃所謂善也**니라.

그런데 지금 선생께서는 본성은 모두 선하다고 하시니 그렇
다면 저들은 모두 틀린 것입니까?"하자, 맹자가 말했다. "성
정을 따르면 선하다고 할 수 있으니 이것이 내가 말하는 선
하다는 것이다."

공도자는 이러한 여러 가지 예를 들면서 맹자의 성선설에 대하여 의
문을 내놓는다. 이미 있었던 선에 대한 설명이 자신이 보기에는 틀린
것 같지 않으나 맹자의 선에 대한 설명과 다르니 자신의 생각이 모두
틀린 것이냐고 묻는다. 이에 대한 맹자의 대답은 인간의 본성은 선천
적으로 착하다는 것이다.

ꅼ악은 본성이 아니다

약 부 위 불 선   비 재 지 죄 야
若夫爲不善은 **非才之罪也**니라.

선하지 않은 것은 바탕의 죄가 아니다.

그러므로 어쩌다 착하지 않은 일을 하는 사람은 그의 잘못된 행동에

대하여 비난받을 수 있지만, 그가 타고난 본성이 악한 것은 아니다.

▓사단은 모든 사람이 가지고 있다

측은지심   인개유지   수오지심   인개유지
惻隱之心을 人皆有之하며, 羞惡之心을 人皆有之하며,

공경지심   인개유지   시비지심   인개유지
恭敬之心을 人皆有之하며, 是非之心을 人皆有之하니,

측은지심을 사람마다 모두 가지고 있으며, 수오지심을 사람마다 모두 가지고 있으며, 공경지심을 사람마다 모두 가지고 있으며, 시비지심을 사람마다 모두 가지고 있으니,

남의 어려움을 보고 측은하게 여기는 마음이나 옳지 못한 것을 보면 부끄러워하는 마음, 남을 공경하는 마음, 옳고 그름을 가리는 마음을 사람마다 모두 가지고 있으니,

▓사단은 사람의 본성에서 우러난다

측은지심   인야   수오지심   의야   공경지심
惻隱之心은 仁也요, 羞惡之心은 義也요, 恭敬之心은

예야   시비지심   지야   인의예지
禮也요, 是非之心은 智也니 仁義禮智는

비유외삭아야   아고유지야   불사이의
非由外鑠我也라, 我固有之也언마는 弗思耳矣라,

故로 曰 求則得之하고 舍則失之라 하니,

측은지심은 인이요, 수오지심은 의요, 공경지심은 예요, 시비지심은 지이니, 인의예지가 밖으로부터 나를 녹여 들어오는 것이 아니라 내가 본디부터 지니고 있었던 것이나 생각하지 못할 뿐이다. 그래서 '구하면 얻게 되고 버리면 잃게 된다'고 말하는 것이니,

이를 사단이라 하며, 사단이란 사람의 본성에서 우러나오는 네 가지 마음씨, 즉 인의예지를 가리키는 것으로 밖에서 구할 수 있는 것이 아니다. 마음 속에 있는 본성을 찾음으로써 사단을 갖출 수가 있는 것이다.

▨사람간의 차이는 타고난 재질을 다하지 못한 차이이다

或相倍蓗而無算者는 不能盡其才者也니라.

혹은 사람간의 선과 악의 차이가 두 배가 되고 다섯 배가 되기도 하여 계산할 수 없는 것은 그 타고난 재질을 다하지 못했기 때문이다.

그러므로 사람마다 선악의 차이가 나는 것은, 마음 속에 있는 본성을 발휘하지 못했기 때문이라는 것이다.

🐾사람의 본성은 덕을 좋아 한다

> 시왈 천생증민　　유물유칙　　　민지병이
> 詩曰 天生蒸民하시니 有物有則이로다. 民之秉夷라
>
> 호시의덕　　　　공자왈 위차시자
> 好是懿德이라 하여늘 孔子曰 爲此詩者는
>
> 기지도호　　고　유물　　필유칙
> 其知道乎인저, 故로 有物이면 必有則이니
>
> 민지병이야　　고　호시의덕
> 民之秉夷也라, 故로 好是懿德이라 하시니라.
>
> 《시경》에 이르기를 '하늘이 여러 사람을 내시니 만물에는 법칙이 있도다. 사람들이 마음에 떳떳한 본성을 지니고 있는지라 이 아름다운 덕을 좋아한다' 고 하니 공자가 말하기를 '이 시를 지은 사람은 도를 아는구나. 그런 까닭에 사물이 있으면 반드시 법이 있으니, 사람들도 떳떳한 본성을 지니고 있었던지라, 그 때문에 이 아름다운 덕을 좋아한다' 고하였다.

《시경》의 시를 통하여 맹자는 세상의 모든 사물마다 법칙을 가지고 있듯이 인간에게는 시대와 상관 없이 변하지 않는 마음을 지니고 있기 때문에 덕을 좋아하는 것이라고 말하고 있다. 그리하여 백성이 덕을 좋아하는 것도 이러한 관계에서 설명한다.

바탕이 달라 마음을 그렇게 만든 것이 아니다

<blockquote>
맹자왈 부세　자제다뢰　　흉세　자제다포
孟子曰 富歲엔 子弟多賴하고, 凶歲엔 子弟多暴하나니,

비천지강재 이수야　　기소이함닉기심 자연야
非天之降才 爾殊也라, 其所以陷溺其心 者然也니라.

맹자가 말했다. "풍년에는 자제들의 게으름이 많고, 흉년에
는 포악해지는 자제들이 많으니, 하늘이 이같이 다른 바탕을
내려 준 것은 아니고, 그들의 마음을 그렇게 빠뜨리는 것이
그렇게 한 것이다."
</blockquote>

풍년이 들어 생활이 안정되면 자제들은 게으르고 , 흉년이 들어 생
활이 어려워지면 포악한 성질을 드러내니 이는 본성 때문에 그런 것
이 아니라 환경이 사람의 마음을 그렇게 한 것이다.

농작물의 수확이 똑같지 않는 것은 여러가지
차이가 있기 때문이다

<blockquote>
금부모맥　파종이우지　　기지동
今夫麰麥을 播種而耰之하되 其地同하며,

수지시우동　　발연이생　　지어일지지시
樹之時又同하면 浡然而生하여 至於日至之時하여

개숙의　　수유부동
皆熟矣나니, 雖有不同이나
</blockquote>

즉 지 유 비 교   우 로 지 양   인 사 지 부 제 야
則地有肥磽하며, 雨露之養과 人事之不齊也니라.

지금 보리의 씨를 파종하여 흙으로 씨를 덮되 그 땅도 똑같
고 파종한 시기도 똑같으면 발연히 새싹이 돋아나서 하지가
되면 모두 익으나 똑같지는 않으니 이는 땅이 비옥하고 척
박함의 차이이며, 비와 이슬이 내려 가꾸어 길러 주는 것과
사람들이 가꾸는 것이 다르기 때문이다.

　　인간의 본성을 사물에 비유하여 설명하고 있다. 똑같은 종자라고 하
더라도 씨를 뿌리는 때와 거두어들이는 때가 어떤가, 자라는 과정에서
자연 환경이 어떤 영향을 끼쳤는가에 따라서 수확의 차이가 나는 것이
지 종자에 차이가 있는 것이 아니라고 한다. 이처럼 인간이 선을 행하
고 악을 행하는 것은 본디 타고난 성품의 차이에 원인이 있는 것이 아
니라고 맹자는 주장한다. 곧 농작물을 가꾸는 정성을 교육에 비유하여
교육 정도에 따라 성품이 달라지는 것이라고 맹자는 말하고 있다. 사
실 종자의 좋고 나쁨에 따라서 수확이 달라질 수 있으나, 맹자는 이러
한 문제는 전혀 무시하고 자연 환경이 얼마나 그 종자가 자라는 데 많
은 은혜와 덕택을 내렸는가와 인간이 얼마나 정성들여 길렀느냐에 수
확의 양이 결정되는 것이라고 하였다.

■ 성인도 평범한 인간과 같은 무리이다

고 범동류자 거상사야
故로 凡同類者는 擧相似也니,

하 독 지 어 인 이 의 지   성 인   여 아 동 류 자
何獨至於人而疑之리오. 聖人도 與我同類者시니라.

그러므로 대체로 같은 종류는 대부분 서로 같으니, 어찌 사
람에게 있어서만 의심을 하겠는가? 성인도 우리와 같은 무리
이다.

보리의 씨앗과 인간의 문제를 비유한 후에 그 상태나 성질을 미루어
짐작하건대 인간도 본디에 개인의 차이가 그리 많지 않았다고 한다.
따라서 성인이나 보통 사람이나 태어날 때부터 구별이 있었던 것은
아니고, 다만 자라는 과정에서 수양의 정도에 따라 서로 차이가 생기
게 되었다는 것이다.

■ 발의 크기를 모른 채 신을 만들어도 삼태기가
되지는 않는다

고   용 자 왈 부 지 족 이 위 구   아 지 기 불 위 괴
故로 龍子曰 不知足而爲屨라도 我知其不爲蕢

야   구 지 상 사   천 하 지 족   동 야
也라 하니, 屨之相似는 天下之足이 同也일새니라.

그 때문에 용자가 말하기를 '발의 크기를 모른 채 신을 만들
더라도 나는 삼태기처럼(크게) 만들지 않을 줄 안다'고 했으

니 신의 모양이 서로 비슷한 것은 천하의 발이 같기 때문이다.

맹자가 이용한 용자의 말은 알맞은 표현이다. 신을 만드는 사람이 어떤 사람의 발을 보고 신을 만든 것이 아닌데도 그 사람의 발에 맞을 수 있는 것은 인간의 발은 크기와 모양이 서로 비슷하기 때문이라는 것이다. 맹자는 이것을 인간의 본성과 관련시킨다.

천하 백성들의 입맛은 서로 비슷하다

구 지 어 미　　유 동 기 야　　　역 아
口之於味에 有同嗜也하니 易牙는

선 득 아 구 지 소 기 자 야　　여 사 구 지 어 미 야
先得我口之所嗜者也라, 如使口之於味也에

기 성　　여 인 수　　약 견 마 지 여 아 부 동 류 야
其性이 與人殊가 若犬馬之與我不同類也면,

즉 천 하 하 기　　재 종 역 아 지 어 미 야　　　지 어 미
則天下何耆를 皆從易牙之於味也리오, 至於味하여는

천 하 기 어 역 아　　　시　　천 하 지 구 상 사 야
天下期於易牙하나니, 是는 天下之口相似也일새니라.

입이 맛을 똑같이 즐기니 역아는 우리 입이 즐기는 것을 먼저 알았던 사람이다. 가령 맛을 느끼는 입의 성질이 남과 다른 것이 마치 개와 말이 우리와 다른 것과 같다면 천하의 백성들이 맛을 즐김에 있어서 어찌 역아가 조리한 맛을 따르겠

는가? 맛에 있어서는 천하 백성들이 모두 역아가 되기를 바라니 이것은 천하 백성들의 입이 서로 비슷하기 때문이다.

맹자는 사람들이 모두 비슷하게 느끼는 맛 역시 인간의 본성과 관련시킨다. 역아는 제나라 환공의 요리사로 있으면서 음식을 잘 만들기로 유명한 사람이다. 그는 후대로 오면서 최고급 요리사의 상징으로 사용된다. 역아가 훌륭한 음식이라고 만들어 낸 것을 누구나 맛있는 것으로 여기는 것은 사람의 입맛이 서로 비슷하기 때문이다.

█ 음악을 듣는 것도 서로가 비슷하다

유 이   역 연   지 어 성   천 하 기 어 사 광
惟耳도 亦然하니, 至於聲하여는 天下期於師曠하나니,

시   천 하 지 이 상 사 야
是는 天下之耳相似也일새니라.

귀도 또한 그러니 소리에 있어서는 천하 백성들이 사광이 되기를 바라니, 이것은 천하 백성들의 귀가 서로 비슷하기 때문이다.

음악을 듣는 것도 서로 비슷하다. 사광은 진나라 평공 시대의 음악가로서 음률의 미묘한 부분까지도 잘 알아서 아름다운 음악을 만들어 냈다. 그리하여 사광이 한 번 거문고를 타면서 구름이 일어나는 소리

를 내니 흰구름이 서북쪽에서 일고 기왓장이 날고 하여 그 자리에 있던 모든 사람이 놀란 적이 있다.

🔸아름다움을 보는 눈도 비슷하다

> ^{유목} ^{역연} ^{지어자도} ^{천하막부지기}
> 惟目도 亦然하니, 至於子都하여는 天下莫不知其
>
> ^{교야} ^{부지자도지교자} ^{무목자야}
> 姣也하나니, 不知子都之姣者는 無目者也니라.
>
> 눈도 또한 그러하니 자도에 대해서는 천하 백성들이 그의 아름다움을 모르는 자가 없으니, 자도의 아름다움을 모르는 사람은 눈이 없는 자이다.

아름다운 것을 보면서 아름답다고 느끼는 것의 차이가 없는 것도 사람의 눈도 서로 비슷하기 때문이라는 것이다.

비록 사람마다 아름다움의 기준이 조금씩 다르기는 하겠으나 아름답다고 하는 것에는 이의가 없으리라고 본다. 이것은 사람을 보는 눈 또한 서로 비슷하기 때문이다.

🔸마음에 이르러서만 유독 똑같이 옳게 여기는 바가 없다고 하겠는가?

> ^고 ^왈 ^{구지어미야} ^{유동기언} ^{이지어성야}
> 故로 曰 口之於味也에 有同嗜焉하며, 耳之於聲也에

유 동 청 언　　목 지 어 색 야　유 동 미 언
有同聽焉하며, 目之於色也에 有同美焉하니,

지 어 심　　　독 무 소 동 연 호　　심 지 소 동 연 자
至於心하여는 獨無所同然乎아, 心之所同然者는

하 야　　위 리 야 의 야　성 인　　선 득 아 심 지 소 동 연 이
何也오, 謂理也義也라. 聖人은 先得我心之所同然耳시니,

고　　리 의 지 열 아 심　　유 추 환 지 열 아 구
故로 理義之悅我心이 猶芻豢之悅我口니라.

그래서 말하기를 '입이 맛에 있어서 똑같이 즐기는 것이 있으며, 소리에 있어서도 똑같이 듣는 것이 있으며, 색에 있어서도 똑같이 아름답게 여기는 것이 있다'고 하는 것이니, 마음에 이르러서만 유독 똑같이 옳게 여기는 바가 없다고 하겠는가? 마음에 똑같이 옳게 여긴다는 것은 이치와 의리를 말한다. 성인은 우리의 마음에 똑같이 옳게 여기는 것을 먼저 아셨다. 이치와 의리가 우리의 마음에 기쁜 것은 마치 고기가 우리의 입에 즐거운 것과 같다.

이렇게 감각 기관으로 느끼는 것의 차이가 거의 없는 것처럼, 사람의 마음에서 느끼는 것도 차이가 없다는 것이 맹자의 주장이다. 즉, 착한 행동을 보고 훌륭하다고 여기는 마음은 같다는 것이다.

사람이 착한 행동을 좋아하고 나쁜 행동을 싫어하는 것도, 착하게 태어난 사람의 본성 때문에 그런 것이라고 보았다.

민둥산은 그 산의 본성 때문에 민둥산이 된 것이 아니다

맹 자 왈 우 산 지 목   상 미 의   이 기 교 어 대 국 야
孟子曰 牛山之木이 嘗美矣러니 以其郊於大國也라,

부 근   벌 지   가 이 위 미 호   시 기 일 야 지 소 식
斧斤이 伐之어니 可以爲美乎아. 是其日夜之所息과

우 로 지 소 윤   비 무 맹 얼 지 생 언   우 양
雨露之所潤에 非無萌蘖之生焉이언마는, 牛羊이

우 종 이 목 지   시 이   약 피 탁 탁 야   인 견 기 탁
又從而牧之하니, 是以로 若彼濯濯也하니, 人見其濯

탁 야   이 위 미 상 유 재 언   차 기 산 지 성 야 재
濯也하고 以爲未嘗有材焉이라 하니 此豈山之性也哉리오.

맹자가 말했다. "우산의 나무가 일찍이 아름다웠는데 큰도시의 교외에 있기 때문에 도끼와 자귀가 날마다 나무를 베니 아름답게 될수가 있겠는가? 밤에 자라고 비와 이슬이 적셔주니 싹이 나오건마는 소와 양을 방목하므로 저렇게 민둥 민둥하게 되었다. 사람들이 그 민둥민둥한 것만을 보고 훌륭한 재목이 없다고 하니 이것이 어찌 산의 본성이겠는가?"

이 글에 나오는 우산은 제나라 도읍인 임치의 남쪽 교외에 있다. 이 산은 옛날에는 초목이 무성하여 아름다웠다. 그러나 맹자가 찾아갔을 때에는 사람들이 나무를 베고 가축을 놓아 길렀으므로 민둥산으로 변해 옛날의 모습을 찾아볼 수가 없었다.

이렇게 된 것을 맹자는 사람과 가축에 의한 것이지 본성이 그렇기 때문은 아니라고 설명한다. 이것을 사람의 본성과 관련시키면 나쁜 일

을 하는 사람도 자신이 처한 상황이 그렇게 만든 것이지 그의 본성이
나쁘기 때문은 아니라고 말한다.

■ 양심을 잃어버리면 민둥산과 같이 되는 것이다

수 존 호 인 자　　기 무 인 의 지 심 재
雖存乎人者인들 豈無仁義之心哉리오마는,

기 소 이 방 기 양 심 자　역 유 부 근 지 어 목 야
其所以放其良心者 亦猶斧斤之於木也에

단 단 이 벌 지　　가 이 위 미 호
旦旦而伐之하니, 可以爲美乎아.

비록 사람에게 보존된 것인들 어찌 인의의 마음이 없으리오
마는 그 양심을 잃어버린 것이 도끼와 자귀가 날마다 와서
나무를 베는 것과 같으니 이렇게 하고도 아름답게 될 수 있
겠는가?

이것을 사람의 본성과 관련시킨 경우 비슷한 문제가 생긴다. 나무가
본디의 아름다움을 간직하려고 해도 도끼로 찍어대면서 베어 내면 본
디의 아름다움을 간직할 수 없듯이, 인간이 아무리 착한 마음을 지니
려고 해도 주위 상황이 나쁜 일을 하도록 내몬다면 그 사람은 착한 마
음을 절대로 지탱할 수 없을 것이다.

그러나 어떤 사람이 나쁜 행동을 해도 이것이 본디의 아름다움을 잃
어버린 것은 아니고 다만 잠깐 사라져 있을 뿐이라고 한다. 맹자가 이
렇게 말하는 것은 착한 본성을 찾으려고 노력 할 것을 강조한 것이다.

사람의 행실만으로 사람의 본성을 평할 수 없다

기 일 야 지 소 식　　평 단 지 기　기 호 오 여 인 상 근 야
其日夜之所息과 平旦之氣에 其好惡與人相近也

자 기 희　　　　즉 기 단 주 지 소 위　유 곡 망 지 의
者幾希어늘, 則其旦晝之所爲 有梏亡之矣나니,

곡 지 반 복　　　즉 기 야 기 부 족 이 존
梏之反覆이면 則其夜氣不足以存이요,

야 기 부 족 이 존　　즉 기 위 금 수 불 원 의
夜氣不足以存이면 則其違禽獸不遠矣니

인 견 기 금 수 야　　　이 이 위 미 상 유 재 언 자
人見其禽獸也하고, 而以爲未嘗有才焉者라 하나니,

시 기 인 지 정 야 재
是豈人之情也哉리오.

밤낮으로 자라고 아침의 기운에 좋아하고 미워함이 다른 사
람과 비슷한 것이 얼마 되지 않은데 낮에 하는 소행이 이마
저도 없애니 이를 되풀이 하면 밤에 자란 기운이 보존될 수
없고 보존되지 못한다면 금수와 거리가 가깝게 된다. 사람들
이 금수 같은 것을 보고 일찍이 훌륭한 재질이 없다고 하니,
이것이 어찌 사람의 정인가?

　　어떤 사람이 다른 사람과 기질의 차이가 나지 않는데 그 사람의 행
동을 살펴보니 짐승과 같을 정도였다면 그것을 본디 그 사람의 본성이
짐승과 같을 정도였다고 여겨야 되는 것이 아니라 그가 처한 환경이
그렇게 만들었다고 이해해야 한다는 것이다.

▓진실로 기르면 자라지 않는 것이 없다

고　구득기양　　무물부장　　구실기양　　무물불소
故로 **苟得其養**이면 **無物不長**이요, **苟失其養**이면 **無物不消**니라.

그러므로 잘 기르면 만물이 자라지 않는 것이 없고, 잘 기르
는 것을 잃으면 사라지지 않는 만물이 없다.

환경이 중요하다는 것을 강조하는 부분으로서, 예컨대 뿌리가 살아
있는 한 알맞은 환경만 주어진다면 초목은 잘 자랄 수 있듯이 사람도
양심이 있는 한 언제든지 착한 데로 나아갈 수 있다는 것이다.

▓사람의 마음이란 잡으면 있고 놓으면 잃는다

공자왈 조즉존　　사즉망　　출입무시
孔子曰 操則存하고 **舍則亡**하여 **出入無時**하며,

막지기향　　유심지위여
莫知其鄕은 **惟心之謂與**인저 하시니라.

공자가 말하기를 '잡으면 보존되고 놓으면 잃어버려서 드나
드는 때를 정한 것이 없으며 그 방향을 알 수 없으니 오직 사
람의 마음을 두고 한 말일 것이다'라고 하였다.

공자는 사람에게 있는 본성을 잡으면 그것을 간직하게 되고, 이를
놓으면 잃어버리게 되는데, 그것이 나아가는 바는 확실하게 알 수 없
다고하였다.

왕의 지혜롭지 못함은 이상한 것이 아니다

맹자왈 무혹호왕지부지야
孟子曰 無或乎王之不智也로다.

맹자가 말했다. "왕의 지혜롭지 못함이 이상할 것이 없구나.

맹자는 전국(戰國)을 돌아다니면서 제후가 왕도 정치를 행하기를 적극 권했다.

그러나 왕도의 실현을 바란다는 것은 참으로 어려운 일이었다.

단 하루의 햇빛으로 싹을 틔울 수는 없기 때문이다

수유천하이생지물야   일일폭지   십일한지
雖有天下易生之物也나 一日暴之하고 十日寒之면

미유능생자야   오견   역한의
未有能生者也니 吾見이 亦罕矣요,

오퇴이한지자지의   오여유맹언   하재
吾退而寒之者至矣니 吾如有萌焉에 何哉리오.

비록 천하에 쉽게 자라는 사물이라도 하루 동안 햇볕을 쬐고 10일 동안 춥게 하면 자랄 것이 없으니, 내가 왕을 뵙는 것이 또한 드물고, 내가 물러나면 왕의 마음을 차갑게 하는 자가 이르니, 싹이 있은들 내가 어떻게 할 수 있겠는가?

맹자는 자신이 왕에게 왕도 정치를 행하도록 충고하는 것을 새싹이 자라도록 따뜻한 햇볕을 쬐어 주는 것에 비유하고 있다.

다시 말해 싹을 틔울 알맞은 조건을 만들어 준다는 뜻이 되는 것이다.

아울러 차가운 바람은 왕의 곁에서 어질고 마땅한 도리, 즉 인의를 방해하는 신하를 뜻한다.

맹자가 왕에게 인의를 충고하는 것은 하루 동안 햇볕을 쬐는 것과 같으나 좋지 못한 것을 부추기는 신하들은 열흘 동안 찬바람이 부는 것과 같이 한둘이 아니어서 인의를 행하려는 지혜의 싹을 틔울 수 없다는 것이다.

또 맹자는 주위에서 왕이 착한 일을 하려고 해도 신하들이 못 하도록 말릴 것이므로 왕은 끝내 이것을 이룰 수 없게 된다는 것이다.

▩마음을 한 곳에 모으고 뜻을 다하지 않으면 이룰 수 없다

금 부 혁 지 위 수   소 수 야   부 전 심 치 지
今夫奕之爲數가 小數也나 不專心致志면

즉 부 득 야   혁 추   통 국 지 선 혁 자 야
則不得也라. 奕秋는 通國之善奕者也니

사 혁 추   회 이 인 혁   기 일 인   전 심 치 지
使奕秋로 誨二人奕이어든, 其一人은 專心致志하여

유 혁 추 지 위 청   일 인   수 청 지   일 심
惟奕秋之爲聽하고 一人은 雖聽之나, 一心에

이 위 유 홍 곡 장 지   사 원 궁 작 이 사 지
以爲有鴻鵠將至어든, 思援弓繳而射之하면

수 여 지 구 학   불 약 지 의   위 시 기 지 불 약 여   왈 비 연 야
雖與之俱學이라도 弗若之矣나니, 爲是其智弗若與아 曰非然也니라.

지금 바둑을 두는 수가 적을 지라도 마음을 한 곳에 모아 뜻을 다하지 않으면 얻을 수 없다. 혁추는 온 나라에서 바둑을 잘 두는 사람이니, 그로 하여금 두 사람에게 바둑을 가르치게 하니 그 중 한 사람은 전심하여 오직 혁추의 말을 듣고 또 한 사람은 비록 듣기는 하나 마음 한쪽에 기러기와 고니가 장차 이르거든 활과 주살을 당겨 그것을 쏘아 맞힐 것을 생각한다면, 비록 그와 함께 배운다고 하더라도 그만 같지 못할 것이니, 이는 그 지혜가 그만 못 해서인가? 그렇지 않다."

아무리 훌륭한 스승이 있어도 그것을 받아들일 자세가 되어 있지 않은 사람과 그것을 받아들여 자신을 깨우치는 데 적극적인 사람 사이에는 얼마 동안의 시간이 흐르고 나면 그 차이가 뚜렷이 나타난다고 한다. 이것은 그 두 사람의 지혜의 차이에서 비롯된 것이 아니라고 맹자는 말하고 있다.

삶과 의리 중에서 하나를 택하라면 의리를 택한다

맹 자 왈 어   아 소 욕 야   웅 장   역 아 소 욕 야
孟子曰 魚도 我所欲也요, 熊掌도 亦我所欲也언마는,

이 자   불 가 득 겸   사 어 이 취 웅 장 자 야
二者를 不可得兼인댄 舍魚而取熊掌者也로리라.

생   역 아 소 욕 야   의   역 아 소 욕 야
生 亦我所欲也요 義 亦我所欲也인대,

이 자   불 가 득 겸   사 생 이 취 의 자 야
二者를 不可得兼인댄 舍生而取義者也리라.

맹자가 말했다. "생선도 내가 바라는 것이고 곰의 발바닥도 내가 바라는 것인데 이 두 가지를 얻을 수 없다면 생선을 버리고 곰의 발바닥을 취하겠다. 삶도 내가 바라는 것이고, 의리 또한 내가 바라는 것인데 둘을 모두 얻을 수가 없다면 삶을 버리고 의리를 취하겠다."

두 가지 모두 원하는 것이지만 한 가지만 선택할 수 있다면 더 좋아하는 것을 선택하듯이 삶과 의리 중에 한 가지만 선택한다면 의리를 택하겠다고 한다.

삶보다도 더욱 소중한 것이 있어서 구차하게 살려고 하지 않는다

生亦我所欲이언마는 所欲이 有甚於生者라, 故로
불위구득야   사역아소오   소오
不爲苟得也라. 死亦我所惡이언마는 所惡가
유심어사자   고   환유소불피야
有甚於死者라, 故로 患有所不辟也니라.

삶도 또한 내가 바라는 것이지만 바라는 것이 삶보다 소중한 것이 있기 때문에 삶을 구차하게 얻으려고 하지 않으며, 죽음도 내가 싫어하는 것이지만 죽음보다 소중한 것이 있으므로 환난을 피하지 않는 것이다.

사람이면 누구나 오래 살기를 바란다. 그러나 도덕적으로 흠이 있으면서 목숨을 이으려고 하지는 않는다.

이것은 인간이 살고자 하는 욕구보다 더 큰 것이 있을 때 그러하다 삶을 버리고 의로움을 취하는 것은 목숨보다 소중한 것이 있기 때문이다.

▨더 소중한 것이 없는 사람은 살기 위해 무슨 짓이든 한다

여 사 인 지 소 욕   막 심 어 생   즉 범 가 이 득 생 자
如使人之所欲이 莫甚於生이면, 則凡可以得生者를

하 불 용 야   사 인 지 소 오   막 심 어 사 자
何不用也며, 使人之所惡가 莫甚於死者면,

즉 범 가 이 피 환 자   하 불 위 야
則凡可以辟患者를 何不爲也리오.

가령 사람들이 바라는 것이 삶보다 소중한 것이 없다면 살기 위해서는 무엇이든지 어찌 하지 않으며, 가령 사람들이 싫어하는 것이 죽음보다 더한 것이 없다면 모든 환난을 피하기 위해 무엇이든 하지 않겠는가?

만약 더 크게 바라는 것이 없다면 살기위해 무슨 짓이든 할 것이다.

죽음을 피하지 않는 사람들의 이유가 여기에 있다

유시　즉생이유불용야　　유시
由是라 則生而有不用也하며, 由是라

즉가이피환이유불위야
則可以辟患而有不爲也니라.

이 때문에 살 수 있는데도 그렇게 하지 않기도 하며, 이 때문
에 환난을 피할 수 있는데도 피하지 않기도 하는 것이다.

목숨보다 더 크게 바라는 것 바로 그것 때문에 목숨을 버리기도 한다.

현자만이 더 소중한 것을 가지고 있는 것은 아니다

시고　소욕　유심어생자　소오　유심어사자
是故로 所欲이 有甚於生者요, 所惡가 有甚於死者니

비독현자유시심야　인개유지　현자　능물상이
非獨賢者有是心也라, 人皆有之언마는 賢者는 能勿喪耳니라.

그러므로 바라는 것이 삶보다 소중한 것이 있으며, 싫어하는
것이 죽음보다 더한 것이 있으니, 다만 현명한 사람만이 이
러한 마음을 가지고 있는 것은 아니고 사람마다 모두 가지고
있지만 현명한 사람은 이 마음을 잃어버리지 않을 뿐이다.

목숨보다 소중한 것 그것은 특별한 사람, 현자에게만 있는 것이 아
니라 누구에게나 있다. 다만 현자만이 목숨보다 소중한 것을 잃지 않
았기 때문에 그렇게 행동하는 것이다.

⚑예가 아니면 걸인도 받기를 달가워하지 않는데

일 단 사　　일 두 갱　　득 지 즉 생　　　불 득 즉 사
一簞食와 一豆羹을 得之則生하고, 弗得則死라도

호 이 이 여 지　　행 도 지 인　　불 수
蹴爾而與之면 行道之人도 弗受하며,

축 이 이 여 지　　걸 인　　불 설 야
蹴爾而與之면 乞人 不屑也니라.

한 그릇의 밥과 한 그릇의 국을 얻으면 살고 얻지 못하면 죽
더라도 혀를 차고 꾸짖으면서 주면 길가는 사람도 받지 않으
며, 발로 차서 주면 걸인도 좋게 여기지 않는다.

　　어느 걸인이 밥 한 그릇과 국 한 그릇을 얻어먹으려고 구걸하는데
온갖 욕설을 하면서 모욕을 준다면 그것을 참고 견디며 순순히 받아
먹겠는가? 맹자는 주장을 확실히 하기 위하여 극단적인 예를 제시하
였다

⚑예의에 맞지 않는 만종의 녹봉을 받는 이유는
무엇인가?

만 종 즉 불 변 예 의 이 수 지　　　만 종　　어 아 하 가 언
萬鍾則不辨禮義而受之하나니 萬鍾이 於我何加焉이리오,

위 궁 실 지 미　　처 첩 지 봉　　소 식 궁 핍 자 득 아 여
爲宮室之美와 妻妾之奉과 所識窮乏者得我與인저.

만 종의 녹봉을 주면 예의를 살피지 않고 받으니, 만 종의 녹

봉이 나에게 무슨 보탬이 있겠는가? 아름다운 집과 처첩이
받들어주고 내가 아는 가난한 사람이 나에게 얻는 것이 있도
록하기 위해서인가?

걸인도 예가 아니면 받기를 달가워하지 않는데 신분이 높은 사람들
이 예가 아닌 녹봉을 받기를 꺼리지 않는 이유는 무엇인가? 아름다운
처첩을 거느리기 위해서인가? 주위사람들을 도와주어 우월감을 느끼
고 싶어서인가? 맹자는 어떤 변명에도 불구하고 결국 인간의 착한 본
성을 잃어버렸기 때문이다. 라고 주장한다.

결국 인간의 착한 본성을 잃어버렸기 때문이다

鄕爲身_{에는} 死而不受_{라가} 今爲宮室之美_{하여} 爲之_{하며},

鄕爲身_{에는} 死而不受_{라가} 今爲妻妾之奉_{하여} 爲之_{하며},

鄕爲身_{에는} 死而不受_{라가} 今爲所識窮乏者得我而

爲之_{하나니} 是亦不可以已乎_아. 此之謂失其本心_{이니라}.

지난번에 자기를 위해서는 죽어도 받지 않다가 지금은 궁실
의 아름다움을 위해 그 짓을 하며, 지난번에 자기를 위해서
는 죽어도 받지 않다가 지금은 처첩에게 대접받기 위해 그짓
을 하며, 지난번에 자기를 위해서는 죽어도 받지 않다가 지
금은 자기가 아는 궁핍한 사람이 자기에게 얻는 것이 있도록
하기 위해 그 짓을 하니 이것을 어쩔 수 없이 한짓이란 말인

가? 이것을 일러 '그 본심을 잃었다'고 하는 것이다.

부정한 일을 저지른 사람들은 대부분 어쩔 수 없었다고 변명을 한다. 맹자는 어쩔 수 없었던 것이 아니라고 준엄하게 꾸짖는다.

■어진 것이 어질지 못한 것을 이기는 것은 물이 불을 이기는 것과 같다

맹 자 왈   인 지 승 불 인 야   유 수 승 화   금 지 위 인 자
孟子曰 仁之勝不仁也는 猶水勝火니, 今之爲仁者는

유 이 일 배 수   구 일 거 신 지 화 야   불 식
猶以一杯水로 救一車薪之火也라, 不熄이면

즉 위 지 수 불 승 화   차   우 여 어 불 인 지 심 자 야
則謂之水不勝火라 하나니, 此 又與於不仁之甚者也니라.

역 종 필 망 이 이 의
亦終必亡而已矣

맹자가 말했다. "어진 것이 어질지 못한 것을 이기는 것은 물이 불을 이기는 것과 같으니 오늘날에 어진 것을 행하는 사람은 한 잔의 물을 가지고 한 수레에 가득히 실려 있는 땔나무의 불을 끄려는 것과 같다. 그리하여 불이 꺼지지 않으면 물이 불을 이기지 못한다고 말하니 이것은 어질지 못함을 심하게 돕는 것이다."
결국 지금까지 쌓은 작은 인마저 모두 잃고만다.

물이 불을 이기는 것은 당연한 자연 법칙이다. 이것을 통해 어질지

못한 사람을 어진 사람이 이기는 것도 당연하다는 비유를 든다.

그러나 무조건 이길 수는 없는 것이다. 예를 들면 산불이 났는데 한 잔의 물을 가지고 끌 수는 없는 것이다.

그러나 그것을 보고 물이 불을 끌 수 없다고 하는 것은 잘못된 것이다. 마찬가지로 현실에서 부정이 판을 치더라도 정의가 부정을 이길 수 없다고 말하는 것은 부정의 편을 드는 것과 같다.

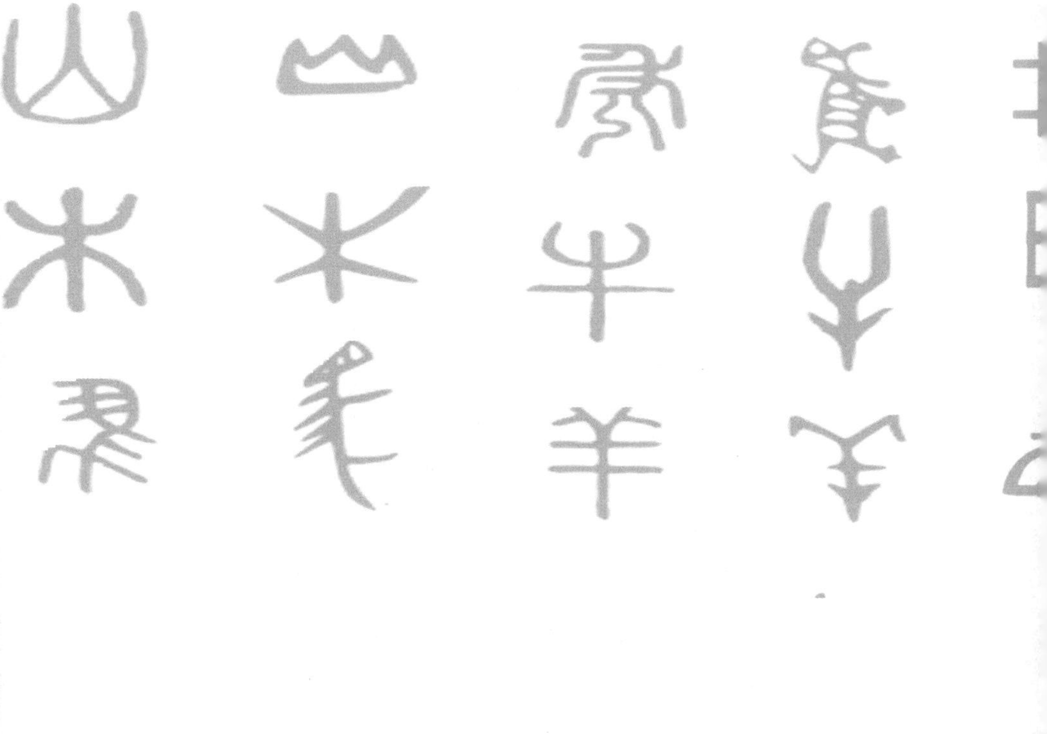

고자장구

告子章句

— 하 —

12

이 편에서 맹자는 오패는 삼왕의 죄인이며 제후는 오패의 죄인이고 대부는 제후의 죄인이다. 라는 주장과 그 근거제시를 통하여 전국시대의 도덕적 타락을 비판한다. 이어서 올바른 정치를 위해 반드시 더 큰 영토가 필요하지는 않음을 주장하며 더욱 더 군자의 도리에 충실할 것을 주장한다.

🔒 오패는 삼왕의 죄인이다

> 맹 자 왈 오 패 자   삼 왕 지 죄 인 야   금 지 제 후
> **孟子曰 五覇者는 三王之罪人也요, 今之諸侯는**
>
> 오 패 지 죄 인 야   금 지 대 부   금 지 제 후 지 죄 인 야
> **五覇之罪人也요, 今之大夫는 今之諸侯之罪人也니라.**
>
> 맹자가 말했다. "오패는 삼왕의 죄인이요 지금의 제후들은 오패의 죄인이며, 지금의 대부들은 지금의 제후들의 죄인이다."

맹자에서 가장 많은 논란이 되는 것이 왕도와 패도일 것이다. 왕도란 인덕으로 천하를 다스리는 것이고, 패도란 인의를 무시하고 무력으로 다스리는 것을 말한다. 물론 쉽게 이야기하면 이렇게 구별되겠

지만, 이것만으로 왕도와 패도를 구별하는 것은 아니다. 이 구절에서 나오는 오패는 춘추 시대 때 다섯 사람의 패자로서 제나라의 환공·진(晉)나라의 문왕·초나라의 장왕·오나라의 부차·월나라의 구천을 말하며, 삼왕은 하나라의 우왕·은나라의 탕왕·주나라의 문왕 또는 무왕을 가리킨다. 그러면 왜 네 사람을 삼왕이라고 하는가에 대한 의문이 생길 수 있으나 유가에서 그들의 업적이 거의 같으므로 문왕이나 무왕을 삼왕으로 보는 것이다.

천자는 백성을 위하여 제후의 나라를 살핀다

天子_{천자}適_적諸侯_{제후}曰_왈巡狩_{순수}요, 諸侯_{제후}朝_조於_어天子_{천자}曰_왈述職_{술직}이니,

春_춘에 省耕_{성경}而_이補不足_{보부족}하고, 秋_추에 省斂_{성렴}而_이助不給_{조불급}하나니,

入其疆_{입기강}하니 土地辟_{토지벽}하고, 田野治_{전야치}하며 養老尊賢_{양로존현}하며

俊傑_{준걸}이 在位_{재위}하면 則有慶_{즉유경}이니, 慶以地_{경이지}하고,

천자가 제후의 나라에 가는 것을 순수라고 말하고 제후가 천자에게 조회 가는 것을 술직이라고 하니, 봄에는 교외에 나가 경작하는 상태를 살펴 부족한 자를 도와 주고 가을에는 수확한 상태를 살펴서 부족한 것을 채워 준다. 그 강토에 들어가니 토지가 잘 개척되고 밭이 잘 다스려졌으며 노인을 봉양하고 어진 이를 높이며 뛰어난 인재가 지위에 있으면 토지를 상으로 준다.

천자가 제후의 나라를 두루 살피며 돌아보는 것은 백성들의 사정을 살피고 통치자가 어떻게 백성을 다스리고 있는가를 살펴보기 위한 것이었다. 토지가 잘 일구어져 있거나 노인들을 잘 봉양하고 있으면, 토지를 상으로 주었다.

▨ 천자만이 군대를 움직여 제후를 바꿀 수 있다

입 기 강　　　 토 지 황 무　　　 유 로 실 현
入其彊하니 土地荒蕪하며, 遺老失賢하며,

부 극 재 위　　　 즉 유 양　　 일 부 조 즉 폄 기 작
掊克在位하면 則有讓이니, 一不朝則貶其爵하고

재 부 조 즉 삭 기 지　　 삼 부 조 즉 육 사　　 이 지
再不朝則削其地며 三不朝則六師로 移之라,

그러나 그 강토에 들어갔을 때 토지가 황폐하고 노인을 버리고 어진 이를 잃으며 심하게 수탈하는 자들이 지위에 있으면 꾸짖는다. 한 번 제후가 조회를 오지 않으면 그의 벼슬을 떨어뜨리고, 두 번 조회를 오지 않으면 그의 땅을 떼어 내고, 세 번 조회를 오지 않으면 육군(六軍)을 움직여 제후를 바꾸어 놓는다.

그러나 제후가 백성을 잘 다스리지 못하고 천자에게 세 번이나 조회를 오지 않을 때에는 육군, 즉 천자가 거느린 군대를 보내 제후의 자리를 빼앗아 버린다.

ⓚ그래서 오패는 삼왕의 죄인이다

<blockquote>

시 고   천 자   토 이 불 벌   제 후   벌 이 불 토
是故로 天子는 討而不伐이요, 諸侯는 伐而不討하나니,

오 패 자   누 제 후   이 벌 제 후 자 야   고 왈
五覇者는 摟諸侯하며 以伐諸侯者也라, 故曰

오 패 자   삼 왕 지 죄 인 야
五覇者는 三王之罪人也하니라.

이런 까닭에 천자는 토벌하는 것이지 정벌하는 것이 아니며,
제후는 정벌하는 것이지 토벌하는 것이 아니다. 그런데 오패
는 제후들을 이끌고 다른 제후를 정벌했다. 그래서 내가 오
패는 삼왕의 죄인이라고 말하는 것이다.

</blockquote>

제후가 다른 제후의 나라를 친 것은 자신의 욕심을 채우기 위한 것
이 아니라, 천자의 명령을 통하여 도의를 실현하기 위한 것이었다. 그
러나 춘추 시대의 패자들은 자신의 욕심을 채우기 위해 정벌을 일삼았
다. 그것이 바로 천자의 죄인이라는 표현을 쓰게 한 것이다. 맹자는 후
대로 갈수록 점점 도의에서 멀어진 행동을 하는 것을 말하고 있다.

ⓚ오패의 약속

<blockquote>

오 패   환 공   위 성   규 구 지 회
五覇에 桓公이 爲盛하더니, 葵丘之會에

제 후 속 생 재 서 이 불 삽 혈   초 명 왈   주 불 효
諸侯束牲載書而不歃血하고, 初命曰 誅不孝하며

무 역 수 자   무 이 첩 위 처   재 명 왈
無易樹子하며 無以妾爲妻라 하고, 再命曰

</blockquote>

^{존 현 육 재}　　^{이 창 유 덕}
尊賢育才하여 以彰有德이라 하고,

^{삼 명 왈 경 로 자 유}　　^{무 망 빈 려}
三命日 敬老慈幼하며 無忘賓旅라하고,

^{사 명 왈}　^{사 무 세 관}　　^{관 사 무 섭}
四命日 士無世官하며 官事無攝하며

^{취 사 필 득}　　^{무 전 살 대 부}
取士必得하며 無專殺大夫라 하고,

^{오 명 왈 무 곡 방}　^{무 알 적}　^{무 유 봉 이 불 고}
五命日 無曲防하며 無遏糴하며 無有封而不告라하고,

오패 중에서 환공이 가장 성했는데, 규구의 회맹에서 제후들이 제물위에 맹약의 글을 올렸으되 피를 마시지 않고 첫 번째 명령하기를 '불효하는 자를 처벌하며 세자를 바꾸지 말며 첩을 아내로 삼지 말라' 하였고, 두 번째 명령하기를 '어진 이를 높이고 인재를 길러 덕이 있는 사람을 표창하라'고 했고, 세 번째 명령하기를 '노인들을 공경하고 어린아이를 사랑하며 손님과 나그네에게 다정하게 대하는 것을 잊지 말라' 하고, 네 번째 명령하기를 '선비에게는 관직을 대대로 물려주지 말 것이며, 벼슬을 겸하도록 하지 말며, 선비를 구함에 있어 반드시 마땅한 사람을 얻으며, 마음대로 대부를 죽이지 말라' 하고 다섯 번째 명령하기를 '제방을 구불구불 쌓지 말며, 쌀을 수입해 가는 것을 막지 말며, 대부들을 봉해 주고 고하지 않는 일이 없도록 하라' 고 하고

춘추 시대의 패자들은 다른 나라를 치면서도 그들 나름의 윤리가 있었다. 그때 제후들의 모임에서 맹세한 윤리를 정하고 그것을 어기면

처벌하겠다는 조항을 만들었다. 그 첫째가 충정과 효도였다. 그 다음
은 현명한 사람을 잘 대접하는 것이었고, 노인을 받드는 것과 벼슬을
줄 때 한 군데에 쏠리도록 하지 않고, 인재를 알맞은 곳에 등용하도록
해야 한다는 것이다. 또 사람을 함부로 죽여서는 안 되고, 한 곳의 생
산물을 다른 곳으로 옮기는 것을 막지 말아야 한다는 것이다.

▓제후는 오패의 죄인이다

왈 범아동맹지인 기맹지후 언귀우호
日 凡我同盟之人은 旣盟之後에 言歸于好라 하니,

금지제후 개범차오금
今之諸侯는 皆犯此五禁하나니,

고 왈 금지제후 오패지죄인야
故로 日 今之諸侯는 五覇之罪人也라 하니라.

말하기를, '동맹을 하는 사람들은 동맹이 끝난 후에 우호적
으로 지내자'고 하였다. 지금의 제후들은 모두가 이 다섯 가
지 금해야 할 사항들을 범한 까닭에 내가 지금 제후들을 오
패의 죄인이라고 말하는 것이다.

이렇게 약속을 맺었지만 현재의 제후들은 이 약속을 어기고 있기 때
문에 죄인인 것이다.

▓대부는 제후의 죄인이다

장군지악 기죄소 봉군지악 기죄대
長君之惡은 其罪小하고, 逢君之惡은 其罪大하나니,

금 지 대 부　　개 봉 군 지 악　　　고　왈　금 지 대 부
今之大夫는 皆逢君之惡이라, 故로 曰 今之大夫는

금 지 제 후 지 죄 인 야
今之諸侯之罪人也라 하니라.

군주의 악을 부추기는 것은 그 죄가 작고, 군주의 악을 맞아
들이는 것은 그 죄가 크니, 오늘날의 대부들은 군주의 악을
미리 맞아 들인다. 그러므로 내가 지금 '오늘날의 대부는 제
후의 죄인이다'라고 말하는 것이다.

한편, 맹자의 생각에 따르면 어떤 일을 하도록 부추기는 것보다 그
일을 맞아들이는 것이 더욱 나쁘다고 한다. 맞아들인다는 것은 군주의
죄를 합리화하는 이론을 제공하는 것이다. 부추기는 경우에는 그 군주
가 판단하여 옳지 않다고 여기면 행하지 않을 수도 있다. 하지만 군주
의 죄를 정당화하는 것은 죄를 짓도록 하는 것으로 대부가 군주를 옳
지 않은 방향으로 이끌고 있기 때문에 더 큰죄라고 한다.

백성에게 재앙을 입히는 사람은 용납되지 않는다

노 욕 사 신 자　　위 장 군　　　맹 자 왈　불 교 민 이 용 지
魯欲使愼子로 爲將軍이러니, 孟子曰 不敎民而用之를

위 지 앙 민　　　앙 민 자　불 용 어 요 순 지 세　　　일 전 승 제
謂之殃民이니, 殃民者는 不容於堯舜之世니라, 一戰勝齊하여

수 유 남 양　　　연 차 불 가
遂有南陽이라도 然且不可니라.

신 자 발 연 불 열 왈　　차 즉 골 리 소 불 식 야
愼子勃然不悅曰　此則滑釐所不識也로이다.

노나라가 신자를 장군으로 삼으려고 했는데, 맹자가 말했
다. "백성을 가르치지 않고 전쟁에 쓰는 것은 백성에게 재
앙을 안긴다고 말하니, 백성에게 재앙을 안기는 사람은 요
순의 세상에는 용납되지 못했다. 한 번 싸워서 제나라를 이
겨 끝내 남양을 차지한다고 해도 이것은 불가하다." 신자가
발연히 기뻐하지 않으며 말했다. "이러한 것은 제가 알지
못하는 것입니다."

맹자가 생각하는 정치는 도덕을 굳게 세우는 것이었다. 노나라가 병
법에 뛰어난 신자를 장군으로 삼아 제나라와 싸우려고 했는데, 왕도정
치가 행해지지 않은 상태에서 전쟁을 치르는 것은 재앙을 안기는 것
이라는 이유로 반대한다. 전쟁을 치르는 장군은 병법만 제대로 알면
전쟁을 잘 치를 수 있다는 생각을 가졌기에 도덕 정치를 행하지 않는
상태에서 전쟁을 치르는 것이 백성에게 재앙을 안겨 준다는 사실에 대
해 이해할 수 없었다.

■기반이 있어야 정치를 잘 할 수 있다.

왈　오 명 고 자　　　천 자 지 지　방 천 리　　불 천 리
曰 吾明告子하리라. 天子之地 方千里니, 不千里면

부 족 이 대 제 후　　제 후 지 지　방 백 리
不足以待諸侯요 諸侯之地 方百里니,

불 백 리　　부 족 이 수 종 묘 지 전 적
不百里면 不足以守宗廟之典籍이니라.

맹자가 말했다. "내가 그대에게 명백히 말하겠다. 천자의
땅은 사방 천 리이니 천 리가 되지 못하면 제후를 대접할 수
없고, 제후의 땅은 사방 백 리이니 백 리가 되지 못한다면
종묘의 전적을 지킬 수가 없다.

맹자는 일정한 물질적 기반을 가지지 못하면 올바른 정치를 하기 어렵
다고 한다. 그렇지만 그 이상의 물질적인 기반을 지니고 있다고 하여 더
좋은 정치를 할 수 있는 것은 아님을 이야기하기 위해 먼저 이말을 한다.

그러나 그 이상의 땅을 바라지 않는다

주 공 지 봉 어 노　위 방 백 리 야　지 비 부 족　　이 검 어 백 리
周公之封於魯에 爲方百里也니, 地非不足이로되 而儉於百里하며,

태 공 지 봉 어 제 야　　역 위 방 백 리 야
太公之封於齊也에 亦爲方百里也니,

지 비 부 족 야　　이 검 어 백 리
地非不足也이로되 而儉於百里하니라.

주공을 노나라에 봉할 때에 땅이 사방 백 리였으니 땅이 부
족한 것이 아니었으나 백 리에 제한했고, 태공을 제나라에
봉할 때에 그 땅이 또한 사방 백 리였으니 땅이 부족한 것이
아니었으나 백 리에 제한했다.

주공과 태공의 예는 어느 정도의 기본만 갖추면 되는 것이지 그 이

상의 것을 바랄 필요는 없다는 것이다. 그들이 비록 작은 땅을 가졌으나 그것을 토대로 예의를 가르쳐 나라를 다스렸을 뿐이며, 더 많은 땅을 차지하려고 도를 넘어선 행동을 하지 않았음을 말한다.

▨하물며 사람을 죽이며 구한단 말인가?

금 노　　방 백 리 자 오　　　자 이 위 유 왕 자 작
今魯는 方百里者五니, 子以爲有王者作인데,

즉 노 재 소 손 호　　　재 소 익 호
則魯在所損乎아, 在所益乎아.

도 취 제 피　　이 여 차　　　연 차 인 자 불 위
徒取諸彼하여 以與此라도 然且仁者不爲어든

황 어 살 인 이 구 지 호
況於殺人以求之乎아.

지금 노나라는 사방 백 리가 되는 땅이 다섯이니 그대가 생각하건대 참다운 왕자가 나온다면 노나라는 땅을 덜어 내야 할 데에 있겠는가 보태 주어야 할 데에 있겠는가?
한갓 저기에서 취하여 여기에 준다고 하더라도 또한 어진 사람은 하지 않는데, 하물며 사람을 죽이면서 구한다는 말인가?"

　노나라는 일정한 물질적인 기반을 갖추고 있다. 그런데 이 상태에서 왕도정치를 하려하지 않고 전쟁을 통해 영토확장에만 몰두하는 것에 대한 질타를 한다.

군자는 임금을 인에 뜻을 두게 할 따름이다

전쟁을 통한 영토확장보다 왕도를 시행하도록 군주를 보필할 것을
주장한다.

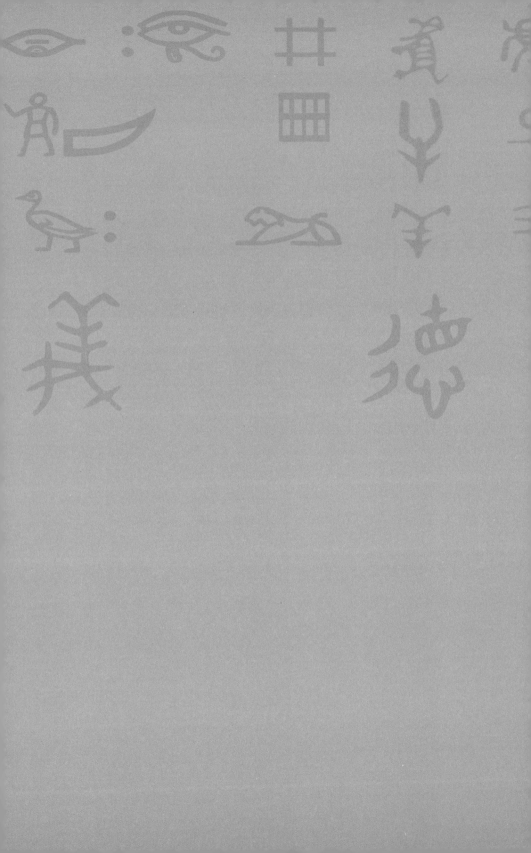

진심장구

盡心章句

상

13

盡心章句

진심장구 _상_

덕과 의리를 따르면 만족할 수 있고 이러한 만족하는
마음이 선비의 자세임을 이야기한다. 이러한 선비들
만이 궁핍해도 의리를 잃지 않고 영달해도 도를 떠나
지 않아 결국 백성을 실망시키지 않는다고 한다. 이
어서 군자의 세 가지 즐거움을 이야기하며 권력에 대
한 욕심은 이에 해당하지 않는다고 주장한다.

🐾 유세는 어떻게 하는가?

> _{맹 자 위 송 구 천 왈   자 호 유 호   오 어 자 유}
> 孟子謂宋句踐曰 子好遊乎아 吾語子遊하리라.
>
> _{인 지 지   역 효 효   인 부 지   역 효 효}
> 人知之라도 亦囂囂하고 人不知라도 亦囂囂니라.
>
> 맹자가 송구천에게 말했다. "그대는 유세하기를 좋아하는
> 가? 내가 그대에게 유세하는 것을 말해 주겠다."
> 남이 나를 알아주더라도 만족하고 남이 나를 알아주지 않더
> 라도 또한 만족해야한다.

맹자는 자신의 정치적 견해를 펼치기 위해 전국의 제후들에게 유세를 하
러 다니고 있었다. 이 구절에서는 유세를 어떻게 해야 하는가를 말하고 있다.

덕과 의를 좋아하면 만족할 수있다

曰 何如라야 斯可以囂囂矣니잇고.
<small>왈 하여 사 가 이 효 효 의</small>

曰 尊德樂義면 則可以囂囂矣니라.
<small>왈 존 덕 낙 의 즉 가 이 효 효 의</small>

송구천이 묻기를 '어떻게 해야 만족 할 수 있습니까?' 라고
하자 맹자가 '덕을 높이고 의를 좋아하면 만족할 수 있다' 고
대답했다.

구천이 외부 세계의 상황에도 마음이 흔들리지 않는 방법을 묻자 맹
자는 덕을 존중하고 의리를 즐기게 되면 그러한 상태에 이를 수 있다
고 말한다. 다른 사람의 반응과 상관없이 내가 덕과 의를 좋아하면 만
족할 수 있음을 이야기 하고 있다.

선비는 궁핍해도 의를 잃지 않고 영달해도 도를 떠나지 않는다

故로 士는 窮不失義하며, 達不離道니라.
<small>고 사 궁 불 실 의 달 불 리 도</small>

그런 까닭에 선비는 궁해도 의리를 잃지 않으며 영달해도 도
를 떠나지 않는 것이다.

그러므로 학문을 닦는 사람은 올바른 도를 지킬 줄 알기 때문에 어떤

상황에 맞닥뜨려도 자신이 나아갈 올바른 방향을 지키고, 벼슬을 잃고 어렵게 살더라도 자신이 지켜야 할 의리를 잃지 않으며, 정치적으로 명성을 얻어 지위가 높아지고 귀하게 되었더라도 도를 떠나지 않는다고 한다. 이것이 선비의 올바른 삶의 자세인 것이다.

🈁따라서 선비는 백성을 실망시키지 않는다

궁 불 실 의   고   사 득 기 언   달 불 리 도
窮不失義라, 故로 士得己焉하고 達不離道라,

고   민 불 실 망 언
故로 民不失望焉이니라.

아무리 궁해도 의리를 잃지 않기 때문에, 선비는 자기의 지조를 지키고 영달해도 도를 떠나지 않기 때문에 백성들이 실망하지 않는 것이다.

인간의 본성을 잃어버리는 것은 자신의 뜻에 따르기도 하고, 자신이 처한 환경에 의해 잃어버리기도 한다. 인간의 정신도 물질의 지배를 받는 것은 두말할 것이 없다. 그러나 물질의 지배 속에서도 자신이 나아갈 바를 잃지 않는 것이 바로 선비이다.

🈁궁하면 홀로 선하고 영달하면 천하와 더불어 선해진다

고 지 인   득 지   택 가 어 민   부 득 지
古之人이 得志인댄 澤加於民하고, 不得志인댄

수 신 현 어 세　　궁 즉 독 선 기 신　　달 즉 겸 선 천 하
修身見於世하니, **窮則獨善其身**하고 **達則兼善天下**니라.
옛날 사람들은 뜻을 얻으면 은혜와 덕택이 널리 백성에게 미쳤고, 뜻을 얻지 못하면 자신의 몸을 닦아 세상에 나왔으니, 궁하면 홀로 자기의 몸을 선하게 하고 영달하면 천하와 더불어 선하게 한다.

옛날 학문하던 사람은 자신의 뜻을 제대로 펼치지 못했다고 포기하지 않았다. 불우한 처지에 놓이게 되면 자기 수양을 통해 남들이 도덕적으로 좋은 영향을 받아 착한 일을 하도록 했으며, 정치적으로 성공하면 여러 사람이 복된 삶을 누릴 수 있게 하였다. 이러한 것은 후대 사람에게 중요한 사고 방식으로 자리를 잡았다. 성공하는 것은 자신이 닦은 학문의 정도가 작은 것에 있는 것이 아니라고 여겼기 때문에 벼슬을 하지 못하더라도 자신의 수양에 힘썼다.

▦백성을 위하여 백성을 부려야한다

맹 자 왈　이 일 도 사 민　　수 로　　불 원
孟子曰 以佚道使民이면 **雖勞**이나 **不怨**하며,

이 생 도 살 민　　수 사　　불 원 살 자
以生道殺民이면 **雖死**라도 **不怨殺者**니라.

맹자가 말했다. "백성을 편안하게 해주는 방법으로 부리면 비록 힘들더라도 원망하지 않으며, 백성을 살리는 방법으로 죽이면 비록 죽더라도 죽이는 사람을 원망하지 않는다."

어느 마을에 하천 정비가 제대로 되지 않아 해마다 장마철이면 물난리를 겪었다. 그러다가 새 지도자가 나타나 봄날에 주민들을 하천 정비를 위한 부역에 동원했다. 이유는 지금 정비를 하게 되면 여름에 물난리를 걱정하지 않아도 되기 때문이었다. 이렇듯 자기 생활에 편리하도록 마음을 써 준 데에서 말미암은 부역 동원은 주민들의 불만을 적게 할 수 있다.

▨사람은 배우지 않고도 아는 것이 있다

> 맹 자 왈   인 지 소 불 학 이 능 자   기 양 능 야
> 孟子曰 人之所不學而能者는 其良能也요,
>
> 소 불 려 이 지 자   기 양 지 야
> 所不慮而知者는 其良知也니라.
>
> 맹자가 말했다. "사람들이 배우지 않고도 능한 것은 양능이요 생각하지 않고도 아는 것은 양지이다."

인간은 선천적으로 착한 일을 하도록 되어있다고 생각하고 있던 맹자는 누구에게나 기본적으로 옳게 여겨질 일이 있고, 쉽게 할 수 있는 일이 있다고 하면서 악을 버리고 선을 행하도록 하는 타고난 재주와 능력을 양능이라고 말하고, 깊이 생각하지 않아도 자연스럽게 잘 아는 지혜를 양지라고 하였다.

어린 아이도 자기 부모형제를 사랑하고 공경할 줄 안다

해 제 지 동　　무 불 지 애 기 친 자　　급 기 장 야
孩提之童이 無不知愛其親者며, 及其長也하여는

무 부 지 경 기 형 야
無不知敬其兄也니라.

두세살 아기도 어버이를 사랑할 줄 모르는 아기가 없으며,
자라면 형들을 공경할 줄 모르는 이가 없다.

삼척 동자라도 제 부모를 사랑할 줄 알고 자라게 되면 자연스럽게
웃사람을 공경할 줄 안다. 이것은 자신이 태어나면서 가장 먼저 만난
것과 가장 자주 만나 익숙하기 때문에 가까이 하려는 것이 아니라 인
간의 타고난 본성이 그런 것이라 주장한다.

사랑은 인이고 공경은 의이다

친 친　　인 야　　경 장　　의 야　　무 타　　달 지 천 하 야
親親은 仁也요, 敬長은 義也니, 無他라 達之天下也니라.

어버이와 친함은 인이고 어른을 공경하는 것은 의이니, 이것
은 다름이 아니라 온 천하에 두루 통하기 때문이다.

맹자가 인의를 강조하는 것은 그것이 가정에서 실천되면, 사회 전체
로 퍼져 자신이 뜻한 이상 사회가 이룩될 것으로 기대했기 때문이다.

왜냐하면 그것은 인간의 본성에 들어 있는 것이기에 누구나 그렇게 할 수 있다고 여기고 있기 때문이다.

군자에게는 세 가지의 즐거움이 있다

맹 자 왈   군 자 유 삼 락   이 왕 천 하 불 여 존 언
孟子曰 君子有三樂인대 而王天下不與存焉이니라.

맹자가 말했다. "군자에게는 세 가지 즐거움이 있는데 천하에 왕 노릇을 하는 것은 없다."

도덕적으로 교양을 갖춘 사람은 세 가지의 즐거움을 가지고 있는데, 그 중에서 세속적인 부귀 영화는 들어가지 않는다고 한다.

첫째는 집안의 무고함이고

부 모 구 존   형 제 무 고   일 락 야
父母俱存하며 兄弟無故가 一樂也요.

부모가 모두 살아 계시며 형제가 무고한 것이 첫째 즐거움이요.

그 첫째가 자기 집안에 아무런 탈이 없는 것이다. 이것은 인간 생활의 가장 기본이 되는 것으로 그 사람의 인격을 이루는 데에도 매우 중요한 구실을 한다. 부모가 늘 다투기만 하고, 형제 사이에 불화만 가득

한 사람에게 화목한 가정 속에서 자란 사람과 똑같은 사회적 행동을
바라기는 어렵다.

둘째는 하늘과 남에게 부끄러움이 없는 것이며

앙 불 괴 어 천　　　부 부 작 어 인　　이 락 야
仰不愧於天하며, 俯不怍於人이 二樂也요.

하늘을 우러러보아도 부끄러움이 없고, 굽어 보아도 사람들에
게 부끄럽지 않은 것이 둘째 즐거움이요.

둘째는 자신을 되돌아보았을 때 부끄러워하는 것이 없을 때 비로소
즐거움을 느낄 수 있다는 것이다. 증자가 자신을 돌아보아 마음에 걸
리는 것이 없다면 수천 명을 혼자서 상대하더라도 결코 두려울 것이
없다고 말한 것은 자신의 청렴 결백함에서 말미암은 것이다.

셋째는 영재를 가르치는 것이다

득 천 하 영 재 이 교 육 지　　삼 락 야
得天下英才而敎育之가 三樂也니

천하의 영재를 얻어 그를 가르치는 것이 셋째 즐거움이니,

마지막으로 뛰어난 재주를 가진 사람을 가르쳐서 자신의 도를 천하
에 퍼뜨리는 것이다.

🦌 왕 노릇은 군자의 즐거움에 들지 않는다

군 자 유 삼 락 이 왕 천 하 불 예 존 언
君子有三樂而王天下不與存焉이니라.

군자에게 세 가지 즐거움이 있는데 그러나 천하에 왕 노릇을
하는 것은 들어 있지 않다.

이와 같이 세 가지 항목에 걸쳐 군자의 즐거움을 말하면서 세속적인
부귀 영화와는 상관없다는 것을 이야기한다. 사실 군자는 자신의 도를
실천하기 위하여 끊임없이 노력을 하였다. 그런 뜻에서 공자나 맹자도
벼슬을 구하는 데 매우 적극적인 인물이었다. 그러나 그것은 세속적인
욕망과는 상관없는 것이었다.

🦌 백성들이 잘 살 수 있는 길은 농사와 세금에 있다

맹 자 왈   이 기 전 주   박 기 세 렴   민 가 사 부 야
孟子曰 易其田疇하며 **薄其稅斂**이면 **民可使富也**니라.
맹자가 말했다. "논밭을 잘 다스리고 세금을 줄이면 백성은
부유해질 수 있다.

백성들의 생활을 안정시키기 위해서는 어떻게 해야 하는가를 말하
고 있다. 그것은 백성들이 농사를 잘 짓도록 나라에서 도와 주고 백성
에게서 거두어들이는 세금을 가볍게 하여 짐을 덜어 준다면, 백성들은
넉넉하게 살 수 있을 것이다.

📖 예의에 맞게 쓰면 재물은 모자라지 않을 것이다

식 지 이 시   용 지 이 례   재 불 가 승 용 야
食之以時하며 用之以禮면, 財不可勝用也니라.

제때에 음식을 먹고 예의에 맞게 쓰면 재물을 이루 다 쓸 수
없을 것이다.

남에게 뽐내기 위해 또는 남에게 뒤지지 않기 위해서가 아니라 자기
의 본성에 따라 예의에 알맞도록 쓴다면 자기가 지닌 재물을 이루 다
쓸 수 없게 될 것이니, 생활이 안정될 것이다.

📖 모자라지 않으면 어질지 않을 사람이 없다

민 비 수 화   불 생 활   혼 모   고 인 지 문 호
民非水火면 不生活이로되, 昏暮에 叩人之門戶하여

구 수 화   무 불 여 자   지 족 의   성 인
求水火어든 無弗與者는 至足矣일새니, 聖人이

치 천 하   사 유 숙 속   여 수 화   숙 속   여 수 화
治天下에 使有菽粟을 如水火니, 菽粟이 如水火면

이 민   언 유 불 인 자 호
而民 焉有不仁者乎리오.

백성들은 물과 불이 없다면 생활을 할 수 없으나, 어두운 저녁
에 남의 집 문을 두드리면서 물과 불을 구하면 그것을 주지 않
는 사람이 없는 것은 지극히 넉넉하기 때문이니, 성인이 천하
를 다스리는데 백성들로 하여금 콩과 곡식을 물과 불처럼 흔
하게 하니 콩과 곡식이 물과 불처럼 흔하다면 백성들이 어찌

어질지 못한 자가 있겠는가?"

우리의 일상 생활에 가장 흔한 것의 하나가 물과 불이다. 그것들은 반드시 필요한 것이지만 남들이 나누어 달라고 하면 기꺼이 나누어 줄 수 있는 것은 그만큼 넉넉히 가지고 있기 때문이다.

곡식도 물과 불처럼 넉넉하게 가지고 있어서 주위 사람이 나누어 주기를 요구할 때 선선히 나누어 줄 수 있을 정도가 된다면 안정된 생활 속에서 인의 예지를 닦아 도덕적인 삶을 살게 될 것이라고 한다. 즉, 곳집에 물건이 가득 차 있으면 백성들은 재물이 넉넉하기에 예의에 맞는 소비를 할 수 있어 더 이상 물질에 대한 욕심을 내지 않고 어진 삶을 살 수 있을 것으로 맹자는 생각하였다.

공자는 노나라가 작다고 여겼다

_{맹 자 왈 공 자   등 동 산 이 소 노}
孟子曰 孔子가 登東山而小魯하시고,

_{등 태 산 이 소 천 하   고   관 어 해 자   난 위 수}
登太山而小天下하시니, 故로 觀於海者엔 難爲水요,

_{유 어 성 인 지 문 자   난 위 언}
遊於聖人之門者엔 難爲言이니라.

맹자가 말했다. "공자가 노나라의 동산에 올라 노나라를 작다고 여겼고 태산에 올라 천하를 작다고 여겼다. 그러므로 바다를 본 사람에게는 다른 물이 큰 물이 되기 어렵고, 성인 밑에서 공부한 사람에게는 다른 사람의 것이 말이 되기 어렵다.

공자는 노나라의 동산에 올라가서 노나라가 매우 작다고 말했다. 높은 산에 오르니 노나라가 매우 작게 보였기 때문이다. 그러나 태산을 올라가 천하를 보니 이번에는 천하마저 작게 보였다.

바다를 본 사람에게 하천이나 호수 등 웬만한 물이 큰 물로 보이기 어렵듯이 성인에게서 학문을 배운 사람에게 다른 말들이 배움이 되기 어렵다.

물은 웅덩이가 차지 않으면 나아가지 않는다

관수유술   필관기란   일월   유명   용광   필조언
觀水有術하니 必觀其瀾이니라. 日月이 有明하니 容光에 必照焉이니라.

유수지위물야   불영과   불행
流水之爲物也 不盈科면 不行하나니,

군자지지어도야   불성장   부달
君子之志於道也에 不成章이면 不達이니라.

물을 보는 데에도 방법이 있으니 반드시 그 여울목을 보아야 한다. 해와 달에 밝음이 있으니 빛을 받아들이는 곳이 아무리 작아도 반드시 비추는 것이다.
흐르는 물은 웅덩이가 차지 않으면 흘러가지 않으니, 군자가 도에 뜻을 두었으나 한 장을 이루지 못하면 통달하지 않는다."

학문의 세계에 나아가는 것도 순서에 따라 차근차근이 해야 하는 것이다. 물은 웅덩이가 있으면 반드시 그 웅덩이를 채우고 난 다음에야

넘쳐 흐른다. 학문하는 것도 마찬가지이다. 어느 단계를 완성해야 다음으로 나아갈 수 있다.

▣우물을 아홉 길을 파도 물이 나오지 않으면 아직은 쓸모없기 마찬가지이다

> 맹 자 왈   유 위 자 비 약 굴 정   굴 정 구 인
> 孟子曰 有爲者辟若掘井하니, 掘井九仞이라도
>
> 이 불 급 천   유 위 기 정 야
> 而不及泉이면 猶爲棄井也니라.
>
> 맹자가 말했다. "어떤 일을 하려고 하는 것을 비유하면 우물을 파는 것과 같으니, 우물을 아홉 길이나 팠더라도 샘물에 미치지 못하면 쓸모없기는 마찬가지이다."

아무리 많은 노력을 기울여도 원래 구하던 목적에 도달하지 못했다면 그 노력은 아직은 헛일일 뿐이다. 여기에서는 물을 구하기 위해 우물을 파는 행동에 비유하고 있다. 아홉 길을 팠어도 물이 솟아나지 않으면 아직까지는 쓸모없는 우물일 뿐이다.

▣왕실에 거처함이 왕자를 뛰어나게 만들었다

> 맹 자   자 범 지 제   망 견 제 왕 지 자
> 孟子 自范之齊러시니 望見齊王之子하시고,
>
> 위 연 탄 왈   거 이 기   양 이 체   대 재
> 喟然歎曰 居移氣하며 養移體하나니 大哉라.

거 호　　부 비 진 인 지 자 여
居乎여 夫非盡人之子與아.

맹자가 범이라는 곳에서 제나라로 가서 제나라 왕자를 바라보고 한숨을 쉬며 말했다. "거처가 기운을 옮겨 놓으며 봉양이 몸을 바꾸어 놓으니 거처함이 크도다(중요하다). 그도 사람의 자식이 아니겠는가?

유물론(唯物論)에서 물질이 정신을 지배한다는 말을 자주 사용한다. 이 구절은 이와 비슷한 내용을 지니고 있다. 사람이 자라난 생활 환경의 차이에 따라 전혀 다른 사람으로 보이게 되는 것도 이와 관련된다. 평민의 자식과 같이 사람의 아들이지만 왕자는 남들이 칭찬할 만한 위풍과 기상을 가졌으니 이는 거처함(환경)이 중요하다.

▣ 하물며 인에 거처함은 말할 필요 있으랴?

왕 자 궁 실 거 마 의 복　　다 여 인 동
王子宮室車馬衣服이 多與人同이로되

이 왕 자 약 피 자　　기 거 사 지 연 야　　황 거 천 하 지 광 거 자 호
而王子若彼者는 其居使之然也니, 況居天下之廣居者乎아.

왕자의 궁실과 거마와 의복이 남들과 같은 것이 많으나 왕자가 저와같은 것은 그 거처가 그렇게 만든 것이니, 하물며 천하의 어짊에 거처하는 사람에게 있어서랴."

왕실의 거마와 의복이 왕실만의 것은 아닌데도 이와 같이 다른 것은 분명 거처하는 곳의 차이 때문이다. 그런데 하물며 광거(廣居,인에 거처함)는 어떻겠는가?

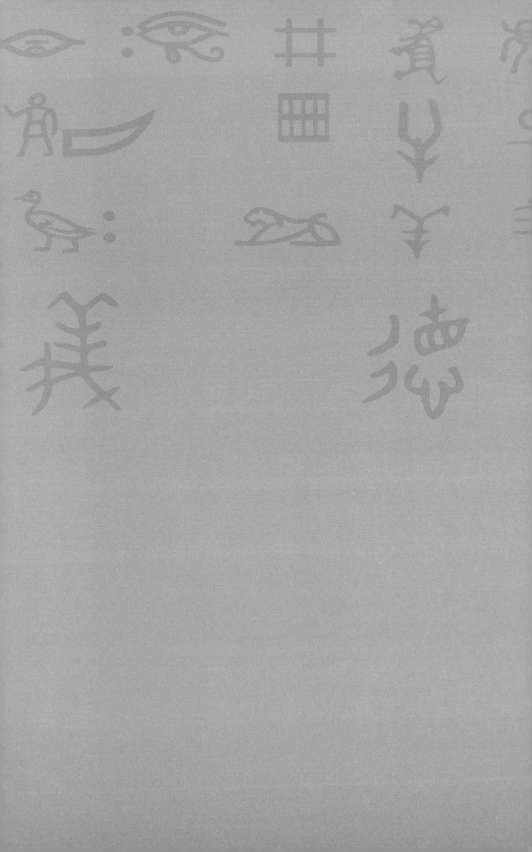

진심장구

盡心章句

─하─

14

이 편에서 맹자는 군주보다 사직이 중요하고 사직보다는 백성이 중요하다며 백성이 나라의 근본임을 강조하여 그의 민본사상이 다시 드러난다. 이어서 중용의 도를 달성한 군자와 군자에 이르지 못했지만 의로운 광자와 청렴한 견자의 특징을 소개한다. 하지만 이와 겉모습은 비슷하지만 실지로는 덕을 해치는 향안에 대해 도덕의 큰 적이라 비판한다.

🔹 어진 사람은 사랑하는 것으로 사랑하지 않는 것에 미친다

맹 자 왈 불 인 재 양 혜 왕 야   인 자   이 기 소 애
孟子曰 不仁哉라 梁惠王也여. 仁者는 以其所愛로

급 기 소 불 애   불 인 자   이 기 소 불 애   급 기 소 애
及其所不愛하며, 不仁者는 以其所不愛로 及其所愛니라.

맹자가 말했다. "어질지 못하구나 양혜왕이여. 어진 사람은 자기가 사랑하는 것으로써 사랑하지 않는 것에 미치며, 어질지 못한 사람은 자기가 사랑하지 않는 것으로써 사랑하는 것에 미친다."

어진 사람은 자신을 사랑하는 것처럼 남을 사랑하고, 또 그것을 차

차 사회에 퍼뜨리는 사람이다.

그러나 어질지 못한 사람은 그와 정반대의 모습을 보인다. 정작 자신이 사랑하는 사람마저 사랑하지 않은 사람을 대하듯이 하는 결과를 가져온다는 것이다.

▓ 어질지 못한 사람은 사랑하지 않는 것으로 사랑하는 것에 미친다

공손추왈　하위야　　양혜왕　이토지지고
公孫丑曰 何謂也잇고. 梁惠王이 以土地之故로,

미란기민이전지　　대패　　장부지
糜爛其民而戰之하여 大敗하고 將復之하되

공불능승　　고　구기소애자제　　이순지
恐不能勝이라, 故로 驅其所愛子弟하여 以殉之하니,

시지위이기소불애　급기소애야
是之謂以其所不愛로 及其所愛也니라.

공손 추가 말했다. "무슨 말이십니까?" 맹자가 말했다. "양혜왕이 토지 때문에 자기의 사랑하지 않는 백성들을 싸우게 했다가 크게 패하고는 앞으로 다시 싸우려 하되 이기지 못할 것을 두려워한 까닭에 사랑하는 자식을 싸움터로 내몰아서 여기에서 희생을 시켰으니, 이것이 바로 사랑하지 않는 것으로써 사랑하는 것에 미친다고 말하는 것이다."

공손 추의 구체적인 질문에 맹자는 양혜왕의 사실을 들어 설명을 한다. 그는 전쟁으로 땅을 넓히려고 사랑하지 않는 백성들을 전쟁터로 내몰아 죽이더니 전쟁에 패하여 자신의 목적을 이룰 수 없을 것 같자 사랑하는 자신의 아들을 싸움터로 보냈다. 그러나 자신의 아들은 거기에서 전사하고 만다. 이것을 사랑하지 않는 것으로 사랑하는 바에게 미쳤다고 한 것이다.

서경을 전부 믿을 바에는 차라리 서경이 없는 것만 못하다

> 맹 자 왈 진 신 서   즉 불 여 무 서
> **孟子曰 盡信書**면 **則不如無書**니라.
>
> 맹자가 말했다. "《서경》의 내용을 그대로 전부 믿는다면 《서경》이 없는 것만 못 할 것이다."

경서란 세상의 진리를 담고 있는 책을 가리킨다. 《서경》은 민간의 노래를 모은 것으로 그것이 인간의 역사에서 변하지 않는 진리를 담고 있다고 여기기 때문에 경이라는 호칭을 붙인 것이다. 《서경》은 역사에 관한 기록으로 진리를 담고 있는데, 맹자가 여기에서 《서경》의 사실을 그대로 믿는다면 《서경》이 없으니만 못 하다는 것은 영원히 변하지 않는 진리를 담고 있는 훌륭한 것이라도 그것을 무조건 맹종하는 것은 더 이상의 발전을 막는 것일 뿐 아니라 잘못된 믿음으로 인하여 세상을 위험에 빠지게 할 수 있기 때문이다. 맹자의 이러한 주장은 현재 세계 곳곳에서 벌어지고 있는 종교근본주의자들의 분쟁을 통해서도 확인할 수 있다.

無성편에서 두세 구절만 취할 뿐이다

오 어 무 성　취 이 삼 책 이 이 의
吾於武成에 取二三策而已矣로라.

인 인　무 적 어 천 하　이 지 인
仁人은 無敵於天下니, 以至仁으로

벌 지 불 인　이 하 기 혈 지 류 저 야
伐至不仁이어니, 而何其血之流杵也리오.

나는 《무성》편에서 고작 두세 구절만 취할 뿐이다. 어진 사람은 천하에 적이 없으니 지극히 어진 사람이 지극히 어질지 못한 사람을 쳤는데 어찌 그 피가 흘러 절구공이를 떠다니게 하는 일이 있었겠는가?

《서경》의 〈무성〉편은 주나라 무왕이 은나라 주왕을 치면서 있었던 사실을 기록한 것이다. 그 속에는 그가 주왕을 치면서 숱한 사람을 죽여 절구공이가 피에 둥둥 떠다닐 정도가 되었다고 씌어 있다. 어진 사람은 적이 없다는 주장에 따른다면 주왕을 칠 때에 피를 흘리는 싸움이 없어야 하는 것이다. 맹자는 무왕이 주왕을 죽인 것을 어찌 생각하느냐는 질문에 대하여 덕을 닦지 못하여 민심을 잃은 사람은 이미 왕이 아니며 그러기에 한낱 평민인 주를 죽였다는 소리를 들었어도 왕을 시해했다는 소리는 듣지 못했다고 하였다. 그러므로 어진 사람이 어질지 못한 사람을 칠 때에는 온 천하 백성이 반겨 전혀 반항이 있을 수 없으므로 수많은 사람이 죽어 피에 절구공이가 떠다닐 정도였다는 사실이 기록에 남아 있다는 것은 말이 안 된다는 것이다.

백성 다음에 사직이 있고 사직 다음에 왕이 있다

맹자왈 민 위귀   사직 차지   군 위경
孟子曰 民이 爲貴하고 社稷이 次之하고 君이 爲輕이니라.

맹자가 말했다. "백성이 가장 귀중하고 사직이 그 다음이고
왕은 가벼움이 된다.

이것은 맹자의 사상을 말할 때 민본주의 성격이 가장 뚜렷하게 드러
난 구절이다. 백성을 왕보다 훨씬 귀한 존재로 여긴 것은 그때로서는
매우 대단한 것이었다. 여기에 나타나는 민본주의라는 것은 다스림을
받는 백성을 위한다는 뜻일 뿐 그 이상의 뜻을 갖기는 어렵다. 하지만
신분사회라는 전제 안에서 민본주의는 통치자의 역할을 백성을 중심으
로 놓게 하는 중요한 역할을 하였다. 아무리 통치자라도 백성중심의 역
할을 제대로 수행하지 못하면 그 신분을 유지할 수 없었기 때문이다.

백성의 마음을 얻어야 천자가 된다

시고   득호구민   이위천자   득호천자
是故로 得乎丘民이 而爲天子요 得乎天子는

위제후   득호제후 위대부
爲諸侯요 得乎諸侯는 爲大夫니라.

이런 까닭에 백성의 마음을 얻어야 천자가 되고, 천자에게
믿음을 얻어야 제후가 되고, 제후에게 믿음을 얻어야 대부
가 된다.

그러므로 백성의 마음을 얻어야 한다고 말하고 있는 것이다. 넓은 지지 기반을 갖지 못한다면 그만큼 자신의 세력은 약해질 수밖에 없다는 것을 보여 준다.

사직을 위하여 제후를 바꿀 수 있다

제 후 위 사 직   즉 변 치
諸侯危社稷이면 **則變置**하나니라.

제후가 사직을 위태롭게 하면 즉시 바꾼다.

제후가 사직을 위태롭게 하면 다른 사람으로 바꾸어 버린다. 이것은 다시 말하면 제후는 사직만큼 소중하지 않다는 것이다.

백성을 위태롭게 하면 사직도 바꾼다

희 생   기 성   자 성   기 결   제 사 이 시
犧牲이 **旣成**하며 **粢盛**이 **旣潔**하여 **祭祀以時**로되,

연 이 한 간 수 일   즉 변 치 사 직
然而旱乾水溢이면 **則變置社稷**하나니라.

희생이 이미 이루어지며 담은 곡식이 이미 정하여 제사를 제때에 지내는데도 가뭄이 들고 홍수가 나면 곧 사직을 바꾸어 설치한다.”

백성을 위태롭게 하는 것이 사직이라면 백성의 안녕을 위해서는 사직신도 바꿀 수 있다는 것이다. 백성들의 생활을 안정시키기 위해 사직신에게 제사를 정성들여 올렸는데도 불구하고 백성들의 생활이 안정되지 못한다면 그 사직신을 바꿀 수 있다는 것이다.

즉, 궁극적으로 가장 근본인 것은 백성임을 강조하고 있다.

■ 현명한 사람은 자기의 밝은 덕으로 남을 밝게 한다

맹 자 왈 현 자   이 기 소 소   사 인 소 소
孟子曰 賢者는 以其昭昭로 使人昭昭이어늘,

금   이 기 혼 혼   사 인 소 소
今엔 以其昏昏으로 使人昭昭로다.

맹자가 말했다. "현자는 자기가 먼저 밝음으로 다른 사람을 밝게 하는데, 지금에는 자기의 어두움으로 남을 밝게 하려고 한다."

남을 가르치는 사람이 자신의 행실이 바르지 못한 상태에서 가르친다면 어떤 교육적 효과가 나타날 것인가? 옛날의 현명한 사람은 자신이 먼저 수양을 하고 남을 가르쳤는데, 맹자때의 사람은 자신은 수양도 하지 않은 상태에서 남을 가르치려는 어리석음을 범한다고 말한다.

산길을 그냥 두면 길이 막힌다

맹 자 위 고 자 왈　산 경 지 혜 간　개 연 용 지 이 성 로
孟子謂高子曰 山徑之蹊間이 介然用之而成路하고,

위 간 불 용　　즉 모 색 지 의　　금　　모 색 자 지 심 의
爲間不用이면 則茅塞之矣나니, 今에 茅塞子之心矣로다.

맹자가 고자에게 일렀다. "산길에 사람이 다니는 곳이 잠깐만
다니면 길이 되고 한동안 다니지 않으면 띠가 자라 길을 막으
니, 지금 띠가 그대의 마음을 막고 있구나."

산길은 사람이 다니지 않으면 금방 풀이 무성하게 자라 그것이 산길
인지 알아보기 어려울 정도가 되어 버린다.

학문을 하는 것도 마찬가지이다. 우리가 학문을 게을리 하면 금방
우리가 배운 것을 잊어버리고 이전의 황폐한 마음으로 돌아가게 된다.
그러므로 학문을 잠시라도 게을리 하거나 쉬지 않는 올바른 자세를 지
녀야만 마음이 황폐해지는 것을 막을 수 있을 것이다.

제후의 보물 세 가지는 땅과 백성과 정치이다

맹 자 왈　제 후 지 보 삼　　토 지　　인 민　정 사
孟子曰 諸侯之寶三이니 土地와 人民과 政事니,

보 주 옥 자　　양 필 급 신
寶珠玉者는 殃必及身이니라.

맹자가 말했다. "제후에게 보물이 세 가지가 있으니 토지와 백

성과 정사이다. 주옥을 보배로 여기는 사람은 재앙이 반드시 몸에 미친다."

정치를 하는 사람이 가장 소중하게 여겨야 할 것은 땅과 백성, 훌륭한 정치이다.

만약 재물에 눈이 멀어 정치를 게을리 한다면 그의 기반이 되는 백성과 땅을 잃게 될 것이므로 이 점을 깊이 새겨야 한다고 강조하고 있다.

▮욕심이 많으면 선한 본성을 보존하기 어렵다

맹 자 왈 양 심　　막 선 어 과 욕　　　기 위 인 야 과 욕
孟子曰 養心이 莫善於寡欲하니, 其爲人也寡欲이면

수 유 부 존 언 자　　　과 의　　기 위 인 야 다 욕
雖有不存焉者라도 寡矣요, 其爲人也多欲이면

수 유 존 언 자　　과 의
雖有存焉者라도 寡矣니라.

맹자가 말했다. "마음을 닦음은 욕심을 적게 하는 것보다 좋은 것이 없으니, 사람됨이 욕심이 적다면 비록 (선한 본성이) 보존되지 못함이 있더라도 적을 것이요, 사람됨이 욕심이 많다면 비록 (선한 본성이) 보존됨이 있더라도 적을 것이다."

맹자는 인간의 욕심을 경계하였다. 욕심이 적다면 인간의 선한 본성을 적게 잃게 될것이고 욕심이 많다면 아무리 이성적으로 노력하여도

선한 본성을 보존하기 어렵다고 하였다.

┇공자는 광간한 선비를 생각하셨다

만 장 문 왈　공 자 재 진　　　왈　　합 귀 호 래
萬章問曰 孔子在陳하사 曰 盍歸乎來리오.

오 당 지 사 광 간　　진 취　　　불 망 기 초
吾黨之士狂簡하고 進取하되 不忘其初라 하시니

공 자 재 진　　　하 사 노 지 광 사
孔子在陳하사 何思魯之狂士시니잇고.

만장이 물었다. "공자께서 진나라에 계시면서 말씀하시기를 '어찌 고향으로 돌아가지 않겠는가? 오당의 선비가 광간하고 진취적이나 처음을 버리지 못한다'고 하셨으니 공자가 진나라에 계시면서 어찌하여 노나라의 광간한 선비들을 생각하셨겠습니까?"

《논어》〈공야장〉편에 공자가 진나라에 있다가 노나라의 제자들을 생각하시고 고국으로 돌아가고자 하는 구절이 있다. 이 구절에 나오는 광간이란 뜻하는 바는 크나 실천함이 없이 소홀하고 거친 것을 뜻하는데, 이루는 바가 뜻한 바와는 약간의 차이가 있는 사람을 가리킨다. 공자의 말에서도 짐작할 수 있듯이 이 구절은 《논어》에 실려 있는 것이다. 그러나 만장이 제시한 공자의 말씀은 《논어》에서의 내용과 조금은 다르다.

공자는 군자를 얻지 못한다면 광자나 견자를 얻기를 바랐다

맹 자 왈 공 자 부 득 중 도 이 여 지   필 야 광 견 호
孟子曰 孔子不得中道而與之인댄 必也狂獧乎인저.

광 자   진 취   견 자   유 소 불 위 야
狂者는 進取요 獧者는 有所不爲也라 하시니.

공 자 기 불 욕 중 도 재   불 가 필 득   고   사 기 차 야
孔子豈不欲中道哉시리오마는 不可必得이라, 故로 思其次也시니라.

맹자가 말했다. "공자는 중용의 도를 행하는 인물을 얻어 가르치지 못한다면 반드시 광자나 견자를 얻을 것이다. 광자는 진취적이요 견자는 하지 않는 것이 있다고 했으니, 공자가 어찌 중용의 도를 행하는 사람을 얻기를 바라지 않았을까마는 얻을 수는 없었기 때문에 그 다음을 생각한 것이다."

만장은 공자가 진나라에 있으면서 어찌 덕을 쌓은 사람도 아닌 광견자를 생각하면서 고국으로 돌아갈 것을 생각했겠느냐고 묻는다. 그러나 맹자는 당시 공자의 상황을 마음에 두면서 아마 광자나 견자를 가르쳐서 덕을 쌓은 훌륭한 사람을 만나지 못한 아쉬움을 달래려고 했을 것이라고 말한다. 중용의 도란 어떤 일을 함에 있어서 지나치거나 모자람이 없는 상태인 사람을 가리킨다. 그러나 그들을 만나지 못했기에 그에 버금 가는 인물을 택했을 것이다.

광자에는 증석과 자장 및 목피 같은 사람이 있다

감 문 하 여　　　사 가 위 광 의
敢問何如라야 斯可謂狂矣니잇고,

왈 여 금 장 증 석 목 피 자　　공 자 지 소 위 광 의
曰 如琴張曾晳牧皮者　孔子之所謂狂矣니라.

만장이 말했다. "감히 여쭙겠는데 어떻게 해야 광자라 이를 수
있습니까?" 맹자가 말했다. "금장·증석·목피와 같은 사람이
공자가 말한 광자니라."

　　광자라고 평가될 수 있는 사람은 누구인가를 만장이 묻자, 맹자는
공자의 제자였던 증석과 금장·목피 같은 사람을 예로 든다. 증석은
일찍이 공자를 모시고 있을 때 공자가 제자들에게 각자의 소원을 말
하라고 하자 증석은 '늦은 봄에 봄 옷이 이미 지어지거든 관을 쓴 제
자 5, 6명과 동자 6, 7명을 거느리고 기수에서 목욕한 후 무에서 바람
을 쐬고 길이 노래부르다가 돌아오겠다'고 하자 공자가 그의 뜻을 훌
륭하다고 높이 평가했던 사람이다. 이들은 한결같이 성인의 경지에는
다다르지 못하고 성인의 일부만을 지닌 사람으로 평가받았던 사람이
다.

▲광자라고 부르는 것은 실제의 행실이 그의 말에 미치지 못하기 때문이다

<blockquote>

하 이 위 지 광 야　　　왈　기 지 교 교 연 왈
何以謂之狂也니잇고　曰　其志嘐嘐然曰

고 지 인 고 지 인　　　이 고 기 행 이 불 엄 언 자 야
古之人古之人이여 하되, 夷考其行而不掩焉者也니라.

만장이 물었다. "왜 그들을 광자라 일렀습니까?" 맹자가 말했다. "그 뜻이 높고 말이커서 말할 때마다 '옛사람이여, 옛사람이여' 하나 평소에 그의 행실을 보면 실제와 행실이 일치하지 못하는 자이기 때문이다."

</blockquote>

만장이 앞의 사람을 광자라고 하는 이유를 묻자, 맹자는 그의 뜻은 성현의 경지에 다다르려고 늘 이야기하지만 실제 행실이 미치지 못하는 사람을 가리킨다고 말한다.

▲광자 다음이 견자이다

<blockquote>

광 자　　　우 불 가 득　　　욕 득 불 설 불 결 지 사 이 여 지
狂者를 又不可得이어든 欲得不屑不潔之士而與之하시니,

시 견 야　　　시 우 기 차 야
是獧也니 是又其次也니라.

광자를 또 얻지 못하면 깨끗하지 못한 것을 좋지 않게 여기는 선비를 얻어서 그와 함께 어울리려고 했으니, 이것이 견자이니 이는 또 그 다음인 것이나.

</blockquote>

광자를 얻기 힘들 경우 그 다음이 견자이다. 이들은 광자가 적극적인 사고 방식을 가지고 생활한 것과는 반대로 소극적인 사고 방식을 가지고 생활한 경우이다. 다시 말해 모든 일을 함부로 하지 않고 차근차근하며 조심성이 있는 경우이다. 그러므로 착한 일을 하는데도 적극적이지 못할 것이므로 광자보다 낮은 평가를 받지만 나쁜 일을 싫어하므로 광자의 다음이 될 수 있는 것이다.

그러나 향원은 도덕의 적일 뿐이다

공자왈 과아문이불입아실   아불감언자
孔子曰 過我門而不入我室이라도 我不憾焉者는

기유향원호   향원 덕지적야
其惟鄕原乎인저, 鄕原은 德之賊也라 하시니.

왈 하여   사가위지향원의
曰 何如면 斯可謂之鄕原矣니잇고.

공자께서 말씀하시기를 '내 집 문앞을 지나가면서 내 집에 들어오지 않더라도 내가 유감스럽게 여기지 않을 사람은 오직 향원일 것이다. 향원은 덕의 적이다.' 라고 하셨으니, 어떻게 하면 향원이라 이를 수 있습니까?

공자가 자신의 집을 그냥 지나가도 그다지 아쉽게 여기지 않는다는 것은 그 사람에 대한 관심을 그다지 갖지 않는다는 것으로 애정을 가지 않는다는 뜻이기도 하다. 만장은 도대체 향원이 어떤 사람이기에 공자가 그토록 미워했느냐고 질문한다.

향원은 처세에 능해 세상에 아부하는 자이다

왈 하 이 시 교 교 야   언 불 고 행   행 불 고 언
曰 何以是嘐嘐也하여 言不顧行하며, 行不顧言요

즉 왈 고 지 인 고 지 인   행 하 위 우 우 량 량
則曰 古之人古之人이여 하며 行何爲踽踽凉凉이리오.

생 사 세 야   위 사 세 야   선 사 가 의
生斯世也라 爲斯世也하여 善斯可矣라 하여

엄 연 미 어 세 야 자   시 향 원 야
閹然媚於世也者가 是鄕原也니라.

맹자가 말했다. (향원은 광자들을) "어쩌면 그렇게 뜻이 크다고 자랑하면서 말을 하는데 자기의 행실을 돌아보지 않고, 행실은 말한 것을 돌아보지 않으면서 '옛사람이여, 옛사람이여'라고 되뇌이는가?" (또 향원은 견자들을) "어찌 그렇게 고독하고 쓸쓸한가? 이 세상에 태어났으면 이 세상을 위하여 남들이 착하다고 말하면 된다."고 하면서 세상에 아부하는 자가 바로 향원이니라.

향원은 진짜같이 보이나 실은 가짜 선비이다. 옛날에도 이러한 인간들 때문에 적지 않게 골머리를 썩었을 것이다. 공자가 자신의 교육 대상에서 향원을 뺀 것은 그들이 겉으로는 조금도 흠잡을 곳이 없을 만큼 군자답고 선비 같지만, 실제로는 요순의 도에 들어갈 만한 인물이 되지 못하며 광자와 견자를 헐뜯으면서 세상 사람들로부터 인정만 받으려는 처세에 능한 존재이기 때문이다.

🔑 세상 사람들이 칭찬하는 데도 도덕의 적인가?

萬_만章_장曰_왈 一_일鄉_향이 皆_개稱_칭原_원人_인焉_언이면, 無_무所_소往_왕而_이不_불

爲_위原_원人_인이어늘, 孔_공子_자以_이爲_위德_덕之_지賊_적은 何_하哉_재잇고.

만장이 말했다. "한 고을이 모두 훌륭한 사람이라고 이른다면 가는 곳마다 훌륭한 사람이 되지 않음이 없거늘 공자가 덕의 적이라고 하는 것은 무슨 까닭입니까?"

만장은 세상 사람들이 모두 훌륭한 사람이라고 하면 분명 훌륭한 사람일 텐데, 어찌하여 그토록 사람을 심하게 비난하느냐고 묻는다.

🔑 더러운 세상과 동화되고 세상을 쫓아 세상으로부터 칭찬을 받아 스스로를 옳다고 여기니 도둑일 뿐이다

曰_왈 非_비之_지無_무舉_거也_야하며 刺_자之_지無_무刺_자也_야하고 同_동乎_호流_유俗_속하며

合_합乎_호汚_오世_세하여 居_거之_지似_사忠_충信_신하며 行_행之_지似_사廉_염潔_결하여

衆_중皆_개悅_열之_지어든 自_자以_이爲_위是_시而_이不_불可_가與_여入_입堯_요舜_순之_지道_도라,

故_고로 曰_왈 德_덕之_지賊_적也_야라 하시니라.

맹자가 말했다. "비난하려고 해도 비난할 것이 없으며 풍자하려고 해도 풍자할 것이 없으니 유속과 동화하며 더러운 세상에 아첨하여 좋아 행동하여 거처함에 충신과 같고 행함에 청렴결백과 같아서 여러 사람들이 다 좋아하고 스스로 옳다고 여기나 요순의 도에 들어갈 수 없다. 그래서 덕의 적이라고 한 것이다."

향원은 속세와 어울려 행동하기 때문에 속세의 사람들로부터 훌륭한 사람으로 인정을 받지만 이는 속세와 영합을 잘하였기 때문이지 정도와는 상관없는 자들이다. 이들은 정도를 지키지 않고 잘못된 세상에 잘 부합하여 잘못된 세상의 사람들로부터 훌륭한 사람으로 인정을 받고 또한 받으려고 하기 때문에 공자는 도덕의 가장 큰 적으로 지목하였다고 맹자는 설명한다.

사이비자(그렇지 않으면서 겉모습만 닮은 자)를 더 미워한다

공자왈 오사이비자 오유 공기난묘야
孔子曰 惡似而非者하나니 惡莠는 恐其亂苗也요,

오녕 공기난의야 오리구 공기난신야
惡佞은 恐其亂義也요, 惡利口는 恐其亂信也요,

오정성 공기난악야 오자 공기난주야
惡鄭聲은 恐其亂樂也요, 惡紫는 恐其亂朱也요,

오향원 공기난덕야
惡鄉原은 恐其亂德也라 하시니라.

공자가 말했다. "겉모습은 같으면서도 그렇지 않은 것을 미워하니 강아지풀을 미워하는 것은 벼의 싹을 어지럽힐까 두려워해서이고, 아첨하는 사람을 미워하는 것은 의리를 어지럽힐까 두려워하기 때문이고, 말을 잘하는 입을 가진 사람을 미워하는 것은 믿음을 어지럽힐까 두려워해서이고, 정나라 음악을 미워하는 것은 정악을 어지럽힐까 두려워해서이고, 자줏빛을 미워하는 것은 붉은빛을 어지럽힐까 두려워해서이고, 향원을 미워하는 까닭은 덕을 어지럽힐까 두려워하기 때문이다."

가짜를 미워하는 이유가 어떤 것인지 설명하고 있다. 모두 진실과 비슷하여 사람들을 혼동시키는 것들이다.

군자는 오직 떳떳한 도로 돌아갈 뿐이다

군자 반경이이의 경정 즉서민흥
君子는 反經而已矣니 經正이면 則庶民興하고,

서민흥 사무사특의
庶民興이면 斯無邪慝矣리라.

군자는 떳떳한 도를 되찾을 뿐이니 그 도가 바르다면 서민이 일어나고, 서민이 일어나면 사특함이 사라질 것이다.

군자는 이렇듯 가짜를 좇아 구하는 것을 철저히 지양하고, 언제나 변하지 않을 올바른 도에 이르고자 한다. 변하지 않는 도가 바르게 된다면 그것을 배우는 일반 백성들은 무엇이 올바른 것인가를 알게 될 것이고, 그에 따라 착한 일을 하는데 적극적이라면 간사하고 못된 자들을 물리칠 수 있다고 말한다.